BERNARD LEWIS

LES ARABES DANS L'HISTOIRE

traduit de l'anglais
par Denis-Armand Canal

FLAMMARION

Œuvres de Bernard Lewis traduites en français

Les Assassins : terrorisme et politique dans l'Islam médiéval, Complexe, 1984.
Comment l'Islam a découvert l'Europe, Découverte, 1984, Tel-Gallimard, 1990.
Europe Islam : Actions et Réactions, Gallimard, 1992.
Islam et Laïcité : la naissance de la Turquie moderne, Fayard, 1988.
Istanbul et la civilisation ottomane, Lattès, 1990.
Juifs en terre d'Islam, Calmann-Lévy, 1986, Champs-Flammarion, 1989.
Le Langage politique de l'Islam, Gallimard, 1988.
Race et couleur en pays d'Islam, Payot, 1982.
Le Retour de l'Islam, Gallimard, 1985.
Sémites et antisémites, Fayard, 1987, Presses Pocket, 1991.
La Formation du Moyen-Orient moderne, Aubier, 1995.

Dans la même collection

Élie BARNAVI, *Une histoire moderne d'Israël.*

Fernand BRAUDEL, *La Méditerranée. L'espace et l'histoire.*

La Méditerranée. Les hommes et l'héritage.

Bernard LEWIS, *Juifs en terre d'Islam.*

Maurice LOMBARD, *L'Islam dans sa première grandeur.*

ISBN : 2-08-081362-5
printed in France

Préface de la première édition

Ce livre n'est pas tant une histoire des Arabes qu'un essai d'interprétation. Plutôt que de concentrer un sujet aussi vaste en un ensemble sec de dates et d'événements, j'ai cherché à isoler et à examiner certaines données fondamentales : la place des Arabes dans l'histoire de l'humanité, leur identité, leurs réalisations et les traits saillants des diverses époques de leur développement.

Dans une œuvre de cette nature, il n'est ni possible ni souhaitable de citer les sources de tous les faits mentionnés et de leur interprétation. Les orientalistes reconnaîtront immédiatement mes dettes envers les maîtres passés et présents des études historiques islamiques. Je ne puis ici qu'exprimer globalement ma gratitude envers mes prédécesseurs, professeurs, collègues et étudiants : tous ont contribué, d'une manière ou d'une autre, à forger la perspective de l'histoire des Arabes que l'on trouvera dans les pages suivantes.

Mes remerciements tout particuliers vont au professeur sir Hamilton Gibb, ainsi qu'aux défunts professeurs

U. Heyd et D.S. Rice, pour la lecture et la critique de mon manuscrit, à Miss J. Bridges pour la compilation de l'index, et au professeur A.T. Hatto pour plusieurs suggestions utiles.

B. L.
Londres, 1947

PRÉFACE DE LA NOUVELLE ÉDITION

Ce livre a été écrit en 1947 et publié pour la première fois en 1950. Il a connu ensuite cinq éditions et de nombreuses réimpressions, à la fois en Angleterre et aux Etats-Unis. L'ouvrage a été traduit en onze langues, dont quatre – l'arabe, le turc, le malais et l'indonésien – sont employées dans des pays à majorité musulmane. La version arabe a été établie par deux historiens arabes exceptionnels et saluée par des savants arabes tels que Shafiq Ghorbal en Egypte. Cela n'a pas empêché son interdiction au Pakistan, en raison d'une citation jugée irrespectueuse pour le Prophète : je l'avais tirée de Dante, comme un bon exemple des préjugés et de la bigoterie bornée dans l'Europe du Moyen Age. Plus récemment, l'ouvrage a été attaqué par des représentants de la nouvelle école d'épistémologie.

Malgré ces restrictions, le livre a été largement réimprimé dans de nombreux pays, sans doute en raison du manque d'œuvres comparables traitant de l'histoire des Arabes avec la même concision, tout en restant au même niveau d'analyse et de généralisation. Il est pourtant devenu caduc sur bien des points et, lorsque l'on m'a demandé d'en préparer une nouvelle édition, il m'a semblé qu'une révision plus complète s'imposait. Mon intention première était de limiter cette révision, pour l'essentiel, au chapitre final traitant des événements les plus récents, où il fallait, de toute évidence, pratiquer des révisions et des additions. Toutefois, en relisant le texte que j'avais écrit voici presque quarante-cinq ans, j'ai vite compris qu'il me fallait faire des changements plus amples et plus nombreux, avant de pouvoir republier l'ouvrage comme une édition vraiment revue et mise à jour.

Ces changements sont de plusieurs natures. Certains sont essentiellement d'ordre lexicographique. Par exemple, le mot « racial » était communément utilisé en Angleterre dans les années 1940, dans des contextes où le mot « ethnique » serait aujourd'hui plus approprié. Dans les formulaires d'enrôlement de l'armée britannique, lorsque je m'y engageai en 1940, on demandait par exemple à toute recrue de déclarer sa « race » : les options étaient « anglaise », « écossaise », « galloise » ou « irlandaise » et le choix était entièrement personnel. Utiliser aujourd'hui le terme « racial », dans un tel contexte, serait injurieux et conduirait surtout à des erreurs. Certains mots ont aussi changé de sens, d'autres encore l'ont perdu ; maintes significations sont devenues inacceptables. Dans plusieurs cas où je n'avais aucune envie de changer la signification des mots employés en 1948, j'ai été amené à changer les vocables eux-mêmes, pour rendre cette signification plus précise à l'entendement des lecteurs contemporains.

Les révisions qui n'affectent pas simplement la lettre même des mots, mais aussi leur substance, sont plus importantes. Elles sont de deux types. On pourrait qualifier les premières de corrections : leur but est de mettre le texte en harmonie avec l'état actuel de la science et le « climat » de l'opinion parmi les spécialistes. Depuis la première publication de ce livre, beaucoup d'entre eux ont travaillé sur les sujets ici abordés, dans plusieurs pays; la découverte de nouveaux éléments et la mise au point de nouvelles théories ont considérablement transformé notre perception du passé arabe.

Le second ensemble de révisions ne dérive pas tant du progrès de la science en général que de l'évolution de mes propres conceptions. Sur l'histoire des Arabes comme sur beaucoup d'autres sujets, mes idées ont changé depuis le temps où j'ai écrit ce livre. Mais il serait illusoire et finalement inutile d'essayer de réécrire le livre comme j'aurais voulu le faire aujourd'hui. Le propos de mes révisions a donc été plus modeste : supprimer les prises de position que je trouve aujourd'hui inacceptables; utiliser un langage plus prudent là où je ne suis plus aussi sûr qu'avant; ajouter de nouveaux éléments lorsque cela est nécessaire, afin de présenter un tableau plus équilibré. Dans tous les cas, ajouts, suppressions et rectifications ont toutefois conservé la structure originelle de l'exposition et de l'analyse.

En dernier lieu, il a fallu tenir compte des événements survenus dans le monde arabe depuis la première publication de cet ouvrage. Ils sont naturellement importants par eux-mêmes et peuvent affecter la perception et la présentation du passé, mais je n'ai pas inclus de résumé de cette histoire récente. Dans une région et une période aux changements rapides et parfois violents, il faut garder quelque distance pour procéder à une évaluation sérieuse de toute situation : toute tentative de marcher du même pas que les développements de l'actualité serait rapidement vouée à l'échec. Dans le tableau chronologique, j'ai cependant ajouté des événements plus récents qui ont attiré l'attention du public ou qui me paraissaient importants. Pour des raisons similaires, j'y ai inséré quelques événements antérieurs qui manquaient dans les éditions précédentes. Paradoxalement, le progrès des connaissances ne m'a pas contraint d'allonger la bibliographie : il m'a plutôt permis de la raccourcir, grâce à la parution de plusieurs guides bibliographiques excellents et d'autres ouvrages de référence.

Dans la première édition, conformément aux principes de la collection, il n'y avait pas de notes infrapaginales.

J'ai conservé ce principe et n'ai nullement essayé de produire annotations et documentation détaillées pour les positions prises dans le livre.

B. L.
Princeton, N. J.
Juillet 1992

Introduction

Qu'est-ce qu'un Arabe? On sait que les termes ethniques sont difficiles à définir et celui-ci n'échappe pas à la règle, bien au contraire. On peut écarter d'emblée une définition éventuelle. Les Arabes pourraient constituer une nation; ils ne forment pas de nationalité au sens légal du mot. Tel qui se définit lui-même comme « arabe » peut être identifié par son passeport comme un ressortissant de l'Arabie saoudite, du Yémen, de l'Irak, du Koweït, de la Syrie, de la Jordanie, du Soudan, de la Libye, de la Tunisie, de l'Algérie, du Maroc ou de l'un des autres pays qui se disent « arabes ». Certains d'entre eux – comme l'Arabie saoudite, les Emirats arabes unis, les Républiques arabes de Syrie et d'Egypte – ont même inclus le mot dans leur intitulé officiel; leurs ressortissants ne sont cependant pas désignés simplement comme des Arabes. Il existe des Etats arabes et même une Ligue des Etats arabes; mais il n'existe pas un Etat arabe unique dont tous les Arabes seraient les ressortissants.

Si l'arabisme n'a pas de contenu légal, il n'en est pas moins réel; la fierté d'un Arabe, sa conscience des liens qui l'unissent aux autres Arabes – du passé et du présent – n'en sont pas moins intenses. Le facteur d'unification serait-il la langue : un Arabe serait-il simplement quelqu'un dont la langue maternelle est l'arabe ? La réponse est, de prime abord, satisfaisante dans sa simplicité, mais elle soulève quelques difficultés : le juif arabophone d'Irak ou du Yémen, le chrétien arabophone d'Egypte ou du Liban sont-ils des Arabes ? Les réponses seront aussi différentes chez les intéressés eux-mêmes que chez leurs voisins musulmans. Le musulman arabophone d'Egypte est-il lui-même un Arabe ? Beaucoup se considèrent comme tels, mais pas tous : en Egypte et en Irak, la langue courante utilise le mot pour distinguer le Bédouin des déserts environnants par rapport aux paysans des grandes vallées fluviales. Dans certains milieux, le mot « arabophone » – assez peu séduisant – est employé pour distinguer ceux qui sont vraiment des Arabes de ceux qui ne font que parler la langue.

Voici plusieurs années, une réunion de dirigeants arabes a défini un Arabe en ces termes : « Celui qui vit dans notre pays, parle notre langue, est élevé dans notre culture et tire sa fierté de notre gloire est l'un des nôtres. » On pourrait comparer cette définition avec celle d'un auteur occidental qualifié, sir Hamilton Gibb : « Sont arabes tous ceux pour qui la mission du prophète Mahomet et le souvenir de l'empire islamique constituent les faits marquants de l'Histoire, et qui chérissent la langue arabe et son héritage culturel comme leur bien commun. » On remarquera qu'aucune de ces deux définitions n'est purement linguistique ; toutes deux ajoutent une connotation culturelle et l'une des deux au moins une qualification religieuse. Toutes deux doivent être interprétées historiquement, car c'est uniquement à travers l'histoire des peuples appelés « arabes » que l'on peut espérer comprendre la signification du terme, depuis l'usage restreint des origines jusqu'à son acception actuelle, aussi vaste que mal délimitée. On verra qu'au cours de cette longue période le sens du mot a constamment évolué ; cette évolution ayant été lente, complexe et extensive, on découvrira que le terme peut être utilisé à une même époque selon plusieurs sens et qu'une définition générale de son acception a rarement été possible.

L'origine même du mot reste obscure, bien que les philologues aient présenté des explications plus ou moins plausibles. Pour certains, il est dérivé d'une racine sémitique signifiant « ouest » et il a d'abord été employé par les habitants de la Mésopotamie pour désigner les peuplades qui vivaient à l'ouest de la vallée de l'Euphrate. Cette étymologie est douteuse pour des raisons purement linguistiques, mais surtout parce que le terme a été employé par les Arabes eux-mêmes : or, il est assez peu vraisemblable qu'un peuple utilise, pour se décrire, un mot indiquant sa position par rapport à un autre. Il semble plus fructueux de lier le mot au concept de nomadisme. On l'a fait de plusieurs manières : en le rapprochant de l'hébreu *'Arabha* (qui signifie « pays sombre » ou « pays de steppe »); ou de l'hébreu *'Erebh* (qui signifie « mélangé », donc « inorganisé », c'est-à-dire opposé à la vie réglée des communautés sédentaires, qui méprisaient et redoutaient les nomades); ou encore de la racine sémitique *'Abhar* – « se déplacer », « passer » – dont le mot « hébreu » est probablement dérivé. Cette association au concept de nomadisme est corroborée par le fait que les Arabes eux-mêmes semblent avoir employé de bonne heure le mot pour distinguer les Bédouins des habitants arabophones des villes et des villages, comme ils continuent de le faire partiellement aujourd'hui. L'étymologie arabe traditionnelle fait dériver le nom d'un verbe signifiant « exprimer » ou « énoncer »; elle est presque à coup sûr une inversion du processus historique. On en trouve un exemple parallèle, en allemand, entre *deuten* (« signifier au peuple ») et *deutsch* (« du peuple », originellement).

La première attestation de l'Arabie et des Arabes est celle du dixième chapitre de la Genèse, où plusieurs des peuplades et des régions de la péninsule sont répertoriées. Toutefois, le mot lui-même ne se rencontre pas dans le texte et il apparaît pour la première fois dans une inscription assyrienne de 853 av. J.-C. Le roi Salmanazar III y rapporte la défaite infligée par les troupes assyriennes à une conspiration de princes rebelles : l'un d'eux est nommé « Guindibou l'Aribi » et il avait contribué pour mille chameaux aux forces militaires des révoltés. A partir de cette date, et jusqu'au VIe siècle av. J.-C., les inscriptions assyriennes et babyloniennes contiennent de fréquentes références à un pays d'« Aribi », « Arabou » ou encore « Ourbi ». Ces inscriptions relatent le paiement de tributs par les souverains d'Aribi, comportant habituellement des chameaux et autres éléments suggérant une origine désertique; elles mentionnent à l'occasion des expéditions militaires contre le pays d'Aribi. Certaines inscriptions tardives sont accompagnées de reliefs montrant les Aribi et leurs chameaux. Manifestement, ces campagnes ne sont pas des guerres de conquête, mais des expéditions punitives destinées à rappeler à des nomades indisciplinés leurs devoirs envers les suzerains assyriens. Ils assuraient en effet la sécurité des frontières de l'Assyrie et des lignes de communication. Les Aribi des inscriptions sont des populations nomades qui vivent à l'extrême nord de l'Arabie, probablement dans le désert arabo-syrien, à l'écart de la civilisation sédentaire qui prospère au même moment dans le sud-ouest de l'Arabie et qui est mentionnée dans les annales assyriennes. On peut les identifier aux « Arabes » des livres tardifs de l'Ancien Testament [1]. Vers 530 av. J.-C., le mot *Arabaya* commence d'apparaître dans les documents cunéiformes en persan.

La première référence classique se trouve dans Eschyle : dans son *Prométhée,* le tragique mentionne l'Arabie comme un pays éloigné d'où viennent des guerriers « aux lances aiguës ». Dans *Les Perses* [2], le « *magos arabos* » mentionné comme l'un des commandants de l'armée de Xerxès est peut-être aussi un Arabe. Le nom de lieu « *Arabia* » se rencontre pour la première fois en caractères grecs, formé par analogie sur Italie, etc. A la suite d'Hérodote, la plupart des auteurs grecs et latins étendront le terme à la péninsule arabique tout entière et à tous ses habitants, y compris ceux du Sud, ainsi qu'aux déserts orientaux de l'Egypte, entre le Nil et la mer

1. *Chroniques II,* 9, 14; *Isaïe,* 20, 13; *Jérémie,* 25, 23; *Ezéchiel,* 27, 31.
2. *Prométhée,* v. 420-425; *Les Perses,* v. 318.

Rouge. A ce moment, le terme semble ainsi recouvrir toutes les régions désertiques du Proche et du Moyen-Orient habitées par des peuplades parlant une langue sémitique. C'est également en grec que le terme de *Sarakènoï* devient commun pour la première fois. Il apparaît sur des inscriptions où il semble désigner une tribu isolée de la région du Sinaï. Les auteurs l'utilisent ensuite dans les littératures grecque, latine et talmudique pour parler en général des nomades; Byzance et l'Occident médiéval l'appliqueront pour finir à tous les peuples musulmans [1]. Le premier usage arabe du mot « arabe » se trouve dans les inscriptions anciennes de l'Arabie du Sud, vestiges de l'ancienne civilisation du Yémen; cette œuvre de la branche méridionale des populations arabes date d'avant le christianisme et des premiers temps de celui-ci. Dans ces inscriptions, « Arabe » signifie Bédouin – souvent auteur de razzias – et s'applique au nomade pour le distinguer du sédentaire. La première attestation dans le Nord est une inscription du début du IVe siècle de notre ère, l'épitaphe de Namara, un des plus anciens témoignages de cette langue nord-arabique qui deviendra l'arabe classique [2]. Cette inscription en langue arabe, mais en caractères araméens de la Nabatène, relate les exploits et la mort d'Imru'l-Qays, « roi de tous les Arabes »; les termes employés suggèrent toutefois que cette souveraineté proclamée ne s'étendait guère au-delà des nomades de l'Arabie centrale et septentrionale.

Nous n'avons pas d'information réelle sur l'emploi du mot dans ces régions avant l'essor de l'Islam, au VIIe siècle. Pour Mahomet et ses contemporains, les Arabes étaient les Bédouins du désert; dans le Coran, le mot est employé exclusivement en ce sens, jamais pour désigner les citadins de la Mecque, de Médine ou des autres agglomérations. En revanche, la langue de ces villes, tout comme celle du Coran lui-même, est mentionnée comme « arabe ». On trouve là le germe de l'idée qui prévaudra plus tard et

1. [Le français en tirera le mot « Sarrasin » par le relais du latin *Sarraceni.* N.d.T.]

2. *Répertoire chronologique d'épigraphie arabe (R.C.E.A.)*, Le Caire, 1931 – i, p. 1.

selon laquelle la forme la plus pure de la langue arabe est celle des Bédouins, qui ont préservé plus fidèlement que tous les autres le mode de vie et le parler de l'arabisme véritable.

Les grandes vagues de conquête qui suivirent la mort de Mahomet et l'instauration du khalifat par ses successeurs à la tête de la nouvelle communauté « islamique » inscrivirent le nom des Arabes sur l'étendue de trois continents – Asie, Afrique et Europe – et le mirent du même coup en tête d'un chapitre essentiel de l'histoire de la pensée et de l'aventure humaines. Les populations arabophones d'Arabie, nomades et sédentaires confondus, fondèrent un vaste empire qui s'étendait de l'Asie centrale à l'Atlantique, en passant par le Moyen-Orient et l'Afrique du Nord. Avec l'islam comme religion nationale et comme cri de guerre, et des conquêtes aux dimensions d'un empire, les Arabes se trouvèrent confrontés à des peuples très variés, différents par la race, la langue et la religion, au sein desquels ils formaient une minorité dirigeante de conquérants et de seigneurs. Les distinctions ethniques entre les tribus, de même que les distinctions sociales entre les gens des villes et les habitants du désert, eurent pour un temps moins d'importance que la différence entre les maîtres de ce nouvel empire et les peuples qu'ils avaient subjugués. Durant cette première période de l'histoire islamique, alors que l'islam était une religion purement arabe et le khalifat un empire arabe, le terme « arabe » fut appliqué à ceux qui parlaient la langue, qui descendaient à part entière d'une tribu arabe et qui avaient leur origine – par eux-mêmes ou par leurs ancêtres – en Arabie. Cette appellation servait à les distinguer de la masse des Persans, des Syriens, des Egyptiens et des autres peuples que la conquête avait placés sous la domination arabe; l'Europe chrétienne et les autres nations extérieures aux frontières de l'Islam l'utilisaient aussi pour désigner le nouveau peuple à vocation impériale. Les anciens dictionnaires de l'arabe classique nous donnent deux formes de ce mot – *'Arab* et *A'râb* – et nous indiquent que le dernier signifiait « bédouin » tandis que le premier était employé dans le sens large évoqué plus haut. Cette distinction, si elle est authentique (car beaucoup d'éléments des anciens dictionnaires n'ont qu'une existence purement lexicographique), doit remonter à cette période : on n'en trouve aucune trace antérieurement. Elle ne semble pas avoir subsisté longtemps.

A partir du VIIIe siècle, le khalifat évolua de l'état de royaume arabe à celui d'empire islamique, dans lequel l'appartenance aux couches supérieures était déterminée par la religion plutôt que par l'origine ethnique. Les peuples conquis se convertissaient à l'islam en nombre croissant : la religion cessa d'être le culte national ou tribal des conquérants arabes proprement dits et acquit alors le caractère d'universalité qu'elle a toujours gardé depuis. Le développement de la vie économique et la cessation des guerres de conquête engendrèrent une nouvelle classe dirigeante d'administrateurs et de commerçants, de races et de langues hétérogènes, qui évinça progressivement l'aristocratie militaire arabe créée par les conquêtes. Ce changement se refléta naturellement dans l'organisation et le personnel du gouvernement.

L'arabe resta la seule langue officielle et le principal truchement véhiculaire de l'administration, du commerce et de la culture. Dans sa richesse et sa diversité, la civilisation du khalifat, engendrée par l'amalgame de tant de nations et de religions, était arabe de langue et de tonalité dominante. L'utilisation de l'adjectif « arabe » pour décrire les multiples facettes de cette civilisation a souvent été mise en question, au motif que la contribution des Arabes authentiques à la « médecine arabe » ou à la « philosophie arabe », etc. était relativement faible. Même l'emploi du mot « musulman » a été critiqué : beaucoup d'architectes de cette culture étaient des chrétiens ou des juifs. Le terme « islamique », qui possède une connotation culturelle plutôt que purement religieuse ou nationale, a été souvent suggéré comme préférable. Il reste que les caractéristiques authentiquement arabes de la civilisation du khalifat sont plus importantes qu'un simple examen des origines ethniques de ses créateurs, pris isolément, ne le suggérerait. L'utilisation du terme est justifiée, à la condition qu'une distinction soit clairement faite entre ses connotations culturelles et nationales. Autre point capital : dans la conscience collective des Arabes contemporains, c'est bien la civilisation arabe du khalifat, en son sens le plus large, qui constitue leur héritage commun et l'élément décisif dans la formation de leur vie culturelle.

Pendant ce temps, le contenu ethnique du mot lui-même changeait. La diffusion de l'islam au sein des peuples conquis s'accompagnait de la diffusion de l'arabe. L'installation de bon nombre d'Arabes dans les provinces accéléra ce processus, de même que l'arrivée d'un nouveau peuple dominateur, les Turcs, à partir du Xe siècle : la distinction entre les descendants des conquérants arabes et les indigènes arabisés, tous courbés désormais sous le même joug, perdit de son importance. Dans presque toutes les provinces situées à l'ouest de l'Iran, les anciennes langues indigènes s'éteignirent et l'arabe devint le principal langage véhiculaire. A partir de la fin des Abbassides, le mot « arabe » retourne à son ancienne acception de « bédouin » ou « nomade », devenant pratiquement un terme social plutôt qu'ethnique. La plupart des chroniqueurs occidentaux des Croisades ne l'emploient qu'en ce sens, alors que l'ensemble de la population musulmane du Proche-Orient est qualifiée de « sarrasine ». C'est en ce sens que Le Tasse évoque, au XVIe siècle,

> « D'autres Arabes encore, qui d'un séjour
> Fixe ne sont pas les habitants sédentaires »
>
> (*La Jérusalem délivrée,* XVII, 21)

Au XIVe siècle, l'historien Ibn Khaldun, lui-même citadin d'origine arabe, utilise couramment le terme en ce sens.

Le principal critère de classification était alors d'ordre religieux. Les diverses religions minoritaires étaient organisées comme des communautés politico-religieuses, chacune ayant ses propres chefs et ses propres lois. La majorité appartenait à l'*Ummat al-Islam,* « communauté » ou « nation de l'islam » : ses membres se considéraient avant tout comme des musulmans. Lorsqu'on avait besoin d'une autre classification, elle pouvait être territoriale (égyptien, syrien, irakien, etc.) ou sociale (citadin, paysan ou nomade); c'est à cette dernière que se rattache alors le terme « arabe ». Il a gardé si peu de signification ethnique qu'on le voit même appliqué parfois à des nomades non arabes, d'origine kurde ou turcomane. Lorsque la classe sociale dominante devint principalement turque au sein de l'*Ummat al-Islam* (il en fut ainsi pendant de longs siècles, dans le Proche-Orient), on trouve parfois l'expression *Abna' al-'Arab* ou *Awlad al-'Arab* (« Fils » ou « Enfants des Arabes ») appliquée aux citadins et aux paysans arabophones, pour les distinguer aussi bien de la classe dirigeante turque que des Arabes proprement dits.

Dans l'arabe parlé, cette situation est restée largement inchangée jusqu'à nos jours, bien que d'autres aient remplacé les Turcs comme classe dominante. Toutefois, une évolution beaucoup plus importante s'est produite dans les milieux intellectuels des pays arabophones. La croissance rapide de l'activité et de l'influence de l'Europe dans ces pays a apporté avec elle l'idée européenne de nation : un peuple soudé par une patrie, une langue, un caractère et une aspiration politique communs. Or, à partir du XVIe siècle, l'empire ottoman a contrôlé la majorité des populations arabophones du Proche et du Moyen-Orient. Sur un peuple soumis à la violence des changements sociaux entraînés par l'intervention de l'impérialisme occidental, l'impact de l'idée nationale déclencha les prémices d'une renaissance et d'un mouvement national arabes visant à créer un Etat (ou des Etats) indépendant(s). Ce mouvement débuta en Syrie et ses premiers dirigeants semblent l'avoir conçu uniquement pour ce pays. Il s'étendit rapidement en Irak, avant de développer des relations plus étroites avec les mouvements nationalistes locaux en Egypte et même dans les pays arabophones d'Afrique du Nord.

Pour les théoriciens du nationalisme arabe, les Arabes forment une nation au sens européen du terme : celle-ci inclut, dans les limites de frontières définies, tous ceux qui parlent l'arabe et qui honorent la mémoire de la gloire passée des Arabes. Les conceptions diffèrent toutefois sur la définition des pays concernés : pour certains, ils ne comportent que les pays arabophones du Sud-Ouest de l'Asie. D'autres y ajoutent l'Egypte, malgré l'opposition de nombreux Egyptiens qui ont conçu leur nationalisme – ou plutôt leur patriotisme – en termes *égyptiens* et non *arabes*. Beaucoup y incluent la totalité du monde arabophone, depuis le Maroc jusqu'aux frontières de l'Iran et de la Turquie. La coupure sociale entre sédentaires et nomades a cessé d'être importante de ce point de vue, en dépit de la survie du mot « arabe » pour désigner le Bédouin dans la langue parlée. Dans une société longtemps dominée par une théocratie officielle, la frontière religieuse est moins facile à franchir. Même si peu de porte-parole du mouvement consentent à l'admettre, beaucoup d'Arabes continuent d'exclure ceux qui parlent l'arabe, mais rejettent la religion musulmane, c'est-à-dire une bonne partie de la civilisation qu'elle a contribué à engendrer.

En résumé, le mot « arabe » apparaît au IXe siècle av. J.-C. pour désigner le Bédouin des steppes septentrionales de l'Arabie. Il reste ensuite en usage, avec ce sens, pendant plusieurs siècles, parmi les peuples sédentaires des contrées voisines. Les Grecs et les Romains en étendent l'emploi à l'ensemble de la péninsule, incluant les populations sédentaires des oasis et la civilisation relativement avancée du Sud-Ouest. Dans l'Arabie proprement dite, le terme semble être limité aux nomades, quoique la langue commune à ces derniers comme aux sédentaires soit appelée l'arabe. Après les conquêtes islamiques et durant la période de l'empire, le mot sert à distinguer les conquérants d'origine arabe de la masse des peuples subjugués. Avec la transformation progressive du royaume arabe en un empire islamique plus cosmopolite, le terme en vient à désigner – à l'extérieur plutôt qu'à l'intérieur de cet ensemble – la culture bigarrée de cet empire, produite par des hommes de nations et de religions multiples, mais exprimée en arabe et conditionnée par les goûts et les traditions des anciens conquérants. Lorsque ceux-ci et les peuples qu'ils ont conquis se soumettent à leur tour et se mélangent sous la férule de nouveaux peuples dominants, le mot perd graduellement son contenu ethnique et devient un terme social appliqué essentiellement aux nomades qui ont préservé plus fidèlement que les autres le mode de vie et le langage des origines. Les peuples arabophones des pays sédentaires sont catalogués simplement comme musulmans, parfois comme « fils des Arabes », pour les distinguer des musulmans utilisant d'autres langues. Toutes ces acceptions différentes ont survécu dans certains contextes jusqu'à nos jours, mais un nouveau sens du mot, né de l'influence de l'Occident, a pris une importance croissante au cours du XXe siècle : cette nouvelle définition considère les peuples arabophones comme une nation ou un groupe de nations-sœurs au sens moderne du terme, liées par un territoire, une langue et une culture communs, et par une commune aspiration à l'indépendance et à l'unité politiques.

Il est beaucoup plus facile d'examiner l'extension spatiale de l'arabisme à l'heure actuelle. Les pays arabophones se répartissent en effet en trois groupes : l'Asie occidentale du Sud, l'Egypte et l'Afrique du Nord. La plus vaste terre arabe du premier groupe est la péninsule arabique elle-même. L'essentiel constitue le royaume d'Arabie saoudite, toujours gouverné par une monarchie patriarcale; malgré l'immense richesse procurée par les revenus pétroliers, la population – en dehors des grandes villes et des zones de développement industriel – est très largement composée de pasteurs nomades. En 1962, dans le Yémen voisin, un coup d'Etat antimonarchique a ouvert une guerre civile qui a duré jusqu'en 1967. Cette année-là, la colonie et le protectorat d'Aden sont devenus indépendants pour constituer la République populaire du Sud-Yémen. Après une longue période de rivalités, les deux Yémen ont été finalement réunis en 1990. Le reste de la péninsule, au sud-est et à l'est, est occupé par une mosaïque de principautés, gouvernées par des dynasties établies depuis longtemps. En 1971, les Etats du Golfe sont également devenus indépendants et la plupart d'entre eux se sont regroupés en une fédération des Emirats arabes unis. Au nord de l'Arabie s'étendent les pays du « Croissant fertile », provinces de l'empire ottoman jusqu'en 1918, devenues des Etats : Irak, Syrie, Liban, Jordanie et Israël. C'est dans ces pays que le processus de l'arabisation est allé le plus loin et que le sentiment de l'identité arabe est le plus vif. L'Egypte occupe la corne nord-est de l'Afrique : c'est le plus peuplé, le plus développé et le plus homogène des Etats arabophones, celui qui possède la plus longue tradition de nationalisme politique et d'existence indépendante à l'époque moderne. En février 1958, l'Egypte s'est associée à la Syrie pour constituer la République arabe unie, mais la Syrie s'est retirée de l'union en 1961. L'Egypte a gardé un moment le nom de l'entité défunte, avant de devenir la République arabe d'Egypte.

A l'ouest de l'Egypte, sur le continent africain, l'ancienne colonie italienne de la Libye, monarchie indépendante en décembre 1951, est devenue en 1969 une république révolutionnaire. La Tunisie et le Maroc ont accédé à l'indépendance en 1956; il a fallu un long et pénible conflit armé pour que l'Algérie obtienne la même chose de la France en 1962. Dans la plupart de ces pays, la population est mélangée : la majorité parle l'arabe, mais on trouve des minorités berbérophones, notamment au Maroc et en Algérie. Au sud de l'Egypte et des Etats de l'Afrique du Nord, dans la zone frontière qui sépare l'Afrique arabe de l'Afrique noire, plusieurs Etats mélangent les deux types de population : le Soudan, indépendant depuis 1956; le Tchad et la Mauritanie, qui ont tous deux acquis leur indépendance en 1960. On trouve encore, plus au sud, des communautés arabes au sein de populations majoritairement noires, et des minorités arabes importantes en Israël, en Iran et en Turquie. Au cours des vingt-cinq dernières années, les flux de travailleurs immigrés ont créé d'importantes minorités arabes en Europe occidentale, notamment en France, ainsi qu'en Amérique du Nord. En Asie et en Afrique, le nombre total des populations arabophones est estimé à plus de deux cents millions d'individus, dont plus de cinquante-cinq millions en Egypte et plus de soixante millions en Afrique du Nord.

Ces pays ont beaucoup d'éléments communs. Ils

occupent la limite entre le désert et les terres cultivées, et ils ont été confrontés, depuis les premiers temps jusqu'à nos jours, au problème obsédant du nomadisme. Deux des pays les plus importants – l'Egypte et l'Irak – sont les vallées irriguées de grands fleuves, voies de commerce et sièges d'Etats centralisés depuis les époques les plus reculées. Presque tous sont des pays à dominante agricole, fondés sur le même ordre social et sur le même type de classes dirigeantes, même si les formes extérieures et les réalités sociales changent selon le moment, la manière et le rythme dont ces pays sont affectés individuellement par le monde moderne. A l'exception de l'Arabie, tous ont été des terres de conquête pour l'arabisme et pour l'islam; tous ont reçu le même héritage glorieux de langue, de religion et de civilisation. Pourtant, la langue parlée a connu bien des variantes locales, de même que la religion, la culture et la tradition sociale. Les longues séparations et les vastes distances ont aidé les Arabes à se fondre dans les cultures indigènes les plus diverses et à produire de brillantes variantes locales à partir de la tradition commune; ce fut parfois, comme en Egypte, avec un sens millénaire de l'identité nationale locale.

Parmi les peuples conquis, ici et là, on relève des groupes qui ont refusé la langue ou la religion des conquérants, ou les deux : ainsi les Kurdes d'Irak et les Berbères d'Afrique du Nord sont-ils musulmans, mais non arabes; les maronites du Liban et les coptes d'Egypte sont arabophones, mais non musulmans. L'islam lui-même a vu naître de nouvelles sectes, résultant parfois de l'action de cultes préexistants : shi'ites et yazidites en Irak, druses en Syrie et au Liban, zaydites et ismaïlites au Yémen, etc. L'époque moderne, en soumettant les pays arabes à des processus d'évolution très divers, a entraîné de nouveaux facteurs de désunion, qui dérivent des différences de niveau social ainsi que des divergences d'intérêts régionaux et dynastiques. En revanche, le développement de la modernité renforce certains facteurs d'unité : croissance rapide des communications, qui permettent aux diverses parties du monde arabe d'entrer en contact plus rapidement et plus étroitement; diffusion de l'éducation et de la culture, qui donnent plus de puissance d'unification à la langue et à la mémoire communes; enfin, par-dessus tout, une solidarité nouvelle face à la domination et à l'influence de l'étranger.

Il reste un dernier problème à exposer dans ces remarques préliminaires. L'Européen qui écrit sur l'histoire islamique se trouve désavantagé. Ecrivant dans une langue européenne, il utilise inévitablement des termes européens : or, ces derniers sont fondés sur des catégories de pensée et d'analyse européennes, issues elles-mêmes pour l'essentiel de l'histoire de l'Occident. Leur application à une autre société modelée par des traditions différentes et vivant différemment ne peut fonctionner – au mieux – que par analogie; elle peut conduire aussi à de dangereuses erreurs. Quelques exemples le feront comprendre : certains couples de notions comme « Eglise » et « Etat », « spirituel » et « temporel », « ecclésiastique » et « laïc », etc. n'ont pas eu d'équivalents véritables dans l'usage musulman jusqu'à une période récente. Ils ont alors été créés ou empruntés au monde occidental et chrétien pour traduire des notions modernes. La distinction qu'ils expriment était inconnue à la société musulmane médiévale et elle n'avait jamais été formulée dans la pensée musulmane de cette même époque. L'*Ummat al-Islam* était à la fois Eglise et Etat confondus, inextricablement mêlés; son chef en titre, le Khalife, était à la fois un dirigeant religieux et un dirigeant politique. Le terme de « féodalisme », au sens strict, se réfère à des formes de société qui ont existé en Europe occidentale entre l'effondrement de l'Empire romain et le début des Temps modernes. Sauf définition précise pour un contexte différent, son emploi pour d'autres pays et d'autres périodes risque inévitablement de créer l'impression que le type de société ainsi décrit est identique – ou tout au moins similaire – au féodalisme européen. Mais il est impossible à deux sociétés d'être identiques; même si l'ordre social de l'Islam, à certaines périodes, révèle plusieurs ressemblances importantes avec le féodalisme à l'européenne, ce fait ne justifie jamais l'identification totale impliquée par l'emploi immodéré du terme. Des mots comme « religion », « Etat », « souveraineté » ou « démocratie » signifient des réalités différentes selon qu'ils s'appliquent à l'Islam ou à l'Europe – et même à différentes parties de l'Europe. Pourtant, l'emploi de ces mots et expressions est inévitable lorsque l'on écrit dans une langue européenne, et même dans l'une des langues modernes du Moyen-Orient : celles-ci ont été influencées depuis plus d'un siècle par les modes de pensée occidentaux. Dans les pages suivantes, il faudra les entendre à chaque fois dans leur contexte islamique; ils ne devront jamais impliquer, dans l'esprit du lecteur, plus de ressemblance aux institutions occidentales correspondantes que l'auteur n'en a expressément suggéré.

CHAPITRE PREMIER

L'ARABIE AVANT L'ISLAM

« Oracle du désert de la mer. Comme des ouragans, dans le sud, passent; cela vient ainsi du désert, du pays redoutable. »

Isaïe, 21,1

La péninsule arabe forme un vaste rectangle de plus de trois millions de kilomètres carrés. Elle est circonscrite au nord par un ensemble de territoires connu sous le nom de « Croissant fertile » – la Mésopotamie, la Syrie et la Palestine – et bordé de zones désertiques; à l'est et au sud par le golfe Persique et l'océan Indien; à l'ouest par la mer Rouge. Les districts du Yémen, au sud-ouest, sont des régions de montagne bien arrosées; cet état de fait y a permis très tôt l'essor de l'agriculture et le développement de civilisations sédentaires prospères et relativement avancées. Le reste du pays consiste en steppes et en déserts privés d'eau, parsemés de rares oasis et traversés par quelques pistes caravanières. La population y était essentiellement pastorale et nomade; elle vivait de ses troupeaux et de razzias occasionnelles des oasis et des provinces cultivées avoisinantes.

Les déserts de l'Arabie sont de plusieurs types. Selon la classification arabe, le plus important est le *Nafud* (ou *Néfoud*), véritable mer d'énormes dunes mouvantes qui forment un paysage à l'aspect constamment changeant.

Viennent ensuite le *Hamad*, terrain plus ferme qui occupe les franges de la Syrie et de l'Irak; des steppes au sol plus compact, où des pluies occasionnelles font naître irrégulièrement une végétation soudaine et éphémère; pour finir, le *Rub 'al-Khali*, vaste désert de sable aux étendues impénétrables, qui occupe tout le Sud-Est. Les communications entre ces différentes zones, limitées et difficiles, dépendaient essentiellement de la présence des *wadis*, de sorte que les habitants de l'Arabie avaient peu de contacts les uns avec les autres.

Les Arabes divisent traditionnellement le centre et le nord de la péninsule en trois zones. La première est le *Tihama* (d'un mot sémitique signifiant « basse terre »), région de plaines et de collines ondulées qui borde la mer Rouge. Plus à l'est se trouve ensuite le *Hedjaz*, ou « barrière ». Ce terme s'est appliqué à l'origine à la chaîne de montagnes séparant la plaine côtière du plateau du Nadjd, puis s'est étendu jusqu'à inclure une bonne partie de celle-ci. A l'est du Hedjaz se déploie enfin l'immense plateau intérieur du *Nadjd*, dont le désert du Nafud constitue en fait la majeure partie.

Depuis les temps les plus reculés, l'Arabie a formé une zone de passage entre les régions méditerranéennes et l'Orient; son histoire a été très largement déterminée par les vicissitudes des échanges entre l'Orient et l'Occident. Les communications à l'intérieur de l'Arabie et à travers elle ont été modelées par la configuration géographique de la péninsule, selon certains parcours bien définis. La première route est celle du Hedjaz : elle part des ports de la mer Rouge et des postes frontières continentaux de Palestine et de Transjordanie, pour longer le versant intérieur des chaînes côtières jusqu'au Yémen. Ce fut, à diverses époques, une route caravanière importante entre l'empire d'Alexandre et de ses successeurs proche-orientaux, et les pays asiatiques; c'est également le trajet du chemin de fer du Hedjaz, achevé dans les premières années de ce siècle. Une seconde route emprunte le Wadi'l-Dawasir et va de la pointe nord-est du Yémen au centre de l'Arabie, où elle rejoint une autre route, celle du Wadi'l-Rumma, pour se diriger vers la Mésopotamie méridionale. Dans l'Antiquité, elle a été la principale voie de communication entre le Yémen et les civilisations assyriennes et babyloniennes. Enfin, le Wadi'l-Sirhan relie l'Arabie centrale au sud-est de la Syrie, *via* les oasis d'al-Djawf.

Aussi longtemps que l'on ne pourra pas faire des fouilles historiques en Arabie comme on en fait depuis plus d'un siècle en Egypte, en Palestine, en Syrie et en Mésopotamie, les premiers siècles de l'Arabie resteront obscurs. Le chercheur devra se frayer un chemin entre les débris d'hypothèses à demi échafaudées ou à demi détruites, que l'historien ne peut actuellement ni compléter ni ruiner, compte tenu du peu d'éléments dont il dispose. La plus connue de ces thèses est peut-être celle de Winckler-Caetani, ainsi nommée d'après ses deux représentants les plus remarquables. Selon cette thèse, l'Arabie a été initialement un pays d'une grande fertilité et la terre d'origine des peuples sémitiques. Au cours des millénaires qui ont suivi, elle a subi un processus de dessèchement constant, entraînant l'épuisement progressif des cours d'eau et des richesses, et une extension des zones désertiques au détriment des terres cultivables. Le déclin de la productivité et l'accroissement concomitant du nombre des habitants de la péninsule ont conduit à une série de crises de surpopulation, déclenchant par contrecoup l'émigration périodique des peuples sémitiques de la péninsule, qui ont envahi les pays avoisinants. Ces crises récurrentes ont ainsi poussé les Assyriens, les Araméens, les Cananéens – Phéniciens et Hébreux, entre autres – et finalement les Arabes eux-mêmes vers les terres plus accueillantes du « Croissant fertile ». Les Arabes des temps historiques seraient donc le résidu indifférencié laissé par les grandes migrations antérieures.

Bien qu'aucune prospection géologique exhaustive de l'Arabie n'ait été conduite jusqu'à ce jour, certains faits soutiennent cette théorie : des cours d'eau asséchés et d'autres indices pourraient suggérer une fertilité à date très ancienne. Que ce processus de dessèchement ait eu lieu après l'apparition de la vie humaine n'est, toutefois, nullement attesté ; on ne saurait davantage affirmer que ce changement s'est fait assez vite pour influencer directement le cours de la vie des hommes. La philologie vient partiellement à l'appui de cette hypothèse : la langue arabe est en effet la plus récente des langues sémitiques pour ce qui est de son apparition comme instrument de littérature et de culture, mais elle reste la plus ancienne dans sa structure grammaticale, donc la plus proche de la langue proto-sémitique originelle supposée. Le savant italien Ignazio Guidi a proposé une autre hypothèse en présentant la Mésopotamie méridionale comme terre d'origine des Sémites : il a fait remarquer, entre autres, que toutes les langues sémitiques ont des mots communs pour désigner le « fleuve » et la « mer », alors qu'elles n'en ont aucun pour la « montagne » ou la « colline ». D'autres savants ont suggéré l'Afrique ou l'Arménie comme lieu d'origine.

La tradition nationale divise le peuple arabe en deux souches principales, celle du Nord et celle du Sud. Cette distinction trouve un écho dans le dixième chapitre de la Genèse, où deux lignées distinctes descendent de Sem pour constituer respectivement les peuples du sud-ouest de l'Arabie et ceux du centre et du nord de la péninsule, ces derniers étant les plus proches des Hébreux. La signification ethnologique de cette distinction est et restera probablement inconnue. Elle apparaît dans l'histoire en termes linguistiques et culturels. La langue du sud de l'Arabie est différente de celle du nord, qui a donné l'arabe classique. Elle s'écrit avec un alphabet différent, que l'on connaît par des inscriptions, et se rattache à l'éthiopien, langue et écriture effectivement développées par des colons venus de l'Arabie méridionale et qui ont établi les premiers centres de la civilisation éthiopienne. Une autre distinction d'importance est que les Arabes du Sud étaient des peuples sédentaires.

La chronologie de l'histoire primitive de l'Arabie méridionale est obscure. L'un des premiers royaumes mentionnés dans les textes est celui de Saba, peut-être identique au *Sheba* de la Bible, dont la reine serait entrée en relations avec le roi Salomon. Le royaume de Saba remonte peut-être au xe siècle av. J.-C. On trouve des références sporadiques à partir du VIIIe siècle et de véritables témoignages de développement complet au VIe siècle. Vers 750 av. J.-C., l'un des rois de Saba fit construire le fameux barrage de Ma'rib, qui régla pendant longtemps la vie agricole du royaume. Ce dernier entretenait des liens commerciaux avec la côte africaine opposée et probablement avec des pays plus lointains. Les Sabéens semblent avoir colonisé l'Afrique en profondeur et fondé le royaume d'Abyssinie, dont le nom vient de *Habashat*, une peuplade du sud-ouest de l'Arabie. Le mot arabe pour désigner l'Ethiopie est toujours *Habash*.

Une fois que les conquêtes d'Alexandre eurent mis le monde méditerranéen en contact avec l'Orient plus lointain, des témoignages de plus en plus nombreux attestent, dans les sources grecques, un intérêt croissant pour l'Arabie méridionale. Les Ptolémée d'Egypte envoyèrent des navires sur la mer Rouge, pour explorer les côtes arabiques et les voies commerciales vers l'Inde; leurs successeurs proche-orientaux continuèrent cette politique. Vers la fin du Ve siècle de notre ère, le royaume de Saba était dans un état de déclin avancé. Les sources musulmanes et chrétiennes indiquent qu'il était alors sous la coupe des Himyarites, autre peuplade de l'Arabie méridionale. Le dernier des souverains de cette dynastie, Dhu Nuwas, se convertit au judaïsme. En représailles des persécutions byzantines contre ses coreligionnaires, il promulgua des mesures de répression contre les chrétiens installés sur ses terres. Cela entraîna des répercussions à Byzance et en Ethiopie (devenue un Etat chrétien), et offrit à cette dernière le motif et l'occasion tout à la fois de venger les chrétiens persécutés et de prendre le contrôle du commerce indien. Une invasion éthiopienne, aidée par les chrétiens locaux, mit fin au royaume de Saba, mais la domination de l'Ethiopie sur le Yémen ne dura pas longtemps. En 575, une expédition venue de Perse conquit le pays et le réduisit sans trop de difficulté à l'état de satrapie sassanide. Cette nouvelle domination fut également éphémère et il en restait bien peu de traces tangibles au moment de la conquête musulmane.

Dans l'Arabie méridionale, le fondement de la société

était l'agriculture : les inscriptions font de fréquentes références aux digues, aux canaux, aux problèmes de bornage et de propriété, et suggèrent un haut degré de développement. Outre les céréales, les Arabes du Sud produisaient de la myrrhe, de l'encens, des épices et des aromates. Ces dernières productions constituaient leurs principales exportations. Dans les pays méditerranéens, les épices de l'Arabie méridionale, souvent confondues avec celles importées d'autres contrées plus éloignées *via* ce même pays, lui donnèrent une réputation presque légendaire de prospérité et de richesse : c'était, dans le monde classique, l'*Arabia eudaïmôn* des Grecs et l'*Arabia felix* des Latins. La littérature occidentale fait de nombreuses allusions aux épices de l'Arabie, depuis les « *thesauris arabicis* » d'Horace jusqu'aux « *spicy shores of Araby the blest* » de Milton, sans oublier les « *perfumes of Arabia* » de Shakespeare.

L'organisation politique de l'Arabie méridionale était monarchique et semble avoir été solidement fondée sur un système de succession régulière, de père en fils. Les rois n'étaient pas divinisés, comme ailleurs en Orient, et leur autorité – au moins à certaines périodes – fut limitée par des conseils de notables, plus tard par une sorte de féodalisme : des seigneurs locaux gouvernaient alors leurs vassaux et leurs paysans depuis leurs châteaux.

La religion de l'Arabie méridionale était polythéiste et comportait, sans entrer dans les détails, des ressemblances avec celles des autres peuples sémitiques. Les temples étaient des centres importants de la vie publique ; ils possédaient de grandes richesses, administrées par les grands prêtres. La culture des épices elle-même était considérée comme sacrée et un tiers des récoltes était réservé pour les dieux, c'est-à-dire pour les prêtres. L'écriture était connue et l'on possède de nombreuses inscriptions, mais on n'a aucune trace de livres ou de littérature.

Lorsque l'on passe de l'Arabie méridionale à celle du Centre et du Nord, on est confronté à une histoire très différente, qui repose sur une information beaucoup plus lacunaire. On a vu plus haut que les sources assyriennes, bibliques et perses mentionnent sporadiquement les peuples nomades de cette partie de la péninsule. Les Arabes du Sud semblent également avoir colonisé le Nord de manière assez limitée, sans doute à des fins commerciales. Nos premières informations détaillées datent de la période classique, lorsque la pénétration des influences hellénistiques venues de Syrie et l'exploitation périodique des pistes commerciales firent naître une série d'Etats à demi sédentarisés sur les franges désertiques de la Syrie et de l'Arabie septentrionale.

Ces Etats, arabes à l'origine, étaient fortement influencés par la culture araméenne hellénisée et utilisaient généralement la langue et l'écriture araméennes pour leurs inscriptions. Leur caractère arabe ne se révèle en fait que par les noms propres. Le premier et peut-être le plus important d'entre eux fut celui des Nabatéens : au temps de sa plus grande puissance, il régissait un territoire qui s'étendait du golfe d'Aqaba à la mer Morte et incluait une bonne partie du Hedjaz septentrional. Le premier roi connu par les inscriptions est un certain Arétas (*Haritha,* en arabe), mentionné en 169 av. J.-C. Sa capitale était à Pétra, dans l'actuel royaume de Jordanie. Le royaume nabatéen entra en contact avec Rome en 65 av. J.-C., lorsque Pompée visita sa capitale. Les Romains établirent des relations amicales avec le royaume, qui servait d'Etat-tampon entre l'Orient romanisé et le désert indompté. En 25-24 av. J.-C., la Nabatène servit de base de départ pour l'expédition d'Ælius Gallus, envoyée par Auguste à la conquête du Yémen. Ce fut l'unique tentative faite par les Romains pour pénétrer en Arabie; la raison en était le contrôle du débouché méridional de la route commerciale de l'Inde. Partant d'un port nabatéen de la mer Rouge, Ælius Gallus réussit à débarquer sur la côte occidentale de l'Arabie et à pénétrer profondément à l'intérieur des terres. Mais l'expédition se solda par un échec complet et les Romains durent battre piteusement en retraite.

Leurs relations avec les Nabatéens se détériorèrent au premier siècle de notre ère et l'empereur Trajan fit du nord de la Nabatène une province romaine. Notons au passage que les Arabes des provinces frontalières de l'Empire donnèrent au moins à Rome un empereur, Philippe « l'Arabe », qui régna de 244 à 249. La période qui suivit immédiatement sa mort vit l'essor du second des Etats arabes aramaïsés, au sud-est de la Syrie : le fameux royaume de Palmyre, établi dans le désert au point de départ d'une autre route commerciale. Son premier souverain, Odenathus (*Udhayna,* en arabe), fut reconnu comme tel par l'empereur Gallien en 265, en récompense de son assistance dans la guerre contre les Perses Sassanides. Après sa mort, sa veuve Zénobie (*Zaynab,* en arabe) lui succéda. Elle ne tarda pas à revendiquer la souveraineté sur la majeure partie du Proche-Orient et proclama son fils Athénodoros – sans doute une traduction grecque de l'arabe *Wahballat* – César Auguste. L'empereur Aurélien, irrité, finit par intervenir : il conquit Palmyre en 273, supprima le royaume et envoya Zénobie prisonnière à Rome, où elle figura à son triomphe, entravée de chaînes d'or.

Ces deux Etats, malgré leur bref éclat dans les annales romaines, furent des manifestations éphémères, qui n'avaient ni la solidité ni la résistance des royaumes de l'Arabie méridionale, parce qu'ils reposaient sur un mélange de populations nomades et semi-nomades. Ils tiraient leur importance de leur position sur les routes commerciales qui reliaient Rome à l'Orient *via* l'Arabie occidentale, et de leur rôle d'Etats-tampons ou de principautés tributaires qui épargnaient à l'Etat romain la tâche difficile et coûteuse de maintenir des défenses militaires aux marges du désert.

On sait moins de choses sur deux Etats arabes de l'intérieur de la péninsule, qui prospérèrent durant la période hellénistique, Lihyan et Thamud. Tous deux sont connus principalement d'après des inscriptions dans leur propre langue ; le second est en outre mentionné quelquefois dans le Coran. Ils semblent avoir été un temps sous la suzeraineté des Nabatéens, avant d'acquérir plus tard leur indépendance.

Un événement majeur intervint en 384 de notre ère : un traité de paix mit alors fin à la longue série de guerres qui avaient opposé les empires romain et sassanide aux IIIe et IVe siècles. Durant la longue paix qui s'ensuivit et qui dura jusqu'en 502, le commerce régional et international revint aux routes directes : Egypte et mer Rouge d'une part, vallée de l'Euphrate et golfe Persique de l'autre. En temps de paix, ces routes étaient plus courtes, plus sûres et moins coûteuses; ni les Byzantins ni les Perses n'avaient alors de raison de développer des parcours de substitution hors de la portée de leurs ennemis. La route de l'Arabie occidentale – restée difficile et hasardeuse – tomba en désuétude et semble avoir été abandonnée. La période comprise entre le IVe et le VIe siècles, lorsque l'Arabie perdit son importance pour les Byzantins et pour les Sassanides, fut celle de la décadence et de la dégradation. Dans le sud-ouest, comme on l'a vu, les civilisations du Yémen déclinèrent et tombèrent sous la coupe de l'étranger. La tradition nationale arabe résume en un épisode symbolique la fin de la prospérité et les migrations consécutives des tribus méridionales vers le nord : il s'agit de l'effondrement du barrage de Ma'rib, avec la désolation qui en résulta. Dans le nord, les anciens Etats de la frontière tombèrent sous l'administration directe de l'Empire ou retournèrent à leur ancienne anarchie. Sur la plus grande partie de la péninsule, les villes telles qu'elles avaient existé périclitèrent ou disparurent, et le nomadisme reprit sa place, aux dépens du commerce et de l'agriculture.

Durant cette période cruciale qui précède immédiatement l'arrivée de l'islam, la caractéristique prédominante des populations de l'Arabie centrale et septentrionale est le tribalisme bédouin. Dans la société bédouine, l'unité sociale n'est pas l'individu, mais le groupe : l'individu n'a de droits et de devoirs que comme membre de celui-ci. La cohésion du groupe est maintenue à l'extérieur par le besoin de défense contre les dangers et les difficultés de la vie dans le désert, à l'intérieur par les liens du sang de la descendance mâle, qui constituent le ciment social fondamental. La subsistance de la tribu dépend de ses troupeaux et de la possibilité épisodique de razzier les contrées sédentarisées voisines, ainsi que les caravanes qui continuent à s'aventurer à travers l'Arabie. C'est par une sorte de relais de razzias réciproques que les biens mar-

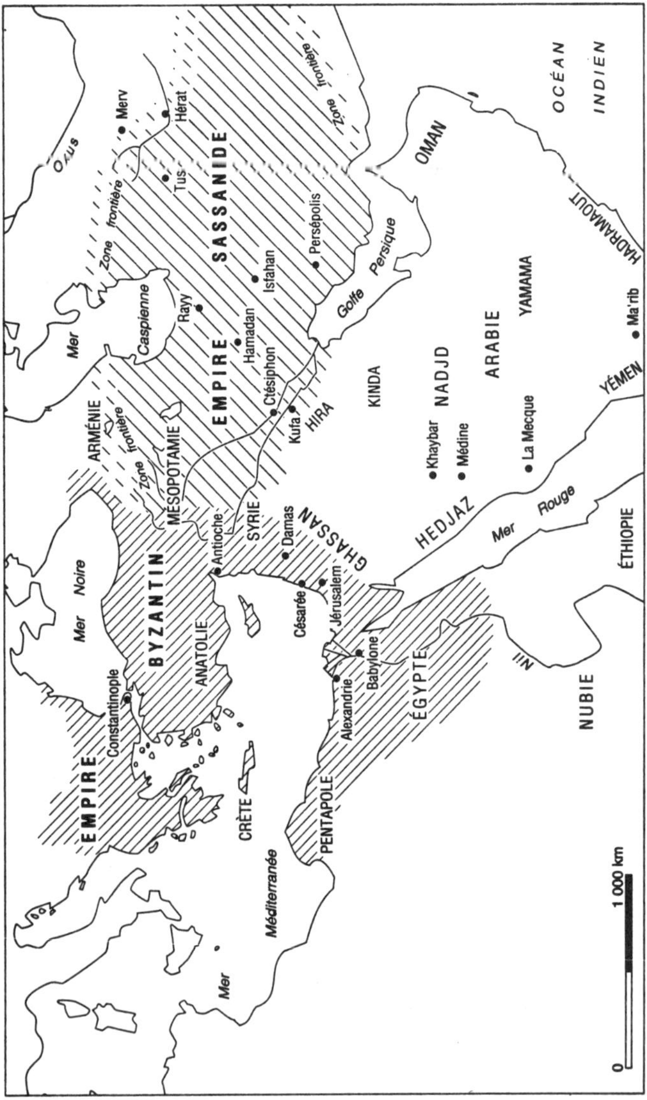
EMPIRE BYZANTIN
EMPIRE SASSANIDE
Mer Noire
Mer Caspienne
Mer Méditerranée
Mer Rouge
Golfe Persique
OCÉAN INDIEN
Oxus
Nil
Zone frontière
Zone frontière
Zone frontière
Merv
Hérat
Tus
Persépolis
Isfahan
Rayy
Hamadan
Ctésiphon
Kufa
HIRA
ARMÉNIE
MÉSOPOTAMIE
Antioche
SYRIE
Damas
GHASSAN
Césarée
Jérusalem
ANATOLIE
Constantinople
CRÈTE
PENTAPOLE
Alexandrie
Babylone
ÉGYPTE
NUBIE
ÉTHIOPIE
HEDJAZ
KINDA
NADJD
ARABIE
YAMAMA
Khaybar
Médine
La Mecque
Ma'rib
YÉMEN
HADRAMAOUT
OMAN
0
1 000 km

chands venus des pays sédentarisés passent des tribus de la périphérie à celles de l'intérieur. La tribu ne reconnaît pas la propriété privée des terres, mais elle exerce des droits collectifs sur les pâturages, les sources, etc. Il semble que les troupeaux eux-mêmes aient été à certains moments propriété de la tribu et que seuls les objets mobiliers aient relevé d'un régime de propriété personnelle.

L'organisation « politique » de la tribu était rudimentaire. A sa tête se trouvait le *sayyid* ou le *sheikh,* chef élu qui était rarement plus que le premier parmi ses égaux. Loin de diriger l'opinion de la tribu, il la suivait plutôt, ne pouvant ni imposer des devoirs ni infliger des châtiments. Les familles individuelles avaient des droits et des obligations à l'intérieur de la tribu, mais aucun vis-à-vis de l'extérieur. La fonction du « gouvernement » du *sheikh* était d'arbitrage plutôt que de commandement. Il ne détenait aucun pouvoir coercitif et les concepts mêmes d'autorité, de royauté, de punitions publiques, etc. étaient en horreur dans la société arabe nomade. Le *sheikh* était élu par les anciens de la tribu, habituellement parmi les membres d'une seule famille, sorte de maison « sheikhale » connue sous le nom d'*ahl al-bayt,* « les gens de la maison ». Il était assisté par un conseil d'anciens appelé le *madjlis,* constitué par les chefs de famille et par les représentants des divers clans de la tribu. Ce *madjlis* incarne l'opinion publique de la communauté. Une distinction semble avoir existé entre certains clans, considérés comme « nobles », et le reste de la tribu.

La vie de celle-ci était réglée par la coutume, la *sunna,* ou pratique des ancêtres, qui devait son autorité à la vénération générale pour le passé et dont la seule sanction était l'opinion publique. Le *madjlis* tribal était à la fois son symbole et son seul instrument. La principale contrainte sociale pour limiter l'anarchie prévalente était la tradition de la vengeance du sang : elle imposait à la famille d'un homme assassiné le devoir de tirer vengeance du meurtrier ou de l'un des membres de son clan.

La religion des nomades était une forme de « polydémonisme » lié au paganisme des anciens Sémites. Les êtres adorés étaient, à l'origine, les habitants et les protecteurs des lieux isolés, vivant dans les arbres, auprès des sources et surtout dans les bétyles (pierres sacrées). Il y avait également de véritables divinités au sens conventionnel du terme, qui transcendaient par leur autorité les limites des cultes purement tribaux. Les trois plus importantes étaient Manat, 'Uzza et Allat (la dernière étant mentionnée par Hérodote). Ces trois divinités étaient elles-mêmes subordonnées à une déité supérieure, appelée Allah. La religion des tribus ne connaissait pas de véritable prêtrise. Pendant leurs migrations, les nomades transportaient leurs dieux avec eux sous une tente rouge qui formait une sorte d' « arche d'alliance » et qui les accompagnait dans les batailles. Leur religion n'était pas personnelle, mais communautaire : la foi de la tribu se concentrait sur le dieu tribal, habituellement symbolisé par une pierre, parfois par un autre objet, et gardé dans la demeure du *sheikh*; celle-ci acquérait du même coup une sorte de prestige religieux. Le dieu et le culte étaient les insignes de l'identité tribale et la seule expression idéologique du sens de l'unité et de la cohésion de la tribu. La conformité à ce culte exprimait la loyauté politique; l'apostasie équivalait à une haute trahison.

La seule exception à ce mode de vie nomade était l'oasis. Là, de petites communautés sédentaires constituaient une organisation politique embryonnaire : la famille la plus en vue de l'oasis établissait une sorte de petite royauté sur ses habitants. Parfois, le « souverain » de l'oasis revendiquait une vague suzeraineté sur les tribus environnantes; parfois aussi, telle oasis gagnait le contrôle sur une oasis voisine, établissant du même coup un royaume éphémère dans le désert. On ne citera ici que celui de Kinda, car son essor et son expansion présagent à bien des égards l'expansion postérieure de l'Islam. Le royaume de Kinda prospéra à la fin du ve et au début du vi^e^ siècle dans l'Arabie septentrionale. Puissant au départ et empiétant même sur le territoire des Etats frontaliers, il s'effondra par manque de cohésion interne et par suite de son impuissance à briser les barrières dressées par les empires byzantin et perse, alors beaucoup plus puissants que quelques décennies plus tard, au moment où ils subirent l'assaut de l'islam. Le royaume de Kinda a laissé un souvenir durable dans la poésie arabe. Au VIe siècle, les tribus de la péninsule possédaient une langue commune pour la poésie, indépendante des dialectes tribaux, qui les unissait dans une tradition et une culture orale uniques. Langue et littérature communes durent beaucoup de leur élan et de leur développement aux réalisations et aux souvenirs de Kinda, première grande aventure commune des tribus du Centre et du Nord. Le VIe siècle fut l'époque de la maturité classique.

Ici et là, des nomades sédentarisés établirent des villes dotées d'une organisation sociale plus avancée. La plus importante fut la Mecque, dans le Hedjaz. A l'intérieur de la ville, chaque clan continua d'avoir son *madjlis* et son bétyle, mais l'union des clans formant la ville s'exprimait par le rassemblement des pierres sacrées dans un sanctuaire central, doté d'une fonction symbolique commune. Le bâtiment cubique connu sous le nom de *Ka'ba* était ainsi le symbole d'unité pour la Mecque, où un conseil appelé *mala'*, démarqué des *madjlis* tribaux et claniques, remplaça ceux-ci. Le caractère conditionnel et consensuel de l'autorité des *sheikh* s'effaçait ainsi partiellement, au bénéfice d'une sorte d'oligarchie des familles dirigeantes.

Malgré la régression générale de cette période, l'Arabie n'était pas totalement isolée du monde civilisé, mais plutôt située sur ses lisières. Les cultures perse et byzantine pénétraient par de nombreux intermédiaires, dont la plupart étaient liés aux routes commerciales transarabiques. L'établissement de quelques colonies étrangères dans la péninsule joua aussi un rôle non négligeable : des communautés juives et chrétiennes s'installèrent en divers lieux de l'Arabie, diffusant à la fois la culture araméenne et la culture hellénistique. Le principal centre chrétien en Arabie méridionale était Nadjran, qui connut une vie politique relativement développée et avancée. Les Juifs ou les Arabes judaïsés étaient un peu partout, notamment à Yathrib, rebaptisée plus tard Médine; c'étaient essentiellement des agriculteurs et des artisans. Leur origine reste incertaine et plusieurs théories différentes ont été avancées à ce sujet.

Les Etats frontaliers constituaient une autre voie de pénétration. La même nécessité qui avait conduit les Romains à encourager l'essor des royaumes nabatéen et palmyrénien amena les empires byzantin et sassanide à favoriser le développement de petites principautés sur les frontières de la Syrie et de l'Irak. Les deux Etats de Ghassan et de Hira étaient chrétiens (monophysite pour le premier, nestorien pour le second); tous deux étaient frottés de civilisation araméo-hellénistique, qui passa ainsi vers l'intérieur. L'histoire ancienne du Ghassan est obscure; on ne la connaît que par la tradition arabe. Son histoire attestée commence en 529, lorsque Justinien donna au « phylarque [1] » Arétas (*al-Harith ibn Djabala*, en arabe) de nouveaux titres après que ce dernier eut battu les vassaux arabes des Sassanides. Les Ghassanides résidaient dans les parages du Yarmouk; ils étaient reconnus, plutôt que soutenus par Byzance. A la veille de l'essor de l'Islam, l'empereur Héraclius suspendit même les subsides versés jusque-là, par mesure d'économie, en raison de la guerre dispendieuse contre les Perses. Les envahisseurs musulmans trouvèrent ainsi le Ghassan dans un état de rancœur marquée à l'égard de Byzance et tout disposé à passer de leur côté.

Sur les frontières de l'Irak dominé par les Sassanides se trouvait la principauté arabe de Hira, vassale des empereurs de Perse, soumise lorsqu'ils étaient puissants, assez indépendante lorsqu'ils étaient en état de faiblesse. Hira assurait pour l'empire sassanide la même fonction que Ghassan pour l'empire byzantin; pendant les guerres entre Byzance et la Perse, les Arabes de Hira servaient comme auxiliaires dans l'armée sassanide. Leur période de plus grande indépendance se situe sous al-Mundhir III, contemporain et ennemi juré du Ghassanide al-Harith. La tradition arabe a toujours considéré Hira comme une partie essentielle de la communauté arabe, directement liée au reste de l'Arabie. Bien que vassale des Perses, Hira tirait sa culture des civilisations hellénistique et chrétienne de la Syrie; d'abord païenne, la principauté se convertit au christianisme nestorien sous l'influence des

1. [« chef de tribu ». N.d.T.].

prisonniers de guerre. La dynastie gouvernante des Lakhm fut exterminée après une révolte par l'empereur sassanide Khosrô II, qui envoya en 602 un gouverneur perse pour régir une population essentiellement arabe. Hira devait rester un avant-poste sassanide jusqu'en 633, date de sa conquête par l'avant-garde des forces musulmanes.

Une influence étrangère – plus limitée – s'exerça aussi par l'intermédiaire du gouvernement direct de l'étranger. La brève domination des Abyssins et des Persans sur le Yémen, de même que les Etats frontaliers sous contrôle sassanide ou byzantin, assurèrent la pénétration partielle de connaissances plus avancées en matière de techniques militaires, et d'autres influences matérielles et culturelles.

Les réactions arabes à ces influences extérieures sont visibles dans plusieurs domaines. Les Arabes acquirent des armes et leur mode d'emploi, ainsi que des principes d'organisation militaire et de stratégie. Dans les provinces limitrophes du nord, les auxiliaires arabes étaient formés et payés de manière régulière. Les tissus, la nourriture, le vin et – très probablement – l'art de l'écriture furent introduits de la même façon. Spirituellement, les religions du Moyen-Orient, avec leurs principes monothéistes et leurs idées morales, apportèrent un début de culture et de formation aux Arabes, fournissant du même coup un substrat essentiel au succès de la future mission de Mahomet. Ces progrès se limitèrent surtout à certaines zones, particulièrement aux populations sédentaires de l'Arabie méridionale et du Hedjaz.

Malgré l'extension et l'importance numérique des nomades, ce furent en effet les éléments sédentarisés – et plus spécialement ceux qui vivaient et qui travaillaient le long des routes commerciales transarabiques – qui déterminèrent réellement l'histoire de l'Arabie. Les déplacements successifs de ces routes modelèrent les changements et les bouleversements de l'histoire des Arabes. En 502, la longue trêve entre les Byzantins et les Sassanides prit fin et une nouvelle série de guerres commença, qui devait durer jusqu'au conflit final de 603-628. Tout autant que la paix, la reprise de la guerre entraîna des changements de vaste portée. Les routes commerciales directes et rapides entre les deux empires devinrent impraticables, chacun d'eux cherchant à entraver les échanges de l'autre. Les parcours situés à l'intérieur des frontières (par les steppes du nord pour les uns, par les mers et les déserts du sud pour les autres) acquirent une importance nouvelle, à la fois stratégique et commerciale. La route de l'Euphrate et du golfe Persique, entre la Méditerranée et l'Orient, fut de nouveau entravée par des obstacles politiques, militaires et économiques, et par la désorganisation générale due à la reprise et à la prolongation des hostilités. L'Egypte était aussi en proie à l'anarchie et n'offrait plus de parcours alternatif par la vallée du Nil et par la mer Rouge. Les marchands revinrent donc à l'ancienne route, plus difficile mais plus tranquille, qui partait de la Syrie et traversait l'Arabie occidentale pour gagner les ports yéménites où abordaient les vaisseaux venus de l'Inde. Malgré les tentatives sassanides d'un côté, byzantines et éthiopiennes de l'autre, pour s'assurer le contrôle de cette route, elle resta accessible et praticable. Les royaumes palmyrénien et nabatéen, dont la prospérité avait été due naguère à une combinaison semblable de facteurs, avaient disparu depuis longtemps. La cité de la Mecque profita de l'occasion.

Les débuts de l'histoire de la Mecque sont assez obscurs. S'il faut l'identifier avec la « *Macoraba* » du géographe grec Ptolémée, elle fut probablement fondée comme étape sur la route des épices. Elle se trouve heureusement placée à un carrefour de lignes de communication : au sud, vers le Yémen; au nord, vers la Méditerranée; à l'est, vers le golfe Persique; à l'ouest, vers le port de Djedda et les routes maritimes de l'Afrique. Quelque temps avant l'essor de l'islam, la Mecque était occupée par la tribu nord-arabique des Qurayshites, qui développa rapidement une importante communauté commerçante. Ses marchands avaient conclu des accords avec les autorités byzantines, éthiopiennes et sassanides des frontières et ils menaient des échanges actifs. Deux fois par an, ils acheminaient de grandes caravanes vers le nord et le sud, véritables entreprises coopératives qui réunissaient des groupes de marchands de la Mecque. Des caravanes plus petites étaient aussi organisées le reste du temps, et l'on a même des témoignages de commerce maritime avec l'Afrique. Un grand nombre de foires se tenaient dans les environs de la Mecque, dont la plus importante était celle d'"Ukaz. Elles faisaient partie intégrante de la vie économique de la ville et contribuaient à étendre son influence et son prestige parmi les nomades des alentours. La population de la Mecque était très variée. L'élément central et dirigeant – les « Qurayshites de l'intérieur » – constituaient une sorte d'aristocratie marchande de caravaniers et d'hommes d'affaires, entrepreneurs et maîtres réels du commerce « international ». Puis venaient les « Qurayshites de l'extérieur », population de commerçants moins importants, plus récemment établis et de statut plus humble; enfin, un « prolétariat » d'étrangers et de Bédouins. A l'extérieur de la Mecque se trouvaient les « Arabes des Qurayshites », tribus bédouines qui vivaient dans la mouvance de la ville.

Le gouvernement de la Mecque a été décrit par Henri Lammens comme une « république marchande », dirigée par un syndicat de puissants hommes d'affaires. Cette description ne doit pas conduire à imaginer quelque institution « républicaine » sur le modèle occidental. Les Qurayshites n'étaient sortis que récemment du nomadisme, dont l'idéal était encore ancré en eux : un maximum de liberté d'action et un minimum d'autorité publique. Cette autorité existait et elle était exercée par le *mala,* sorte d'équivalent urbain aux *madjlis* tribaux, constitué par les chefs et les notables des principales familles marchandes. Le fonctionnement de cette « direction collégiale » a été illustré lors de sa lutte initiale contre Mahomet, puis lors des conflits multiples sous ses successeurs. L'expérience commerciale des marchands de la Mecque leur donnait un pouvoir de coopération, d'organisation et de discipline assez rare parmi les Arabes, et d'une importance exceptionnelle pour administrer le vaste empire qui allait bientôt tomber en leur pouvoir.

C'est dans ce milieu que naquit Mahomet, le prophète de l'islam.

CHAPITRE II

MAHOMET ET L'ESSOR DE L'ISLAM

« Et nous t'avons ainsi révélé un Coran arabe, pour que tu puisses avertir la Mecque, la Mère des Villes, et ceux qui sont autour d'elle; que tu puisses leur donner avertissement du Jour du Jugement... »

Coran, XLII, 5

Dans son essai sur *Mahomet et les origines de l'islam*, Ernest Renan [1] remarque qu'à la différence des autres religions dont la naissance est enveloppée de mystère, l'islam est né dans la pleine lumière de l'Histoire : « Ses racines sont à fleur de terre; la vie de son fondateur nous est aussi bien connue que celle des Réformateurs du XVIe siècle. » En faisant cette remarque, Renan se référait à l'abondant matériel biographique fourni par la *Sira,* la vie du Prophète telle que la rapporte la tradition musulmane. Lorsque les problèmes du gouvernement d'un vaste empire placèrent les Arabes face à toutes sortes de difficultés qui n'étaient jamais survenues du vivant de Mahomet, on posa en principe que le Coran – la Parole de Dieu – n'était pas la seule autorité pour guider l'action des hommes : on pouvait se référer aux pratiques et aux décla-

1. Ernest Renan, *Etudes d'histoire religieuse*, 2e édition, Paris, 1857, p. 217 et *sqq.*

rations du Prophète lors de sa vie terrestre. L'ensemble de ces pratiques et de ces déclarations est conservé sous la forme de « traditions » (*hadith*, en arabe), chaque *hadith* étant attesté par une chaîne ininterrompue d'autorités qui remonte en dernière analyse à Mahomet : « J'ai entendu dire par... qui a entendu dire par... qui a entendu dire par... qui a entendu le Prophète dire que... ». Au cours des premières générations qui suivirent la mort du fondateur de l'islam, un vaste corpus de *hadith* s'est ainsi constitué, couvrant tous les aspects de sa vie et de sa pensée.

A première vue, un *hadith*, avec son énumération soigneuse d'autorités de référence qui remonte à chaque fois à un témoin oculaire, pourrait paraître une source aussi fiable qu'on puisse la souhaiter. Mais cela soulève quelques difficultés. La compilation et l'examen des *hadith* n'ont eu lieu que plusieurs générations après la mort de Mahomet. Durant cette période, les occasions et les raisons de falsification se sont accumulées. En premier lieu, le simple écoulement du temps et la faillibilité de la mémoire humaine suffisent par eux-mêmes à jeter le doute sur des témoignages transmis oralement pendant des centaines d'années. Mais on doit relever aussi des motifs de déformation volontaire. La période qui suivit la mort du Prophète connut un développement intensif de la communauté islamique. Les peuples conquis introduisirent dans l'islam une série de problèmes et de concepts nouveaux – d'ordre social, politique, légal et religieux – et la plupart des idées et des solutions qui en découlèrent furent projetées « rétroactivement » dans le passé par le moyen de *hadith* inventés de toutes pièces et attribués au Prophète. La période connut également de violents conflits internes entre les individus, les familles, les factions et les sectes : chacun d'eux ne trouva pas de meilleur moyen de soutenir son point de vue que de produire des *hadith* attribués à Mahomet et appuyant sa façon de voir. Ne prenons qu'un seul exemple : la position et l'importance relatives des familles de la Mecque durant la vie du Prophète sont déformées et méconnaissables dans la littérature des *hadith*, à cause des rivalités entre descendants, qui datent du moment où cette littérature s'est fixée.

Les musulmans eux-mêmes ont compris de bonne heure que beaucoup de leurs *hadith* étaient douteux; ils développèrent alors toute une science d'exégèse critique pour distinguer ceux qui étaient originaux de ceux qui avaient été forgés dans une intention plus ou moins pieuse. L'exégèse traditionnelle a travaillé exclusivement en examinant la chaîne des autorités de référence, rejetant certaines d'entre elles soit en raison d'un préjugé manifeste dans leur prise de position, soit parce qu'il était impossible qu'elles eussent reçu l'information qu'elles prétendaient transmettre. L'exégèse moderne a constaté d'importants défauts dans cette approche. Il est aussi facile, en premier lieu, de forger une chaîne de références que de créer tradition. En second lieu, le refus de certaines références au nom de « l'opinion commune » ne représente en fait que la victoire d'une opinion particulière et son adoption comme pierre de touche pour juger des autres. La critique moderne a donc plutôt travaillé en soumettant le texte des traditions elles-mêmes à l'analyse historique et psychologique. La science précise d'Ignaz Goldziher et la critique minutieuse et parfois vétilleuse de Leone Caetani et d'Henri Lammens ont montré que toute la littérature des *hadith,* dont la biographie du Prophète constitue une partie importante, doit être traitée avec une réserve prudente : chaque *hadith* doit être considéré isolément, pesé et vérifié avec soin, avant d'être accepté comme authentique. Plus récemment, les recherches de Joseph Schacht et de Robert Brunschvig ont prouvé que beaucoup de traditions, au contenu apparemment historique, servent en fait des intentions légales ou doctrinales, et sont donc historiquement assez suspectes.

Outre la *Sira,* la source principale pour la vie de Mahomet est le Coran, c'est-à-dire, selon les musulmans, la parole de Dieu révélée au Prophète et proclamée par lui aux populations de La Mecque et de Médine durant sa vie. Du texte du Coran et des quelques témoignages disponibles par ailleurs, on voit émerger un portrait historique qui n'est ni aussi détaillé que le voudrait la tradition pieuse, ni aussi sommaire que de récents critiques l'ont tracé. En l'état, il peut donner une idée de la mission du

Prophète telle qu'elle a été perçue par ses successeurs, et de la signification de sa carrière telle que les historiens l'ont vue.

On sait peu de choses sur les ancêtres et les débuts de la vie de Mahomet; ce peu a même diminué constamment, au fur et à mesure que les progrès de l'exégèse moderne remettaient en question l'un après l'autre les divers éléments de la tradition musulmane. Le Prophète semble être né à La Mecque entre 570 et 580, dans le clan des Banu Hashim, famille respectée des Qurayshites sans qu'elle appartînt toutefois à l'oligarchie dominante. On dit que Mahomet lui-même fut élevé pauvrement en orphelin, probablement par son grand-père. Il acquit richesse et position sociale en épousant Khadidja, la veuve d'un riche marchand, passablement plus âgée que lui. Ces événements trouvent leur écho dans un passage du Coran : « Ne t'a-t-il pas trouvé orphelin et donné une demeure? Ne t'a-t-il pas trouvé errant et guidé? Ne t'a-t-il pas trouvé dans le besoin et enrichi? » (XCIII, 6-8). Il est probable – mais non certain – qu'il ait eu une activité de marchand : la Mecque était une ville commerçante et l'usage fréquent de métaphores et de tournures de phrases commerciales, dans le texte du Coran, suggère quelque expérience dans ce domaine. Les traditions qui parlent de voyages commerciaux vers les pays voisins sont peut-être à prendre avec réserve. L'enseignement de Mahomet montre fort peu de connaissances de ces contrées.

Le problème fondamental de sa formation spirituelle soulève également de nombreuses difficultés. Selon la *Sira*, il a fréquenté des juifs et des chrétiens; le Coran montre des liens évidents avec les Ecritures des deux grandes religions monothéistes. L'idée même du monothéisme et de la révélation divine, tout comme beaucoup d'autres détails et de personnages spécifiques, attestent ces liens. Pour les musulmans, ces similitudes sont dues à l'origine commune, qui est Dieu, tandis que les différences sont imputables aux seules déformations infligées à la parole divine par ses indignes dépositaires antérieurs. D'après les versions musulmanes des histoires bibliques, certains exégètes modernes ont déduit que ces connaissances bibliques avaient été acquises indirectement, probablement auprès de voyageurs et de commerçants juifs et chrétiens dont les informations étaient affectées de traditions midrashiques et apocryphes. La tradition évoque certains habitants païens de la Mecque, appelés *hanifs*, insatisfaits de l'idolâtrie ambiante et qui cherchaient une forme de religion épurée, tout en renâclant à se faire juifs ou chrétiens. Il se pourrait que les antécédents spirituels de Mahomet soient à rechercher dans ce milieu.

Selon la tradition, la vocation vint au prophète alors qu'il approchait de ses quarante ans. Sa première prédication fut apparemment considérée comme inoffensive par les habitants de la Mecque, qui ne firent aucune opposition. Les chapitres correspondants du Coran traitent principalement du Dieu unique, de la perversion de l'idolâtrie et de l'imminence du Jugement divin. Leur propos avéré est d'apporter aux Arabes une révélation en leur langue, comme cela avait été fait pour les autres peuples.

Mahomet rencontra d'abord un faible soutien, principalement parmi les couches les plus humbles de la population. Au nombre de ses convertis figurent son épouse Khadidja et son cousin 'Ali, qui devait devenir plus tard le quatrième khalife. Mahomet devenant plus péremptoire et attaquant ouvertement la religion professée à la Mecque, l'opposition se radicalisa contre lui et ses disciples, au sein des classes dirigeantes de la ville. Un savant européen du XIXe siècle a imaginé de présenter la lutte entre la communauté musulmane naissante et l'oligarchie citadine comme un conflit de classes dans lequel Mahomet aurait représenté les déshérités et leurs revendications contre l'oligarchie bourgeoise des dirigeants. Cette vue exagère un aspect particulier de la prédication de Mahomet au détriment du reste, mais elle est partiellement confirmée par les premiers récits : ceux-ci indiquent qu'une bonne partie de ses disciples venaient des classes les plus pauvres et que l'opposition de la hiérarchie marchande eut d'abord des motifs économiques et sociaux. Deux raisons essentielles reviennent dans les descriptions de cette opposition. La première était la crainte que l'abrogation de l'ancienne religion et du statut du sanctuaire de La Mecque ne privât la ville de sa position unique de centre à la fois religieux et commercial. La seconde était le rejet méprisant des prétentions de quelqu'un qui n'appartenait pas lui-même à l'une des familles dominantes.

Mais si les causes profondes étaient d'ordre économique, l'opposition s'exprima politiquement plutôt que religieusement et finit par entraîner Mahomet lui-même dans l'action politique. La dernière période de son séjour à la Mecque fut marquée par une persécution des musulmans, exagérée sans doute par la tradition, mais néanmoins assez dure pour provoquer la fuite d'un groupe de convertis en Ethiopie. Malgré les persécutions, l'islam – nom donné à l'acceptation de la foi prêchée par Mahomet – continua de gagner de nouveaux adhérents. On relève, parmi les plus importants, Abu Bakr, 'Umar (membre de la petite famille des Banu 'Adi, dont la rapidité de décision et d'action furent d'une grande valeur pour les luttes de la communauté embryonnaire) et 'Uthman, membre de la maison des Omeyyades – l'une des principales familles de La Mecque – et le seul converti notable appartenant à l'oligarchie dirigeante.

Devant l'impossibilité de faire des progrès décisifs contre l'opposition qui se durcissait, Mahomet chercha ailleurs des succès. Après une tentative infructueuse dans l'oasis de Ta'if, il accepta l'invitation des gens de Médine à venir s'installer dans leur ville.

L'oasis de Médine, connue sous le nom de Yathrib à l'époque pré-islamique, est située à quelque 450 kilomètres au nord de La Mecque. Elle avait été habitée depuis des temps très anciens et son nom figure aussi bien dans les ouvrages géographiques des Grecs que dans les anciennes inscriptions arabes. A un certain moment, elle fut habitée principalement par des juifs, sans aucun doute en même temps des réfugiés de Judée et des Arabes convertis. On y comptait trois tribus juives, les Banu Qurayza, les Banu Nadir et les Banu Qaynuqa'. Les deux premières étaient réputées pour leurs talents d'agriculteurs, la troisième pour ses armuriers et ses orfèvres. A une date inconnue, deux tribus arabes païennes – les Aws et les Khazradj – s'établirent dans l'oasis, d'abord comme clients et protégés des juifs. Ils finirent par prédominer dans la ville et dans l'oasis.

L'installation de Mahomet à Médine – l'Hégire, ou *Hijra* en arabe – constitua un événement décisif. Les Qurayshites ne firent aucune tentative sérieuse pour s'y opposer : Mahomet partit sans encombres. Il invita ses disciples à partir plutôt qu'il ne le leur ordonna, et lui-même resta jusqu'au bout à La Mecque, partiellement sans doute pour arriver à Médine non comme un hors-la-loi solitaire et persécuté, mais comme le chef d'un groupe bien défini, déjà doté d'un certain statut. Différentes histoires courent sur les origines et les buts de l'invitation des habitants de Médine. La capacité de Mahomet à servir d'arbitre dans les querelles intestines joua certainement un rôle important : il apportait non seulement une religion nouvelle, mais aussi la sécurité et une certaine discipline sociale.

A la différence de ceux de La Mecque, les habitants de Médine n'avaient placé aucun intérêt particulier dans le paganisme et pouvaient fort bien accepter l'aspect religieux de l'islam, pourvu que ce dernier répondît à leurs besoins politiques et sociaux. Leur véritable conversion religieuse n'intervint que bien plus tard. Il y eut aussi des divergences d'opinion sur la nécessité d'appeler ou non un arbitre « étranger » à Médine. Les partisans de Mahomet sont connus dans la tradition sous le nom de *ansar,* « assistants », alors que les opposants ont reçu le titre peu flatteur de *munafiqun,* ou « hypocrites ». La définition religieuse de cette divergence d'opinion est assurément une projection rétrospective des historiens.

L'Hégire fut précédée de longues négociations et intervint finalement en 622, première date généralement admise dans la chronologie historique de l'islam, pour qui elle constitue une véritable révolution, tout comme elle marque un tournant décisif dans la carrière de Mahomet. A La Mecque, il est présenté comme un citoyen privé; à Médine, comme le principal magistrat d'une communauté. Là, il avait dû se limiter à une opposition plus ou moins passive à l'ordre existant; ici, il gouvernait. Là, il avait prêché l'islam ; ici, il pouvait le mettre en pratique. Ce changement se reflète à la fois dans le récit biographique, qui devient moins mythique et plus historique, et dans le Coran, qui évolue de la théologie à la législation. Le caractère décisif de l'Hégire a été reconnu très tôt par les musulmans, qui datèrent leur ère nouvelle du début de l'année de l'événement.

Le gouvernement de Mahomet à Médine commença par de sérieuses difficultés. Ses partisans réellement convaincus étaient peu nombreux et constitués par les *muhadjirun*, habitants de La Mecque qui l'avaient accompagné, et par les *ansar* de Médine ; mais ils devaient faire face à l'opposition active et redoutable, quoique essentiellement politique, des *munafiqun*, qui ne furent acquis à la foi nouvelle que lorsque celle-ci leur eut apporté des avantages tangibles. Il semble que Mahomet ait espéré rencontrer un accueil amical parmi les juifs, dont la foi et les Ecritures devaient, dans son esprit, lui concilier les bonnes grâces et la compréhension. Pour les attirer, il adopta même plusieurs pratiques juives, dont le jeûne du Kippour et la prière en direction de Jérusalem. Mais les juifs rejetèrent les prétentions d'un prophète qu'ils considéraient comme un « gentil » et s'opposèrent à lui précisément sur le terrain religieux, là où il était le plus sensible. Ils échouèrent toutefois à poursuivre leur opposition plus loin, aussi bien à cause de leurs querelles internes qu'en raison de leur impopularité générale parmi les habitants de Médine. Se rendant sans doute compte qu'il ne recevrait aucun soutien de ce côté, Mahomet abandonna les pratiques juives qu'il avait adoptées, substitua La Mecque à Jérusalem comme direction de la prière et donna un caractère plus strictement arabe à son enseignement religieux.

Depuis son arrivée à Médine, il détenait un pouvoir politique suffisant pour se protéger lui-même et protéger ses disciples de toute opposition violente, semblable à celle des Qurayshites. Comprenant que la doctrine religieuse – son véritable but – avait besoin du soutien d'un ensemble politique constitué, il se comporta en politique et convertit ensuite le pouvoir ainsi acquis en autorité religieuse, grâce à une habile diplomatie. Un historien arabe a préservé pour nous une série de documents qui donnent l'embryon de constitution de la première communauté musulmane de Médine. Selon les mots du chroniqueur, « Mahomet écrivit et publia pour les *muhadjirun* et les *ansar* un texte dans lequel il passait un arrangement avec les juifs et concluait avec eux un traité les confirmant dans le libre exercice de leur religion et dans la possession de leurs biens, en leur imposant – et en leur concédant – certaines conditions [1] ». Le document n'est pas un « traité » au sens moderne du terme, mais plutôt une proclamation unilatérale. Son propos était purement pratique et administratif, et il révèle le caractère prudemment précis de la diplomatie du Prophète. Il réglait les relations entre les immigrants de la Mecque et les tribus installées à Médine, ainsi qu'entre les juifs et l'ensemble des Arabes. La communauté que ces documents établissaient, l'*umma,* était un développement de la ville pré-islamique avec quelques changements fondamentaux; elle marquait la première étape vers l'autocratie islamique postérieure. Elle confirmait l'organisation et les coutumes tribales, chaque tribu gardant ses propres obligations et privilèges à l'égard des éléments étrangers. Par contre, dans le cadre de l'*umma,* il fallait renoncer à tous ces droits et porter tous les différends devant Mahomet, pour arbitrage. Seuls les Qurayshites étaient spécifiquement mis à part. Aucun élément ne pouvait conclure de paix séparée avec une instance étrangère; ceux qui transgressaient les règles de l'*umma* étaient déclarés hors la loi.

L'*umma* complétait plutôt qu'elle ne remplaçait les usages sociaux de l'Arabie pré-islamique et tous ses principes restaient dans le cadre structurel du tribalisme. Elle gardait les pratiques pré-islamiques en matière de propriété, de mariage et de relation entre les membres d'une même tribu. Il est intéressant de noter que cette première « constitution » promulguée par le Prophète traitait presque exclusivement des relations civiles et politiques de ses membres entre eux et vis-à-vis de l'étranger.

1. Ibn Ishaq, *Sirat Rasul Allah,* éd. F. Wüstenfeld, Göttingen, 1858-1860, p. 341-342.

On relevait toutefois des changements importants, dont le premier était que la foi remplaçait le sang comme lien social. Dans la tribu pré-islamique, déjà, la divinité et son culte étaient les marques de la nationalité : l'apostasie était l'expression suprême de la trahison. Le changement signifiait pratiquement la suppression du lien du sang dans le cadre de l'*umma* et l'établissement d'une unité intérieure plus grande par le biais de l'arbitrage. La nouvelle conception de l'autorité était d'une égale importance. Le *sheikh* de l'*umma* – c'est-à-dire Mahomet lui-même – exerçait ses fonctions pour les convertis véritables, non en vertu d'une autorité conditionnelle et consensuelle, accordée à contrecœur par la tribu et toujours révocable, mais au nom d'une prérogative religieuse absolue. La source de l'autorité passait de l'opinion publique à Dieu lui-même, qui l'avait conférée à Mahomet, Son apôtre élu. Ce transfert détermina l'ensemble de l'histoire du gouvernement musulman et de la pensée politique musulmane.

L'*umma* acquérait ainsi un caractère double. D'un côté, c'était un organisme politique, une sorte de nouvelle tribu dont Mahomet était le *sheikh* et dont les musulmans et les autres étaient les membres. Dans le même temps, elle avait une signification fondamentalement religieuse : c'était une communauté religieuse, certains diraient une théocratie. Les objectifs politiques et religieux n'ont jamais été vraiment distincts dans l'esprit de Mahomet ou dans l'esprit de ses contemporains (comme des nôtres, sur ce sujet). Ce dualisme est inhérent à la société islamique, dont l'*umma* est le prototype. C'était inévitable à ce moment et en cet endroit : dans la communauté arabe primitive, la religion devait être exprimée et organisée politiquement, car aucune autre forme n'était possible. Inversement, seule la religion pouvait fournir le pouvoir de cohésion nécessaire à un Etat pour des Arabes à qui le concept d'autorité politique dans son ensemble était étranger et repoussant.

Les immigrants, économiquement déracinés et fragilisés, ne souhaitant pas dépendre totalement des habitants de Médine, se tournèrent vers la seule profession disponible, celle des armes. L'état de guerre entre Médine et La Mecque leur fournit l'occasion d'exercer leurs talents : les coups de main sur les caravanes marchandes étaient alors considérés comme des actes de guerre naturels et légitimes. Ces expéditions contre les marchands de la Mecque avaient un double objectif : d'un côté, elles aidaient à maintenir le blocus de la cité, qui était seul en mesure de la soumettre finalement à la foi nouvelle; d'un autre côté, elles augmentaient la puissance, la richesse et le prestige de l'*umma* de Médine. En mars 624, trois cents musulmans conduits par Mahomet surprirent une caravane de La Mecque à Badr. La razzia rapporta un énorme butin et le Coran célèbre cet exploit comme l'expression éclatante de la volonté divine. La bataille de Badr contribua à stabiliser la communauté et marqua le début d'un nouveau type de révélation. Les révélations coraniques faites à Médine différèrent de plus en plus de celles de La Mecque, traitant de problèmes pratiques de gouvernement et de distribution de butin, y compris des vaincus et de leurs familles. Cette victoire permit également une action contre les juifs et finalement les chrétiens, désormais accusés d'avoir falsifié leurs propres Ecritures pour dissimuler les prophéties annonçant la venue de Mahomet. L'islam commença aussi à changer : le Prophète prêcha désormais très clairement un nouveau message religieux, lui-même étant le « Sceau des prophètes ». Ce nouvel enseignement était plus explicitement arabe et le choix de la *Ka'ba* de La Mecque comme lieu de pèlerinage faisait de la conquête de la ville sainte un devoir religieux.

En mai 625, les Qurayshites, réagissant contre le danger grandissant des razzias de Médine, envoyèrent une expédition contre Mahomet et battirent les musulmans sur les collines d'Uhud. Mais ils ne se sentirent pas assez forts pour poursuivre jusqu'à Médine et retournèrent à La Mecque. La communauté musulmane avait finalement peu souffert et, comme après la bataille de Badr, Mahomet en profita pour attaquer et chasser une autre des tribus juives. Mais les Qurayshites n'avaient pas renoncé à la lutte : au printemps de 627, une armée d'environ dix mille guerriers s'avança jusqu'à Médine et vint mettre le siège devant la cité. Un simple expédient – le creusement d'un fossé circulaire, suggéré selon la tradition par un Persan converti – suffit à contenir l'armée de siège, qui dut se retirer au bout de quarante jours. Cette victoire fut suivie par l'anéantissement de la dernière tribu juive restante, celle des Banu Qurayza, accusée d'intelligence avec les Mecquois. Selon la *Sira*, les hommes furent mis à mort, les femmes et les enfants vendus en esclavage.

Au début du printemps de 628, Mahomet se sentit assez fort pour tenter une attaque sur La Mecque. Chemin faisant, il devint cependant clair que cette tentative était prématurée et l'expédition fut transformée en un paisible pèlerinage. Les dirigeants musulmans rencontrèrent des émissaires de la ville sainte en un lieu appelé Hudaybiyya, aux limites du territoire sacré entourant la Mecque et sur lequel, selon les usages pré-islamiques, aucun combat ne pouvait avoir lieu durant certaines périodes de l'année. Les négociations débouchèrent sur une trêve de dix ans et les musulmans obtinrent le droit d'accomplir le pèlerinage à La Mecque l'année suivante, et d'y rester pour trois jours. Plus tard, l'accord d'Hudaybiyya servit de précédent prophétique pour déterminer les règles de la *Shari'a* concernant l'interruption de la *djihad* pour les négociations et les trêves.

Les plus fanatiques des musulmans manifestèrent quelque grogne contre ce résultat apparemment décevant. Cette fronde fut détournée par une attaque contre l'oasis juive de Khaybar. La victoire de Khaybar marqua en fait le premier contact entre l'Etat musulman et une population conquise non musulmane; elle jeta les bases des relations postérieures du même type. Les juifs gardèrent leurs terres, mais durent payer un tribut équivalant à la moitié de leurs revenus agricoles. L'année suivante, Mahomet et deux cents de ses fidèles partirent en pèlerinage à La Mecque, où le prestige et le pouvoir croissants de la nouvelle foi lui attirèrent de nouveaux convertis. Parmi eux se trouvait 'Amr ibn al-'As et Khalid ibn al-Walid, qui devaient jouer tous deux un rôle capital dans les futures victoires islamiques. Finalement, en janvier 630, le meurtre d'un musulman par un habitant de La Mecque –

dans une affaire apparemment purement privée – servit de *casus belli* pour l'attaque et la conquête de la ville.

Avec la prise de La Mecque et l'intégration des Qurayshites dans l'*umma* de l'islam, la mission terrestre du Prophète était virtuellement achevée. Au cours de l'année qui lui restait à vivre, il ne semble pas s'être engagé dans une quelconque activité militaire. L'événement le plus marquant de cette dernière année est la réaction des tribus nomades face à la nouvelle communauté de Médine. Avec les tribus, Mahomet trouvait des conditions qui lui étaient totalement défavorables. Le système qu'il leur proposait leur était étranger en tous points, puisqu'il exigeait une renonciation à leur passion pour l'indépendance personnelle et à une part importante de leur code d'honneur et de leurs traditions ancestrales. Il faut reconnaître au Prophète la stature d'homme d'Etat qui lui permit de comprendre et de surmonter en grande partie ces difficultés. Son véritable objectif final de conversion ne fut peut-être jamais vraiment réalisé et, aujourd'hui encore, l'islam des Bédouins est regardé avec quelque suspicion par ceux qui sont qualifiés pour en juger.

Après l'Hégire, le but immédiat de sa diplomatie était l'expansion de sa propre influence au détriment de celle des Qurayshites. Il le réalisa en évitant les frictions avec les préjugés tribaux, concentrant ses tractations sur les affaires militaires et politiques et laissant la religion pour les conversions individuelles. Les termes des accords passés par Mahomet avec les tribus étaient toujours les mêmes : la tribu acceptait de reconnaître la suzeraineté de Médine, de s'abstenir d'attaquer les musulmans et leurs alliés, et de payer le *zakat* (l'impôt religieux). Certaines tribus acceptèrent aussi la présence d'émissaires de Médine. Avec les tribus plus éloignées, Mahomet traita sur un pied d'égalité, ces dernières observant simplement, dans l'expectative, une attitude de neutralité bienveillante.

Après la conquête de La Mecque, un mouvement promusulman de nature partisane et essentiellement politique commença parmi les tribus les plus éloignées. C'était un témoignage de la force et du prestige de l'*umma*, qui prit la forme d'une série de délégations spontanées à Médine, connues dans l'histoire musulmane sous le nom de *wufud*. Ces délégations offraient de se soumettre politiquement, ce qui fut accepté par Mahomet grâce à l'opportunité que cela offrait pour la propagande religieuse. Les contrats qu'elles passèrent avec le dirigeant de Médine étaient donc politiques et personnels : ils devenaient automatiquement caducs à la mort du Prophète. Parmi les tribus les plus éloignées, au contact des influences civilisatrices de la Syrie et de la Perse, et trop distantes pour craindre la force des armes musulmanes, se trouvaient des minorités religieuses : c'est de ces minorités plutôt que des tribus que les *wufud* les plus nombreuses arrivèrent.

Le 8 juin 632, selon la biographie traditionnelle, le Prophète mourut après une brève maladie. Son œuvre était immense. Il avait apporté aux peuples païens de l'Arabie occidentale une nouvelle religion, de niveau beaucoup plus élevé que le paganisme qu'elle remplaçait, grâce à son monothéisme et à ses doctrines éthiques. Il avait doté cette religion d'une révélation qui allait devenir avec les siècles le bréviaire de pensée et d'action pour d'innombrables millions de croyants. Mais il avait fait plus encore : il avait établi une communauté et un Etat bien organisés et bien armés, dont la puissance et le prestige étaient désormais l'élément prédominant en Arabie.

Quelle est donc l'importance ultime de la carrière du Prophète arabe? Pour le musulman traditionnel, la question ne se pose même pas : Mahomet a été le dernier et le plus grand des apôtres de Dieu, envoyé comme Sceau des prophètes pour apporter la révélation ultime de la parole du Créateur à l'humanité. Sa carrière et son succès étaient écrits d'avance et inéluctables; ils n'ont pas besoin d'explication supplémentaire. Seule l'imagination pieuse des générations postérieures de croyants entoura bien vite la figure un peu vague du Prophète d'un tissu bigarré de fables, de légendes et de miracles, sans comprendre qu'en diminuant son humanité essentiellement historique, on lui ôtait l'une de ses qualités les plus attrayantes.

L'Occident a, lui aussi, sa légende du Prophète, depuis

les erreurs absurdes et les imbécillités grossières de la polémique médiévale jusqu'au personnage laïc du *Mahomet* de Voltaire. Débutant sous la forme d'un démon ou d'un faux dieu, honoré avec « Apollyon » et « Termagant » sous les espèces d'une trinité infernale, le « Mahound » ou « Mahom » médiéval devint rapidement pour l'Occident l'archétype de l'hérétique, à qui Dante assignait une place toute spéciale en Enfer comme « *Seminator di scandalo e di scisma* ». Finalement, après la Réforme, on en fit un imposteur effronté et avide de pouvoir. Une légende, très répandue dans l'Occident médiéval, le décrivait même comme un cardinal romain ambitieux et frustré : ayant raté son élection comme pape, il aurait cherché une carrière de rechange comme faux prophète. Les dernières traces des préjugés théologiques occidentaux sont discernables dans l'œuvre de certains savants modernes, académiquement dissimulées derrière l'apparat critique serré des notes infrapaginales.

L'historien moderne n'est guère disposé à croire qu'un mouvement aussi grand et aussi important ait été lancé par un imposteur égoïste. Il ne se satisfera pas non plus d'une explication purement surnaturelle, qu'elle postule l'aide de Dieu ou celle du diable. A l'instar de Gibbon, il cherchera plutôt « avec humilité à se demander quelles furent non pas les causes premières, mais les causes secondes de la croissance foudroyante » de la nouvelle religion. D'après ce que l'on sait des circonstances de l'époque, il est clair que les actions accomplies par Mahomet – ou qui lui sont attribuées – ont servi à revivifier et à relancer des courants qui existaient déjà parmi les Arabes de son temps. Le fait même que sa mort ait été suivie par un nouvel essor, non par un effondrement, montre que sa carrière répondait en fait à un grand besoin politique, social et moral. La demande d'unité et d'expansion avait déjà trouvé une expression préliminaire et incomplète avec le bref royaume de Kinda. Le besoin d'une forme plus exigeante de religion avait entraîné la diffusion du judaïsme et du christianisme, et le mouvement peut-être plus significatif encore des *hanif* arabes. Même durant la vie de Mahomet, sa carrière fut accompagnée, dans le reste de la péninsule, par une série de faux prophètes : leurs activités étaient partiellement de l'imitation, partiellement aussi des développements parallèles.

Mahomet avait réveillé et relancé les forces latentes de la renaissance et de l'expansion arabes nationales. Leur accomplissement total allait être l'œuvre de ses successeurs.

CHAPITRE III

LE TEMPS DES CONQUÊTES

« Vous avez vu [...] leur grandeur se lever à l'Appel, leur Appel répandu par la religion; leur religion devenir puissante avec la prophétie, leur prophétie conquise par la Sainte Loi; leur Sainte Loi confortée par le Khalifat, leur Khalifat prospérer par sa politique religieuse à l'échelle du monde [...] »

Abu Hayyan at-Tawhidi,
Kitab al-Imta' wa'l-Mu'anasa [1]

Au commencement du VIIe siècle, le Proche et le Moyen-Orient étaient divisés entre deux grands empires rivaux : Byzance et la Perse sassanide. Depuis le début du VIe siècle, l'histoire de la région avait très largement été celle de leurs luttes. L'empire byzantin, avec sa grande capitale de Constantinople, était grec et chrétien par sa culture et par sa religion, mais restait largement romain par son administration. La base territoriale de sa puissance était le plateau anatolien, habité à cette époque par une population mélangée à prédominance grecque, et chrétienne dans sa presque totalité. Au sud se trouvaient les provinces de Syrie et d'Egypte : l'autorité byzantine y était menacée de multiples façons. Les populations – ara-

1. Abu Hayyan at-Tawhidi, *Kitab al-Imta' wa'l-Mu'anasa*, éd. Ahmed Amin et Ahmad al-Zaya, Le Caire, 1939, i, p. 81.

méenne pour la première et copte pour la seconde – étaient de langue et (à un moindre degré) de culture étrangères à celles des Grecs. Ils étaient pleins de griefs à l'encontre de Byzance, qui les écrasait d'impôts, et persécutait officiellement l'église monophysite et quelques autres sectes chrétiennes dissidentes, en lutte ouverte avec l'Eglise orthodoxe. En Palestine, les Juifs – qui avaient pris le parti des Sassanides au cours des guerres récentes – avaient souffert encore plus gravement que les chrétiens non orthodoxes des persécutions byzantines; ils avaient peu d'amour pour leurs suzerains.

L'empire perse des Sassanides présentait une ressemblance générale avec Byzance. Ici aussi, le noyau territorial de l'empire était un plateau – l'Iran – habité par des populations parlant une langue indo-européenne; il régissait comme une dépendance la province sémitique de l'Irak, religieusement assez hostile. Mais la culture de la Perse sassanide était différente : elle exprimait en effet une très forte réaction contre les traditions hellénistiques qui avaient dominé le pays depuis la conquête d'Alexandre. La religion d'Etat était le zoroastrisme. La structure interne de l'empire était beaucoup moins stable que celle de l'empire byzantin. Alors que ce dernier possédait une base économique et militaire solide, l'empire sassanide venait tout juste de sortir de graves crises révolutionnaires, à la fin du VIe siècle; l'ancienne structure quasi féodale avait été brisée et remplacée par un despotisme militaire appuyé sur une armée mercenaire. Pourtant, cet ordre nouveau était loin d'être stable et assuré, et les multiples mécontentements de la population engendraient des séries d'hérésies religieuses qui menaçaient dangereusement l'unité religieuse – donc politique – de l'empire.

Entre 602 et 628 se déroulèrent les dernières guerres entre les deux empires. Elles se terminèrent par la victoire de Byzance, mais laissèrent les deux adversaires dangereusement affaiblis en face du péril inattendu qui allait fondre sur elles depuis le désert d'Arabie.

La mort de Mahomet mit la communauté musulmane naissante en face d'une sorte de crise constitutionnelle. Le

Prophète n'avait laissé aucune instruction pour sa succession; il n'avait même pas créé un conseil inspiré des *madjlis* tribaux, qui aurait pu exercer le pouvoir durant la période cruciale de transition. Le caractère unique et exclusif de l'autorité qu'il revendiquait comme seule expression de la volonté de Dieu ne lui avait sans doute pas permis de nommer de son vivant un associé, encore moins un successeur désigné : la tradition de la nomination d''Ali, son cousin et l'époux de sa fille Fatima, est bien postérieure et elle n'est acceptée que par les shi'ites.

Le concept même de succession légitime était étranger aux Arabes de l'époque; il est probable que, même si Mahomet avait laissé un fils, la suite des événements n'aurait pas été différente. Le sort de Moïse appuie cette interprétation. La tradition arabe selon laquelle le *sheikh* devait toujours être choisi dans une même famille semble avoir peu joué; en tout état de cause, les prétentions d'un beau-père (comme Abu Bakr) ou d'un gendre (comme 'Ali) n'ont probablement pas eu de force en tant que telles dans une société polygame. Les Arabes n'avaient en fait qu'un seul précédent pour les guider : l'élection d'un nouveau chef tribal. Les habitants de Médine commencèrent d'abord par choisir un membre de la tribu de Khazradj, révélant au passage les limites de leur conversion.

La crise fut résolue par trois hommes – Abu Bakr, 'Umar et Abu 'Ubayda – dont l'action expéditive et déterminée imposa le premier d'entre eux à la tête de la communauté comme successeur du Prophète. Les habitants de la Mecque et de Médine furent placés dès le lendemain devant un fait accompli, qu'ils semblent avoir accepté en rechignant. On donna à Abu Bakr le titre de *Khalifa* (ou « député » du Prophète), transposé en Europe sous la forme de Khalife (ou Calife). Son élection marque l'inauguration de la grande institution historique du khalifat. Ses électeurs n'avaient probablement aucune idée des fonctions à venir et de leur développement. Sur le moment, ils ne firent aucune tentative pour délimiter ses devoirs ni ses pouvoirs : la seule condition imposée était qu'il maintînt intact l'héritage du Prophète.

Dès le départ, l'autorité exercée par Abu Bakr différa

par plusieurs aspects de celle d'un *sheikh* tribal. Il n'était plus seulement le chef d'une communauté, mais aussi celui d'une région. Il détenait des pouvoirs exécutifs et une armée : comme la situation qui suivit son accession au commandement exigeait des actions politiques et militaires, il assuma rapidement dans ces domaines une autorité qui allait devenir une partie essentielle de la fonction de khalife. Deux ans plus tard, à la mort d'Abu Bakr, 'Umar lui succéda sans opposition sérieuse.

La première tâche des autorités nouvelles fut de réprimer militairement un mouvement des tribus que la tradition mentionne sous le nom de *ridda.* Ce mot, qui signifie « apostasie », représente probablement une réinterprétation des événements réels par des historiens postérieurs trop marqués par la théologie. En effet, le refus des tribus de reconnaître la légitimité d'Abu Bakr n'était pas tant le retour de musulmans mal convertis à leur ancien paganisme que la cessation automatique d'un contrat politique, par suite de la mort de l'une des deux parties contractantes. Les tribus les plus proches de Médine avaient été définitivement converties et leurs intérêts étaient si proches de ceux de l'*umma* que leur histoire séparée n'a pas été enregistrée. En revanche, pour les autres, la mort de Mahomet coupait automatiquement leurs liens avec Médine; conformément aux anciennes coutumes, elles pouvaient reprendre leur liberté d'action. N'ayant pris aucune part à l'élection d'Abu Bakr, elles ne se sentaient apparemment aucune obligation envers lui et suspendirent d'un même mouvement le versement du tribut et les relations contractuelles. Pour restaurer l'hégémonie de Médine, Abu Bakr dut conclure de nouveaux arrangements : certaines des tribus les plus proches les acceptèrent, mais les plus éloignées refusèrent et le premier Khalife fut contraint d'entreprendre leur soumission par les armes comme prélude à leur conversion.

Les guerres de la *ridda,* commencées comme guerres de nouvelle conversion, évoluèrent en guerres de conquête et finirent par s'étendre bien au-delà des frontières de l'Arabie. La conquête de l'Arabie et celle des provinces adjacentes (Irak, Syrie et Egypte) furent simultanées, avec des campagnes parallèles et non successives. Les tribus arabes n'auraient peut-être jamais été soumises si les conquêtes dans le Nord n'avaient pas fourni une solution séduisante aux problèmes économiques intérieurs de la péninsule. Les premières expéditions furent simplement des razzias, destinées au pillage et non à la conquête. Cette dernière suivit lorsque l'ennemi révéla sa faiblesse. Au début, le contrôle de Médine resta faible et limité à la direction de la politique d'ensemble. Compte tenu des difficultés de communication de l'époque, tous les détails et une bonne partie des initiatives durent être laissés aux commandants et aux gouverneurs en place sur le terrain.

Les récits des conquêtes sont fragmentaires et souvent contradictoires. Leur histoire est pourtant citée si fréquemment pour établir des articles de loi que certains exégètes n'y ont vu rien d'autre qu'une collection de précédents légaux réels ou inventés, plutôt qu'un récit authentique d'événements historiques. La ligne générale est toutefois assez claire. L'un des personnages clefs de ces conquêtes, telles que les récits traditionnels nous les présentent, est Khalid ibn al-Walid, général en chef d'Abu Bakr. Après avoir exécuté les ordres en restaurant le *statu quo* prévalant à la mort du Prophète, il décida de sa propre initiative la suite des opérations en fixant un programme d'expansion militaire. Selon la tradition, le véritable début des conquêtes arabes est la bataille d'"Aqraba', en 633, dans le Nadjd oriental. Cette victoire prouva aux yeux des Arabes la capacité du gouvernement de Médine et la nécessité raisonnable de se soumettre à lui. De multiples expéditions furent ensuite lancées dans toutes les directions.

Entre Médine et la Syrie se trouvaient plusieurs tribus arabes à demi christianisées, qui opposaient une barrière à toute avance en provenance du désert. Elles ne sont pas mentionnées dans les sources, bien qu'elles aient certainement joué un rôle. On peut simplement présumer que l'interruption, par l'empereur Héraclius, des subsides byzantins les conduisit à se ranger du côté des envahisseurs. En 633, Abu Bakr recruta des volontaires pour une expédition syrienne et envoya plusieurs corps expéditionnaires indépendants en Palestine et en Syrie. Les Arabes battirent une petite armée byzantine l'année suivante et accomplirent une série de coups de main en Palestine méridionale, puis ils se retirèrent dans le désert pour attendre les renforts envoyés de Médine, cependant qu'Héraclius mobilisait une armée. Sur ces entrefaites, Khalid arriva soudain d'Irak *via* la vallée de l'Euphrate et Palmyre, et parut devant Damas en avril 634. Après avoir pillé la ville, il se retira et rejoignit ses compagnons d'armes dans le Sud. Pendant ce temps, les Byzantins approchaient de Jérusalem, mais ils furent défaits par une force arabe unie à la bataille d'Adjnadayn. Après une série d'autres défaites byzantines et un blocus de six mois, les Arabes s'emparèrent de Damas. Ils se débandèrent ensuite de nouveau et se répandirent en Palestine, tandis que Khalid faisait mouvement vers le nord. Pendant ce temps, Héraclius préparait une puissante armée composée essentiellement d'Arméniens, avec une cavalerie recrutée chez les tributaires arabes de l'empire. Surpris par des forces considérablement supérieures en nombre, les Arabes se retirèrent de Damas et se concentrèrent sur le Yarmouk, où ils infligèrent en juillet 636 une cuisante défaite aux Byzantins. Cette défaite livra aux Arabes l'ensemble de la Syrie et de la Palestine, à l'exception des places fortifiées de Césarée et de Jérusalem. Une fois la Syrie conquise, Khalid fut remplacé par Abu 'Ubayda, un administrateur succédant à un général. En 637, 'Umar visita la Syrie et traça les grandes lignes de son gouvernement.

L'idée de razzier l'Irak vint à l'origine des chefs des tribus arabes qui se trouvaient sur la frontière : se trouvant pris en tenaille entre les musulmans au sud et les Iraniens au nord, ils décidèrent d'embrasser l'islam et se joignirent aux Arabes pour attaquer les territoires sassanides. En 633, Khalid razzia Hira à l'aide d'une petite troupe, recrutée sur place pour l'essentiel. Le succès inattendu de ce coup de main entraîna de nouvelles expéditions, qui se soldèrent en 634 par une défaite sanglante infligée aux Arabes par les troupes sassanides de l'empereur Yazdegird III, à la « bataille du Pont ». Les Arabes se relevèrent et organisèrent rapidement une nouvelle offensive : en été 637, à Qadisiyya, les troupes sassanides, estimées à vingt mille soldats, furent battues de manière décisive par une armée arabe largement inférieure en nombre. Les Arabes prolongèrent leur victoire en prenant la capitale sassanide de Ctésiphon, connue aussi sous le nom de Al-Mada'in, et ils occupèrent la totalité de l'Irak. Une armée sassanide réunie à la hâte fut facilement battue à Djalula et les troupes arabes victorieuses convergèrent vers le nord, à travers la Syrie et l'Irak, pour se retrouver en Mésopotamie et achever la conquête du Croissant fertile.

Selon la tradition arabe, l'invasion de l'Egypte fut lancée contre la volonté du Khalife par 'Amr ibn al-'As, furieux d'avoir été oublié dans l'affaire syrienne. Comme pour la Syrie et pour l'Irak, l'état du pays était favorable : les coptes étaient profondément mécontents du gouvernement des Grecs et tout disposés à aider les envahisseurs. Le 12 décembre 639, 'Amr atteignit la ville-frontière d'Al-'Arish avec une troupe de cavaliers yéménites. Il s'en empara facilement, ce qui l'encouragea à transformer son coup de main en conquête. Après avoir pris Péluse (l'actuelle Farama), il marcha sur la forteresse byzantine de Babylone – site actuel du Caire – et triompha aisément des Byzantins en juillet 640, avec l'aide de renforts venus de Médine. L'année suivante, la ville elle-même se rendit et seule Alexandrie resta aux mains des Byzantins. Après un siège d'un an, un traité fut conclu entre 'Amr et le patriarche copte de la ville, aux termes duquel la ville se rendit, avec la vie sauve pour la garnison byzantine. Une tentative grecque de reconquête par la mer connut un succès temporaire en 645, mais tourna court l'année suivante.

Une histoire répandue dans de nombreux livres rapporte que, après l'occupation arabe d'Alexandrie, le Khalife aurait ordonné la destruction de la grande bibliothèque de la ville en vertu du raisonnement suivant : si les livres contenaient ce qui était dans le Coran, ils étaient inutiles; dans le cas contraire, ils étaient impies. Une recherche plus sérieuse a montré que cette histoire était dépourvue de tout fondement. Aucune des anciennes chroniques – pas même les chrétiennes – ne fait référence à un événement de ce genre, mentionné pour la première fois en Occident au XIIIe siècle; en tout état de cause, la grande librairie du Serapeum avait déjà été détruite à l'occasion de désordres civils, antérieurs à l'arrivée des Arabes.

La progression de ces derniers dans les territoires montagneux situés au nord et à l'est du Croissant fertile, de langue non sémitique, fut beaucoup plus lente et beaucoup plus difficile. Sur le plateau iranien, la résistance continua pendant de longues années et l'ensemble du Khorassan, à l'est, ne fut pas occupé avant le règne de Mu'awiya. En Anatolie, les difficultés se révélèrent insurmontables et le piémont du Taurus marque encore de nos jours la limite septentrionale de la langue arabe.

La stratégie employée par les Arabes pour leurs grandes campagnes de conquête reposait sur l'utilisation du désert, tout comme les empires coloniaux modernes se sont servi de la mer et des facilités que leur procurait leur supériorité dans ce domaine. Le désert était familier et accessible aux Arabes et non à leurs ennemis : ils pouvaient l'utiliser à la fois comme lieu de communication pour leurs approvisionnements et leurs renforts, et comme lieu de retraite dans les moments difficiles. Ce n'est pas un hasard si, dans chacune des provinces conquises, les Arabes établirent leurs bases principales dans des villes situées à la limite du désert et des terres cultivées, utilisant des villes déjà existantes comme Damas si elles étaient bien situées, en créant de nouvelles comme Kufa et Bassora en Irak, Al-Fustat en Egypte ou Kairouan en Tunisie, si nécessaire. Ces villes de garnison ont été les Gibraltar et les Singapour de l'ancien empire arabe. Les conquérants y établirent leurs cantonnements et leurs entrepôts; durant toute la période omeyyade, elles restèrent les principaux centres d'administration. Ces villes – les *amsar*, selon le nom de la tradition historique arabe – jouèrent un rôle vital dans l'établissement et la consolidation de l'influence arabe sur les pays conquis. Minoritaires dans ces provinces, les conquérants constituaient l'élément prédominant dans les *amsar* où l'emploi de leur langue était de règle. Ces points d'appui servaient aussi de marchés pour les productions agricoles des districts environnants et l'arabe se répandit ainsi dans les campagnes des alentours. Chaque ville de garnison vit rapidement se développer une ville « extérieure » réservée aux artisans, aux boutiquiers, aux clercs et aux travailleurs originaires des pays conquis, indispensables à la vie matérielle des chefs de guerre et de leurs armées. Le mouvement de la population vers ces villes fut aidé par les taxes discriminatoires appliquées aux agriculteurs non musulmans et par la chute des prix des produits agricoles, résultant de la redistribution à grande échelle des revenus en nature versés aux conquérants arabes.

A l'origine, les grandes conquêtes ne constituèrent pas une expansion de l'islam, mais de la nation arabe, poussée par la pression de la surpopulation dans sa péninsule natale et contrainte de trouver un exutoire dans les contrées voisines. Cette expansion est en fait l'une des multiples migrations qui jetèrent périodiquement les Sémites sur les pistes du Croissant fertile, et au-delà; elle ne fut pas aussi soudaine qu'il y paraîtrait de prime abord. Dans les périodes où les digues contenant les Arabes dans leur péninsule étaient trop solides pour permettre un passage direct et massif, la pression de la surpopulation trouva un exutoire partiel dans l'infiltration régulière d'éléments arabes à l'intérieur des pays frontaliers. Alors que l'essentiel de la population des deux branches du Croissant fertile parlait différentes formes d'araméen (langue sémitique apparentée à l'arabe, mais différente de lui), on relève des infiltrations arabes manifestes aux VIe et VIIe siècles, en particulier dans le bassin de l'Euphrate, en Palestine et dans le sud-est de la Syrie. Les villes byzantines de Bosra et de Gaza, pour n'en citer que deux, abritaient des populations arabes importantes bien avant leur conquête et il est presque certain que les conquérants trouvèrent de nombreux cousins établis – depuis assez longtemps parfois – dans les pays conquis les plus proches de leurs frontières.

Les écrivains anciens, musulmans comme chrétiens, accordent une importance fondamentale à l'élément religieux dans les conquêtes. Inversement, cet élément a peut-être été sous-estimé par certains savants modernes. Leone Caetani a suggéré que son importance réside dans le bouleversement psychologique temporaire qu'il apportait à des gens non habitués à quelque sorte de discipline que ce fût et acceptant d'être persuadés, mais jamais d'être commandés. Cela les rendait pour un temps plus confiants en eux-mêmes et plus aisément contrôlables. Lors des guerres de conquête, la religion fut le symbole de l'unité et de la victoire arabes. Mais l'importance de l'élément séculier dans ces mêmes conquêtes est révélée par les personnages clefs qui les accomplirent : les Khalid et les 'Amr n'avaient pour la religion – selon les chroniqueurs – qu'un intérêt superficiel et plutôt utilitaire. A quelques exceptions près, on n'accorde aux pieux qu'un rôle mineur dans la création de l'empire arabe.

Les historiens arabes des siècles postérieurs nous ont rapporté un grand luxe de détails sur l'administration créée par 'Umar pour le nouvel empire. Toutefois, pour l'essentiel, la critique moderne – et surtout les nombreux documents administratifs du premier siècle de l'islâm que nous ont livrés les *papyri* égyptiens – a révélé que cette histoire était une projection rétrospective de conditions largement postérieures. Les premiers khalifes furent guidés en ce domaine par des considérations pratiques : ils n'éprouvaient nul besoin de définir des termes et des fonctions ou de formuler des principes. L'étude de leurs mesures doit donc reposer sur des faits simples. Leur politique a été fondamentalement déterminée par les intérêts de l'aristocratie arabe musulmane créée par les conquêtes, et largement modelée par le comportement local des commandants militaires et des gouverneurs civils. Pour commencer, les Arabes gardèrent l'appareil et le personnel administratifs des Sassanides et des Byzantins, et même l'ancien monnayage. Peu après l'an 640, selon la tradition historiographique, 'Umar comprit le besoin de mesures nouvelles et aménagea un système dans lequel, pour ainsi dire, l'empire dans son ensemble était confié en dépôt à la communauté musulmane, le khalife agissant comme « mandataire » de cette communauté. Les diverses provinces conquises avaient des lois et des coutumes diverses, que les Arabes préservèrent tout d'abord : l'empire islamique n'eut pas de loi unique. La tradition musulmane, incorporée dans les traités de la Sainte Loi, instaurait une distinction importante entre les provinces qui s'étaient rendues à discrétion et celles qui s'étaient rendues sous conditions. En Syrie et en Egypte, la reddition avait été conditionnelle et 'Umar fut obligé de respecter les usages locaux; il eut une plus grande liberté d'action en Irak, dont la reddition avait été inconditionnelle.

Les Arabes ne s'emparaient que des terres d'Etat et des possessions des ennemis du régime. Les autres propriétaires qui reconnaissaient le nouveau gouvernement gardaient leurs droits, moyennant le paiement de certains impôts. Les terres confisquées étaient enregistrées et administrées par l'Etat. On permettait aux musulmans d'acheter des terres en dehors de l'Arabie et beaucoup de propriétés étatiques furent ainsi accordées sous une forme particulière de bail, le *qati'a* (pl. *qata'i'*). On concédait aussi bien des terres cultivées que des friches ; ces dernières s'accompagnaient de subsides étatiques, sous la forme de remises d'impôts. 'Umar n'accorda que peu de concessions de ce genre, alors que ses successeurs les multiplièrent. En dehors de l'Arabie, les propriétaires musulmans ne payaient pas l'intégralité des taxes foncières, mais une petite partie seulement, l'*'ushr,* ou dîme. A l'exception d'un modeste impôt religieux, toutes les autres taxes étaient payées par les peuples non musulmans qui avaient été soumis. Elles comprenaient la *djizya* et le *kharadj.* La première – mais non la seconde – est mentionnée dans le Coran. Ces termes distinguèrent par la suite la capitation payée par les non-musulmans et l'impôt foncier. Sous les premiers khalifes, alors que la *djizya* avait déjà acquis la signification technique de capitation, le *kharadj* était encore un terme générique désignant toutes sortes de taxes, utilisé occasionnellement pour le tribut collectif levé par les Arabes sur chaque région sous forme de somme forfaitaire : on laissait les fonctionnaires byzantins et les autres collecter cet impôt comme ils l'entendaient, à la manière ancienne.

Les conquérants ne se mêlèrent pas de l'administration civile et religieuse propre aux peuples soumis : ceux-ci reçurent le statut de *dhimmis*, c'est-à-dire de membres des religions tolérées permises par la Loi. Les témoignages dont nous disposons laissent à penser que le transfert de suzeraineté des Byzantins aux Arabes fut bien accueilli par un grand nombre de gens, qui trouvaient le nouveau joug beaucoup plus léger que l'ancien, à la fois pour les impôts et pour le reste. Certaines des populations chrétiennes de Syrie et d'Egypte préférèrent même la férule islamique à celle de l'orthodoxie byzantine. Un écrit apocalyptique juif datant du début de la période islamique fait parler un ange en ces termes (il s'adresse à un voyant rabbinique) : « Ne crains pas, Ben Yohay : le Créateur (Qu'Il soit béni !) n'a apporté le royaume d'Ismaël que pour vous sauver de cette malédiction [c'est-à-dire de Byzance] [...] Le Seigneur (Qu'Il soit béni !) fera lever pour eux un Prophète selon Sa volonté et conquerra les terres pour eux, et ils viendront et vous rétabliront [...] [1] ». On peut comparer avec les mots d'un historien chrétien syriaque postérieur : « C'est pourquoi le Dieu de vengeance nous a délivrés des mains des Romains par le moyen des Arabes [...] Le profit a été grand pour nous d'être sauvés de la cruauté des Romains et de leur haine amère à notre encontre [2]. » Les peuples des pays conquis ne se limitèrent pas simplement à accepter le nouveau régime : ils collaborèrent parfois activement à son installation. En Palestine, selon la tradition, les Samaritains apportèrent une telle aide aux envahisseurs qu'ils furent pour un temps exemptés de certaines taxes. Les chroniques relatent plusieurs autres cas de collaboration locale des juifs et des chrétiens.

L'identification de l'islam avec l'arabisme par les Arabes eux-mêmes ressort clairement de leur attitude à l'égard des nouveaux convertis qui commençaient à se

1. Traduit dans Bernard Lewis, « An Apocalyptic Vision of Islamic History », *Bulletin of the School of Oriental and African Studies*, XIII, 2, 1950, p. 321.

2. Bar Hebraeus, *Chronicon Ecclesiasticum*, éd. Abbeloos et Lamy, Louvain, 1872, p. 274, cité dans A.J. Butler, *The Arab Conquest of Egypt*, Oxford, 1978, p. 158.

multiplier parmi les populations conquises. L'idée même de musulmans non arabes était alors si inattendue que les nouveaux venus ne pouvaient entrer dans la foi qu'en devenant *mawali,* c'est-à-dire « clients » de l'une ou l'autre des tribus arabes. Les *mawali* étaient théoriquement les égaux des Arabes et exemptés à ce titre de la plupart des taxes, mais les conquérants les considéraient comme socialement inférieurs et cherchèrent pendant longtemps à les exclure du partage des bénéfices matériels de l'islam. Le plus important était la distribution de pensions par le *Diwan,* sorte de ministère créé par 'Umar pour répartir les revenus des conquêtes entre les guerriers arabes.

Les fondements du système étaient donc l'identité entre Arabe et musulman, et le maintien du prestige religieux au nom duquel le Khalife exerçait son autorité suprême. Lorsque ces fondements cessèrent d'être valides, l'effondrement du khalifat devint inévitable.

Le 4 novembre 644, le khalife 'Umar fut mortellement blessé par un esclave persan. Comprenant le danger de guerre civile qui menaçait l'*umma* islamique, il réunit autour de son lit de mort une *shura* (ou « comité ») regroupant les candidats les plus vraisemblables à sa succession, en leur enjoignant de choisir l'un d'eux comme nouveau khalife. Les récits de cette *shura* sont contradictoires, mais il en sortit le choix surprenant d''Uthman ibn 'Affan. Ce dernier était connu pour sa faiblesse et on le soupçonnait même de couardise. Son élection représentait une victoire de l'ancien patriciat de la Mecque : bien qu'elle eût accepté les bénéfices de la nouvelle religion beaucoup plus vite qu'elle n'avait accepté son Prophète, cette classe continuait de mépriser les « hors-castes » qui avaient jusque-là dominé Médine. Malgré les efforts d'Abu Bakr et d''Umar pour associer les gens de la Mecque à leur cause en les nommant à des postes élevés ('Umar avait ainsi nommé Mu'awiya comme gouverneur de Syrie), les patriciens restaient insatisfaits et cherchaient à recouvrer la prééminence qu'ils considéraient comme un dû statutaire. Tout comme Mu'awiya, 'Uthman appartenait à la famille mecquoise des Omeyyades et il était en fait, parmi les premiers compagnons du Prophète, le seul représentant du patriciat doté du prestige suffisant pour figurer parmi les candidats au khalifat. Son élection fut à la fois, pour l'oligarchie de La Mecque, une victoire et une opportunité qu'elle ne laissa pas passer. 'Uthman tomba rapidement sous l'influence des grandes familles qui se firent attribuer les hautes fonctions de l'empire l'une après l'autre.

La faiblesse et le népotisme d''Uthman exacerbèrent les rancœurs qui fermentaient depuis quelque temps déjà parmi les guerriers arabes. La tradition musulmane attribue la rupture qui se produisit durant son règne aux défauts personnels du nouveau khalife, mais les causes sont beaucoup plus profondes. La responsabilité d''Uthman réside en fait dans son incapacité à les reconnaître et à les maîtriser ou à leur porter remède. Les guerres de conquête, sujet dominant de l'histoire arabe jusqu'à la mort d''Umar, connurent une pause après celle-ci. La migration du peuple arabe était achevée pour l'essentiel : des masses d'Arabes s'étaient établies dans les provinces conquises et la force d'expansion due à la surpopulation de la péninsule était épuisée pour le moment. Les Arabes s'étaient heurtés à de nouvelles barrières, plus difficiles à franchir (les hauts plateaux et les populations hostiles d'Iran et d'Anatolie, à l'est et au nord ; la mer, à l'ouest) et la guerre de conquête était devenue une entreprise plus pénible et plus lente. La pause donna aux hommes des tribus le loisir de réfléchir à des questions laissées jusque-là en sommeil : la force centrifuge du nomadisme tribal entraîna un effondrement de l'administration et une explosion générale. Les éléments d'opposition étaient déjà discernables sous le règne d''Umar et sont peut-être à l'origine de sa mort. Sous le gouvernement plus faible d''Uthman, ils se manifestèrent au grand jour. La révolte contre le Khalife n'était ni religieuse ni même personnelle : ce fut la révolte des nomades contre tout système de contrôle centralisé, non pas la révolte contre l'Etat d''Uthman en particulier, mais contre toute forme d'Etat. Les tribus avaient gardé une conception nomade – c'est-à-dire concrète et personnelle – de l'autorité, qui considérait l'obéissance comme un don volontaire à un individu. Comme 'Uthman ne réussissait pas à la leur inspirer, ils se sentirent libres de s'en affranchir.

L'attaque armée contre 'Uthman vint d'Egypte, mais le centre réel de l'opposition était à Médine même. Talha et Zubayr, deux Mecquois mécontents, 'Amr, furieux de son remplacement en Egypte par un protégé d''Uthman, et 'A'isha, la veuve du Prophète, furent au centre des intrigues et de la conspiration contre le Khalife; il se peut qu'ils aient été impliqués dans les événements qui conduisirent à son assassinat. Comprenant peut-être où ces événements conduisaient, 'Amr et 'A'isha quittèrent cependant Médine au moment décisif, l'un pour Beershéba, l'autre pour La Mecque. Le rôle d''Ali n'est pas clair. Luimême candidat potentiel par trois fois à la succession et trois fois oublié, il ne semble pas avoir assumé de responsabilités directes dans le meurtre, mais sa passivité et son échec à user de son prestige et de sa position pour l'empêcher donnèrent des armes à ses ennemis par la suite.

Le 17 juin 656, un groupe de mutins venus de l'armée d'Egypte pour présenter leurs réclamations pénétrèrent dans les appartements du Khalife et le blessèrent mortellement. Ce meurtre marque un tournant dans l'histoire de l'islam. Le massacre d'un khalife par des musulmans révoltés établit un précédent menaçant et affaiblit gravement le prestige religieux et moral de la fonction, ciment de l'unité islamique. Les seuls liens entre le gouvernement et les tribus furent désormais politiques et financiers. Des liens ennuyeux.

'Ali fut presque immédiatement proclamé khalife à Médine. Toutefois, certains de ceux qui avaient été les ennemis d''Uthman eurent quelques scrupules à reconnaître comme tel quelqu'un qui, sans être responsable, devait largement son avènement à un régicide. D'autres encore, peu suspects d'amour pour 'Uthman, formèrent un parti à sa mémoire, refusèrent de reconnaître le nouveau khalife et exigèrent la punition des coupables. 'Ali fut incapable de faire face et se fit rapidement une série d'ennemis nouveaux en révoquant plusieurs des hauts fonctionnaires nommés par 'Uthman. 'A'isha, Talha et Zubayr prirent la tête de l'opposition et se retirèrent à la Mecque, en criant à la guerre et à la vengeance. Ce « triumvirat » rassembla des forces armées pour agir contre 'Ali et se transporta ensuite à Bassora, où il espérait un soutien local.

En octobre 656, 'Ali quitta Médine à la tête de ses troupes. L'événement avait une double signification. Il marquait tout d'abord la fin de cette ville comme capitale de l'empire islamique, puisque aucun khalife ne devait y résider désormais. En second lieu, c'était la première fois qu'un khalife menait en personne une armée de musulmans dans une guerre civile contre des coreligionnaires.

'Ali et son armée partirent pour Kufa où ils négocièrent avec le gouverneur « neutre » Abu Musa; ils entrèrent dans la ville sous les acclamations de la foule. De là, ils marchèrent sur Bassora et battirent les troupes du « triumvirat » au cours d'un engagement connu sous le nom de « bataille du Chameau », car la rencontre principale se déroula autour du chameau sur lequel était monté 'A'isha, « la Mère des Fidèles ». La bataille se termina par la victoire d''Ali; Talha et Zubayr furent tués et 'A'isha renvoyée à la Mecque.

Après une brève occupation de Bassora, où il ne réussit pas à se concilier la population, 'Ali regagna Kufa, dont il fit sa capitale. Il était maintenant maître de tout l'empire islamique, à l'exception de la Syrie. Malgré sa force apparente, sa position était affaiblie par les dissensions tribales, par l'insubordination de ses partisans et par les conseils contradictoires des « intégristes » qui formaient une bonne partie de ceux-ci : ils discutaient et contestaient constamment son autorité. En Syrie, la position de Mu'awiya était très forte : il était à la tête d'une autorité centralisée, la seule dans l'Islam de cette époque, et gouvernait une province unifiée et soumise; il disposait d'une excellente armée, entraînée et disciplinée par les guerres frontalières avec les Byzantins. Moralement aussi, sa position était très forte. Ses titres de gouverneur étaient inattaquables : il avait été nommé par 'Umar et confirmé par 'Uthman, le dernier Khalife universellement reconnu. En demandant vengeance de la mort de ce dernier (qui était son oncle), il agissait en accord avec une vieille coutume arabe sanctionnée par le Coran lui-même. Au cours des premières luttes entre ʻAli et ses opposants, il était sagement resté neutre. Il ne revendiquait maintenant aucune prétention au khalifat, mais mettait en avant une simple exigence de justice; par un corollaire subtil, il remettait en cause le titre d'ʻAli au khalifat en l'accusant d'excuser le régicide. Il était soutenu par l'artificieux ʻAmr, cynique plein de ressources, et par les forces unies de l'armée de Syrie.

Son premier acte officiel contre ʻAli fut de s'opposer par les armes au gouverneur que le khalife envoyait pour le remplacer. Contraint d'agir, ʻAli finit par se mettre en route avec une armée et rencontra les troupes syriennes près des ruines de la ville romaine de Siffin, sur l'Euphrate, en mai 657. L'engagement fut précédé, comme fréquemment, par des négociations infructueuses au cours desquelles Muʻawiya demanda l'extradition et la punition des meurtriers d'ʻUthman, et peut-être l'abdication d'ʻAli et la réunion d'une nouvelle *shura* pour élire un nouveau khalife de l'islam. On eut enfin recours aux armes et les troupes d'ʻAli eurent le dessus, le 26 juillet. Face à la défaite imminente, les troupes de Muʻawiya eurent recours à un expédient : elles placèrent des corans à la pointe de leurs lances et s'écrièrent « Que Dieu décide ! » Cet appel à l'arbitrage divin ne pouvait se référer qu'au problème du régicide, puisque l'on pouvait difficilement espérer trouver une indication sur les problèmes du khalifat dans le livre sacré. ʻAli vit bien la ruse, mais fut contraint par les pieux de son camp à accepter une trêve. On convint que chaque parti nommerait un négociateur arbitre et que les chefs se conformeraient au verdict prononcé. Muʻawiya nomma comme représentant ʻAmr, négociateur habile et loyal à sa cause. Les partisans d'ʻAli, interprétant les fonctions d'arbitre sous une lumière différente, le forcèrent d'accepter les services d'Abu Musa, un « neutre ». Grâce à ce procédé, Muʻawiya avait déjà gagné une victoire morale : il avait ramené ʻAli du statut de khalife en titre à celui de simple prétendant. L'arbitrage entraîna de nouvelles difficultés pour ʻAli : un groupe important de ses partisans, mécontents de cet épisode, se soulevèrent contre lui et il fallut réprimer cette révolte dans le sang. Ces Kharidjites (*khawaridj,* « ceux qui font sécession », en arabe) devaient réapparaître à plusieurs reprises dans l'histoire postérieure de l'islam.

En janvier 659, les négociateurs se rencontrèrent à Adhruh. Les comptes rendus arabes de la rencontre sont désespérément tendancieux, mais il paraît clair que leurs tractations furent peu satisfaisantes pour 'Ali; peut-être impliquaient-elles même son abdication. Il rejeta le verdict et la position revint à ce qu'elle était avant Siffin, à cela près qu'''Ali était un peu plus affaibli par l'affaire des Kharidjites et par le moral de plus en plus défaillant de ses partisans. Au cours des mois qui suivirent, il subit de nouvelles pertes : Mu'awiya réussit à s'emparer de la province d'Egypte, privant ainsi 'Ali d'une grande source de richesse et d'approvisionnements; tout en évitant un engagement majeur, il razzia aussi l'Irak par une série de coups de main restés impunis.

Les événements de la dernière année de la vie d''Ali sont obscurs. Il est possible qu'il ait conclu une trêve avec Mu'awiya ou qu'il ait préparé une nouvelle campagne, mais il fut tué en janvier 661 par un Kharidjite du nom de Ibn Muldjarm. Son fils Husayn renonça à lutter et transféra ses droits à Mu'awiya, proclamé Khalife en Syrie et bientôt reconnu sur toute l'étendue de l'empire.

CHAPITRE IV

LE ROYAUME ARABE

> « 'Umar dit à Salman : " Suis-je un roi ou un Khalife? " et Salman répondit : " Si tu as levé sur les terres des musulmans un dirham de plus ou de moins, et si tu l'as employé contre l'esprit de la Loi, tu es un roi, non un Khalife. " Et 'Umar pleura... »
>
> Al-Tabari,
> *Ta'rikh al-Rusul wa'l-Muluk* [1]

La situation présentait bien des difficultés à l'avènement de Mu'awiya. L'administration de l'empire était décentralisée et désorganisée; la résurgence de l'anarchie et de l'indiscipline des nomades, débarrassées de toute contrainte religieuse ou morale, entraîna une instabilité et une désunion généralisées. Le sens d'une mission religieuse commune – véritable armature des premiers khalifats – avait été gravement affaibli par le meurtre d'"Uthman, la guerre civile consécutive et l'abandon de Médine comme capitale. L'oligarchie de La Mecque avait été défaite et discréditée. Le problème de Mu'awiya était de trouver de nouvelles bases pour refonder la cohésion de l'empire. Sa solution fut d'entamer une transformation de

1. Al-Tabari, *Annales*, éd. M. J. de Gœje *et al.*, Leyde, 1879-1901, I, p. 2754.

la théocratie islamique en une monarchie arabe, appuyée sur les tribus dominantes.

Les historiens arabes postérieurs, écrivant sous les khalifes qui succédèrent aux Omeyyades et intéressés à discréditer la dynastie dépossédée, refusèrent le titre de khalifats aux règnes de Mu'awiya et des autres Omeyyades. Après le khalifat d'"Ali, ils utilisèrent le terme de « royaume » (*Mulk*), en faisant une seule exception pour le pieux 'Umar II (717-720) qui eut seul droit au titre de khalife. A cette exception près, le khalifat ne reprend pas pour ces historiens avant l'avènement des Abbassides en 750. Il y a plus qu'un soupçon de vérité dans cette accusation de « désislamisation », mais il ne faut rien exagérer. Mu'awiya et ses successeurs accordèrent assurément une importance croissante aux aspects politiques et économiques du gouvernement, mais l'élément religieux – quoique relégué au second plan – conserva une grande importance. Mu'awiya l'exploita adroitement lors de ses campagnes constamment renouvelées contre les Byzantins, qui lui permirent d'apparaître comme le champion de l'islam et le chef de la *Djihad*, et de recevoir, à ce titre, l'allégeance religieuse de la plupart des Arabes.

Le processus de centralisation, devenu nécessaire si l'empire voulait survivre, impliquait un certain nombre d'étapes. La première était le transfert de la capitale en Syrie, qui resta la province métropolitaine de l'empire durant le siècle des Omeyyades. Leur capitale proprement dite se déplaça fréquemment : les Omeyyades, chefs d'un peuple d'envahisseurs dont la force était le désert, édifiaient leurs châteaux sur les marges sûres de celui-ci. Les nombreux bâtiments qu'ils construisirent et qu'ils abandonnèrent restent des témoignages précieux de leur politique et de leur culture. Mu'awiya s'établit lui-même à Damas : la position centrale et les vieilles traditions culturelles et administratives de la cité paraissaient y favoriser l'établissement d'un gouvernement capable de contrôler les provinces éloignées.

Le nouveau lien moral qui allait se substituer au lien religieux fut déterminé par la loyauté de la nation arabe à son chef reconnu. La souveraineté exercée par Mu'awiya fut fondamentalement arabe : pas encore monarchique, mais plus religieuse, elle fut en fait une reprise et une extension de l'autorité du *sayyid* pré-islamique. Théophanès, chroniqueur byzantin du IXᵉ siècle, ne décrit pas Mu'awiya comme un roi ou un empereur, mais comme le *Protosymboulos,* le « premier conseiller des Sarrasins [1] ». C'est une caractérisation assez juste de la nature de l'autorité qu'il exerça. Le principal instrument de son gouvernement fut la *shura,* conseil des *sheikh* convoqué par le khalife ou par le gouverneur d'une province et doté de fonctions à la fois consultatives et exécutives. Les *wufud,* délégations des tribus, étaient associées à ces conseils tribaux, l'ensemble formant une structure mouvante largement fondée sur le consentement librement donné et sur la loyauté des Arabes. Mu'awiya donnait rarement des ordres, mais il avait le don d'arriver à ses fins par le processus plus acceptable de la persuasion et grâce à son habileté et à son prestige personnels. Dans les provinces, son autorité s'exerçait par l'intermédiaire de gouverneurs nommés, dont le plus important fut le bâtard Ziyad, connu sous le sobriquet de « Ziyad-Fils-de-son-Père », gouverneur de l'Irak – la plus turbulente des provinces – et de l'Est.

Dans son administration, le khalifat omeyyade ne fut pas tant un Etat arabe qu'un successeur des Sassanides et des Byzantins. L'ancien appareil administratif et son personnel restaient intacts; Mu'awiya lui-même avait un chrétien de Syrie comme secrétaire privé. Le réglement des problèmes de succession était vital pour la stabilisation de l'empire. Les seuls antécédents dont disposait Mu'awiya étaient en effet l'élection et la guerre civile : la première était impraticable, la seconde présentait des conséquences aussi évidentes que fâcheuses. Le principe de la succession héréditaire restait trop radicalement étranger aux idées arabes pour être immédiatement accepté. Avec la diplomatie qui le caractérise, Mu'awiya trouva un compromis en nommant de son vivant son fils Yazid. Le processus illustre bien la manière dont fonctionnait le parlementarisme tribal qu'il avait institué : la déci-

1. Théophanès, *Chronographia*, éd. De Boor, Leipzig, 1883, p. 356.

sion fut prise par le khalife et par la *shura* de Damas; elle fut ensuite confirmée par consultation des tribus, grâce à l'intermédiaire des *wufud*, et promulguée seulement après ces procédures. L'opposition avait été surmontée moins par la force que par la persuasion et l'encouragement.

Durant le règne de Mu'awiya, l'empire continua de s'accroître régulièrement. En Asie centrale, les Arabes s'emparèrent de Hérat, de Kaboul et de Boukhara; en Afrique du Nord, ils progressaient inexorablement vers l'ouest et en direction de l'Atlantique. La guerre contre Byzance continua sans relâche et le rapide développement d'une flotte arabe rendit possible la première grande victoire navale sur les Byzantins, à la « bataille des Mâts », en 655, alors que Mu'awiya n'était encore que gouverneur de Syrie. Le grand événement militaire de son règne reste toutefois l'attaque contre Constantinople, en 670 : les Arabes réussirent à tenir une tête de pont au sud de la cité pendant plusieurs années, mais la tentative finit par échouer et fut abandonnée à la mort de Mu'awiya. Les guerres avec Byzance servirent à la fois à rehausser le prestige religieux du khalife et à doter l'armée de Syrie d'une formation, d'une discipline et d'une expérience supérieures.

En 680, Yazid succéda à son père sans grandes difficultés. Ce fut un souverain habile et capable, héritier d'une grande partie des talents de Mu'awiya; lui aussi a été durement malmené par les historiens arabes des époques postérieures. Sa grande malchance vint des événements de l'Irak. Le joug pesant de Ziyad et plus encore de son fils 'Ubaydullah avait aggravé le mécontentement des Arabes irakiens contre le gouvernement du khalife syrien; cela entraîna un mouvement en faveur de Husayn, le fils d''Ali. En 680, les troupes omeyyades le massacrèrent près de Kerbala, avec un petit groupe de parents et de partisans. L'événement n'eut pas d'implication politique immédiate, mais ses conséquences postérieures allaient se révéler immenses. Le martyre tragique des Alides déclencha en effet le développement rapide d'une opposition constituée au gouvernement omeyyade, organisée autour des revendications de la lignée d''Ali, cousin et gendre du Prophète.

En 683, Yazid mourut, laissant pour successeur un enfant – son fils Mu'awiya II. Une période de crise et d'incertitude s'ouvrit, témoignant de la première apparition menaçante d'un conflit à grande échelle entre les tribus arabes elles-mêmes. La mort de Mu'awiya II, après un règne de six mois seulement, fut suivie par un interrègne et par l'éclatement de la seconde guerre civile de l'histoire islamique. En Arabie, Ibn al-Zubayr, le fils de ce Zubayr qui avait combattu contre 'Ali, revendiqua le khalifat, mais perdit toutes les chances qu'il pouvait avoir par suite de son refus obstiné de quitter la Mecque pour aller s'établir en Syrie. Dans cette province même, un conflit éclata entre les tribus, qui se termina par une victoire du parti des Omeyyades en 684, à la bataille de Mardj Rahit. Marwan (684-685), membre d'une autre branche de la famille des Omeyyades, fut alors proclamé khalife, avec suzeraineté effective sur la Syrie et sur l'Egypte. Il réussit à assurer avant sa mort la succession de son fils 'Abd al-Malik (685-705), à qui incomba la tâche de restaurer l'unité de l'empire et du gouvernement; il dut également créer une nouvelle organisation de l'Etat, afin de remplacer l'ordre naguère mis en place par Mu'awiya Ier et qui s'effondrait de toutes parts.

Cette deuxième guerre civile fut plus complexe et plus pernicieuse que la première. Les tendances à l'éclatement s'y manifestèrent à plus grande échelle et avec une plus grande intensité, tandis que plusieurs facteurs nouveaux apportaient avec eux de nouveaux problèmes et de nouvelles difficultés.

On ne sait pas beaucoup de choses sur la vie économique de la période omeyyade. Les sources arabes sont tardives et la plupart d'entre elles brouillent les cartes en projetant dans le passé les développements d'une période plus récente, à quoi vient s'ajouter un préjugé presque unanimement défavorable contre la dynastie régnante et contre toutes ses réalisations. La présentation d'un compte rendu organisé de la vie économique sous les Omeyyades est rendue doublement difficile par la conduite des souverains eux-mêmes, qui travaillèrent de manière arbitraire et souvent erratique, sans beaucoup se soucier de créer des précédents ou des systèmes.

La société omeyyade était fondée sur la domination des Arabes, qui ne formaient pas tant une nation qu'une caste sociale héréditaire où l'on ne pouvait entrer que par la naissance. Ils ne payaient pas de taxes sur leurs terres, mais seulement une dîme religieuse personnelle. Eux seuls étaient recrutés pour occuper les *amsar* et ils formaient l'immense majorité des guerriers inscrits sur les registres du *Diwan,* qui touchaient des pensions annuelles et mensuelles, ainsi que des dons en argent et en nature provenant de la répartition du butin des conquêtes et des revenus des provinces conquises.

Dès avant l'essor des Omeyyades, les Arabes commencèrent d'acquérir des terres en dehors de l'Arabie. A partir de l'époque de Mu'awiya, le nombre des Arabes devenus ainsi propriétaires s'accrut constamment. On acquérait les terres de deux manières, soit par achat aux propriétaires non arabes, soit par don du gouvernement khalifal. Le nouveau régime arabe hérita des vastes terres étatiques de Byzance et de la Perse sassanide, à quoi s'ajoutèrent les domaines abandonnés par les grands propriétaires byzantins qui avaient suivi les armées impériales dans leur retraite. Ces propriétés, jointes aux terres non cultivées et désertes, formaient les *mawat* – ou « terres mortes » – des juristes musulmans. Pour y assurer la mise en culture et la collecte des impôts, les khalifes développèrent la pratique d'accorder des concessions (ou *qata'i'*) aux membres de leur famille ou aux autres Arabes riches et puissants. Ce genre de concession était similaire au régime de l'*emphyteusis* des Byzantins, qui lui avait du reste servi de modèle. Il impliquait l'obligation de cultiver la terre durant une période déterminée, de collecter et de remettre les impôts au gouvernement. A la différence des propriétaires non arabes et des paysans, soumis au plein tarif des impôts hérités de l'ancien régime, ces propriétaires arabes musulmans ne payaient que la dîme, ou '*ushr.* Le nombre des *qata'i'* s'accrut rapidement et finit par couvrir d'immenses étendues sur les meilleures terres. On pouvait les acheter et les vendre et elles devinrent bientôt des propriétés entièrement privées. Les détenteurs de *qata'i'* n'y résidaient pas normalement : ils habitaient dans une des *amsar* ou dans la capitale et faisaient cultiver leurs terres par une main-d'œuvre indigène, métayers ou demi-serfs.

On ne connaît pas avec précision le nombre des Arabes qui s'établirent dans les provinces conquises, mais ils ne devaient constituer qu'une petite minorité parmi les populations indigènes. Pour la Syrie et la Palestine, vers la fin du premier siècle de l'islam, les estimations tournent autour de deux cent cinquante mille personnes. L'immense majorité était composée de soldats, de fonctionnaires et d'autres citadins ou de Bédouins ; il n'y a que dans les provinces où des infiltrations arabes avaient eu lieu aux temps pré-islamiques que l'on trouve un nombre plus important d'Arabes installés à demeure. Une source égyptienne estime le nombre de paysans arabes en Egypte, vers la fin de la période omeyyade, aux alentours de trois mille. Plusieurs princes omeyyades furent eux-mêmes de grands propriétaires et certains d'entre eux consacrèrent de grands soins au développement de leurs terres. Ibn 'Amir, propriétaire connu pour ses succès, attribue au Prophète le *hadith* suivant : « Celui qui est tué en défendant sa propriété est un martyr. » L'authenticité d'un tel *hadith* est extrêmement douteuse, mais cela montre bien les tendances qui se faisaient jour chez certains Arabes de l'époque.

L'investissement et le commerce ne semblent pas avoir été à l'origine des grandes fortunes acquises par certains des conquérants ; même les marchands de La Mecque, à quelques exceptions près, paraissent avoir abandonné leur vocation première pour tenir le rôle d'une aristocratie guerrière. Cependant, dans les villes comme dans le désert, les khalifes omeyyades et nombre de leurs sujets les plus riches vivaient eux aussi dans un grand luxe et dépensaient d'énormes sommes en bâtiments, mobiliers et tissus. L'économie de l'époque était à prédominance monétaire, sans l'être totalement : soldats et fonctionnaires étaient payés en espèces, mais aussi en nature ; les impôts étaient collectés de la même manière. Plusieurs monnaies datant du début du khalifat confirment les témoignages des historiens, selon lesquels les ateliers monétaires pris aux administrations sassanide et byzantine continuèrent de produire des monnaies d'or et d'argent en quantité suffisante pour permettre cette utilisation.

La disponibilité de vastes sommes d'argent pour les maîtres arabes de l'empire contribua à la croissance d'un élément social nouveau, les *mawali* (au singulier, *mawla*) ou « clients ». Tout musulman qui n'était pas descendant à part entière d'une tribu arabe était un *mawla.* Les Persans, les Araméens, les Egyptiens, les Berbères et tous les autres convertis (non arabes) à l'islam faisaient partie de cette catégorie, de même que certains individus de langue et d'origine arabes qui, pour une raison ou une autre, avaient perdu leur appartenance à la caste dominante ou n'y avaient pas été totalement intégrés. Le terme n'inclut pas les non musulmans, connus comme *dhimmis,* c'est-à-dire sectateurs des religions tolérées jouissant de la protection de l'Etat musulman en échange de l'acceptation d'impôts plus élevés et de certains interdits sociaux.

Les *mawali* se retrouvèrent nombreux dans les *amsar* arabes, où ils constituèrent rapidement une seconde ville d'ouvriers, d'artisans, de boutiquiers, de marchands et d'autres corps de métier qui produisaient pour les besoins de l'aristocratie arabe. En tant que musulmans, ils étaient théoriquement les égaux des Arabes et revendiquaient l'égalité économique et sociale avec eux. Cette égalité ne fut jamais accordée en totalité par l'aristocratie des conquérants durant la période omeyyade. Certains propriétaires terriens *mawali* réussirent à obtenir un taux d'imposition « musulman » pour services rendus au nouveau régime, mais la majorité d'entre eux échouèrent dans leurs revendications. A l'époque d'"Abd al-Malik, le gouvernement musulman finit par décourager systématiquement les conversions et par renvoyer les *mawali* des villes sur leurs terres d'origine, afin de restaurer les revenus déclinants de l'Etat. Les *mawali* combattaient pourtant à côté des Arabes de souche dans les armées de l'Islam, plus spécialement dans les provinces frontalières du Khorassan et dans l'Ouest lointain, mais ils servaient dans l'infanterie, avec une paye inférieure et moins de butin que les cavaliers arabes. Leur infériorité sociale transparaît clairement dans la littérature arabe de l'époque. Le mariage entre une femme de pur sang arabe et un *mawla* était considéré comme une mésalliance scandaleuse : tel auteur arabe se demande sérieusement si de telles unions devraient être tolérées, parmi les élus du Paradis [1].

Le nombre des *mawali* grandit rapidement et dépassa bientôt celui des Arabes eux-mêmes. Leur établissement massif dans les villes de garnison forma peu à peu une population urbaine mécontente et dangereuse, de plus en plus consciente de son poids politique grandissant, de sa supériorité culturelle et de sa participation également croissante dans les opérations militaires. Les griefs principaux étaient d'ordre économique. Toute la structure de l'Etat arabe reposait sur le principe qu'une minorité d'Arabes devait gouverner une majorité de non-musulmans payant l'impôt : l'égalité réelle des *mawali* aurait signifié simultanément une diminution des revenus et un accroissement des dépenses. Cela aurait entraîné de toute façon l'effondrement du système. La séparation entre les conquérants et les *mawali,* tout en coïncidant dans une certaine mesure avec la distinction ethnique entre Arabes et non-Arabes, était aussi largement économique et sociale : les Arabes les plus pauvres d'Irak et du Bahreïn, qui n'émargeaient pas sur les registres du *Diwan,* étaient comptés au nombre des *mawali* et partageaient donc leurs griefs. Beaucoup de membres de l'ancien système seigneurial perse, plus habitués au gouvernement dynastique et impérial, semblent au contraire s'être adaptés sans trop de difficultés au nouvel ordre des choses.

Les griefs des *mawali* trouvèrent une expression religieuse dans le mouvement shi'ite (de *Shi'atu 'Ali,* « le parti d''Ali »). Le shi'isme commença comme un parti purement arabe et purement politique, constitué autour des revendications d''Ali et de ses descendants au khalifat. Le transfert de la capitale à Kufa par 'Ali, puis son déplacement en Syrie par les Omeyyades, apportèrent au shi'isme le soutien de la loyauté irakienne. Le développe-

1. Al-Mubarak, *Al-Kamil fi'l-adab,* éd. W. Wright, Leipzig, 1864-1892, p. 712.

ment réel du mouvement commença après le martyre de Kerbala : ayant échoué comme parti politique, il rechercha la victoire comme secte islamique. Les propagandistes shi'ites attirèrent avec un grand succès les mécontents et spécialement les *mawali,* pour qui l'idée d'une légitime succession dans la lignée du Prophète avait un attrait beaucoup plus grand que pour les Arabes eux-mêmes. Le shi'isme devint essentiellement l'expression – en termes religieux – de l'opposition à l'Etat et à l'ordre établi, dont l'acceptation signifiait au contraire la conformité à la *sunna,* ou doctrine majoritaire de l'Islam.

Cette opposition ne se limita nullement aux non-Arabes. Dans les turbulentes cités de garnison et spécialement à Kufa, berceau du shi'isme révolutionnaire, les Arabes jouaient un rôle important et d'abord prédominant. Ce furent les Arabes qui apportèrent le shi'isme en Iran, où la ville-garnison de Qum (colonie de Kufa) fut l'un des bastions du mouvement. L'opposition exprimée par celui-ci a été interprétée par certains historiens comme une révolte nationale des Persans contre les Arabes; par d'autres comme une révolte sociale des classes inférieures contre l'aristocratie arabe créée par la conquête, et contre sa religion, son Etat et son pouvoir.

Les deux interprétations négligent un nouvel élément social en rapide développement, à la fois arabe et non arabe, privilégié et pénalisé : les demi-Arabes, fils d'un père arabe et d'une mère non arabe, généralement esclave. On les rencontrait à tous les échelons de la société, y compris – tout spécialement, peut-être – dans les familles les plus riches et les plus puissantes, et jusqu'au sein de la dynastie régnante. Exclus par les coutumes tribales de la succession au khalifat comme de la plupart des autres privilèges, ils formaient l'un des groupes les plus dangereux opposés à l'ordre existant.

De leur côté, les partisans du nouveau régime n'étaient pas tous exclusivement des Arabes de souche. Dans les anciennes provinces sassanides ou byzantines, la bureaucratie continua son travail, servant les nouveaux maîtres tout comme elle avait servi les précédents. D'importants éléments de la noblesse et de l'aristocratie des campagnes semblent avoir gardé leurs fonctions et leurs privilèges. En se convertissant, l'élite persane troqua le zoroastrisme contre l'orthodoxie musulmane; les opposants à l'ordre existant, après la conquête et la conversion, échangèrent leurs hérésies zoroastriennes contre des hérésies musulmanes.

Comme on pouvait s'y attendre, les *mawali* – Iraniens et autres – furent plus particulièrement attirés par les formes les plus extrêmes et les plus radicales du shi'isme, auxquelles ils apportèrent beaucoup d'idées religieuses nouvelles dérivées de leurs antécédents chrétiens, juifs ou zoroastriens. La plus importante de ces idées est peut-être le concept du *Mahdi,* celui « qui est justement guidé ». Le *Mahdi* commença par être un chef politique, avant d'évoluer rapidement vers un prétendant religieux à caractère messianique. La première apparition caractéristique de cette doctrine fut la révolte de Mukhtar, qui dirigea le soulèvement de Kufa en 685-687, au nom de Muhammad ibn al-Hanafiyya, fils d'"Ali et d'une femme autre que Fatima. Mukhtar attira d'abord les *mawali* et il est intéressant de noter que, selon un de leurs chroniqueurs, les Arabes reprochèrent à Mukhtar d'avoir soulevé « nos *mawali,* qui sont du butin que Dieu nous a accordé avec toutes ces terres [1] ». Après la mort de Muhammad ibn al-Hanafiyya, ses successeurs prêchèrent qu'il n'était pas vraiment mort, mais qu'il s'était retiré dans les montagnes, près de La Mecque, et qu'il reviendrait à son moment dans le monde, afin d' établir un règne de justice sur la terre. La révolte de Mukhtar s'effondra dans le sang, mais l'idée messianique qu'il avait lancée s'installa solidement : durant tout le reste du khalifat omeyyade, plusieurs prétendants alides et pseudo-alides, appartenant aussi bien à la lignée de Muhammad ibn al-Hanafiyya qu'à celle de Fatima, revendiquèrent l'allégeance des musulmans en tant que souverains légitimes de l'Islam. L'un après l'autre, ces rebelles messianiques suivirent leurs prédécesseurs dans leur retraite eschatologique, leur carrière et leur légende enrichissant à chaque fois le mythe du *Mahdi* de quelque nouveau détail. Pour simpli-

1. Al-Tabari, *op. cit.,* II, p. 650.

fier, les prétendants de la lignée de Fatima représentaient l'aile modérée du shi'isme, avec un soutien considérable des éléments mécontents parmi les Arabes eux-mêmes; la lignée de Muhammad ibn al-Hanafiyya était associée à l'extrémisme de pensée et d'action et représentait plus nettement les revendications des *mawali*.

Les Omeyyades devaient donc faire face au mécontentement croissant de leurs sujets, tout en ne pouvant en aucune façon se reposer sur le soutien sans faille des Arabes eux-mêmes. Le sens de l'indépendance, toujours fort dans les tribus nomades et davantage dirigé contre l'Etat lui-même que contre les Omeyyades, trouva son expression politique et religieuse dans toute une série de mouvements. A La Mecque et à Médine, les pieux, qui n'avaient jamais vraiment accepté le compromis de Mu'awiya entre arabisme et centralisation, formèrent une opposition théocratique soulignant les aspects religieux du khalifat patriarcal qu'ils considéraient désormais comme un idéal. Leur orientation anti-omeyyade colore l'ensemble des premiers écrits religieux et historiques de l'islam, dont ils jetaient alors les bases. Leur opposition prit rarement la forme d'une révolte armée, mais leur propagande continue aida à saper l'autorité du gouvernement central.

Le mouvement des Kharedjites constitua une expression plus dangereuse encore du désir profond de rejeter l'Etat centralisé et de revenir à un ordre pré-islamique, avec quelques accommodements. Ces Kharedjites, on l'a vu, étaient des partisans d'"Ali qui s'étaient dressés contre l'accord d'arbitrage passé à Siffin et avaient demandé le jugement de Dieu, c'est-à-dire la décision par les armes; douze mille hommes environ, selon les chroniqueurs, s'étaient alors séparés des forces d'"Ali. Ce dernier avait réussi un moment à les persuader de le rejoindre, mais quatre mille environ avaient de nouveau fait sécession et 'Ali avait alors été contraint de les réduire et d'en tuer un grand nombre à la bataille de Nahrawan, en 658. Le mouvement kharedjite fut, au départ, purement religieux, mais il se transforma progressivement en une opposition belliqueuse et anarchique, ignorant toute autorité, sauf celle d'un khalife choisi par eux et qu'ils pouvaient à tout moment rejeter. Au cours des vingt années qui suivirent la mort d'"Ali, plusieurs incidents mineurs éclatèrent en Irak et culminèrent par une révolte armée à la mort de Yazid. Les Kharedjites étaient toutefois affaiblis en permanence par leurs disputes internes, alimentées par leur tendance invétérée à se fractionner en petites factions rivales. Sous 'Abd al-Malik, ils furent battus en Irak et progressivement chassés vers l'Iran; au début du VIIIe siècle, ils étaient pratiquement éliminés. Ils incarnent la doctrine arabe pré-islamique de gouvernement par consentement et la suprématie du jugement privé sous une forme extrême.

La principale faiblesse interne de l'ordre omeyyade et la raison ultime de son effondrement final furent les querelles récurrentes entre les tribus arabes elles-mêmes. La tradition nationale arabe les divise en deux groupes principaux, celui du nord et celui du sud, chacun d'eux étant doté d'un arbre généalogique élaboré qui montre les relations des différentes tribus à l'intérieur du groupe et leur rattachement à un ancêtre commun. L'Arabie pré-islamique avait certes connu des querelles intertribales, mais elles se déroulaient entre tribus voisines souvent apparentées les unes aux autres. Le développement des luttes entre confédérations de tribus résulta des conquêtes. Dans les *amsar*, les Arabes étaient répartis en quartiers en fonction de leurs tribus; ces districts se constituèrent en ligues de factions rivales, non sur une base géographique, mais plutôt comme une mosaïque. Les arbres généalogiques de la tradition arabe sont probablement fictifs, mais ils ont une importance historique, parce qu'ils dominèrent la vie arabe à l'époque omeyyade. La première apparition d'une querelle entre les « ligues » du nord et celles du sud date du temps de Mu'awiya et le phénomène s'amplifia rapidement, pour éclater en violence ouverte lorsque l'autorité du gouvernement central s'affaiblit. Cela se produisit à la mort de Yazid, lorsque Qays – l'une des principales tribus septentrionales – refusa de reconnaître son successeur désigné et opta pour Ibn al-Zubayr. Les Omeyyades, avec le soutien de la tribu de Kalb, réussirent à les vaincre à la bataille de Mardj Rahit, mais la dynastie avait désormais perdu sa neutralité en descendant dans la *mêlée*. Après 'Abd al-Malik, les khalifes s'appuyèrent alternativement sur l'un ou l'autre parti et le khalifat lui-même dégénéra en un jeu de bascule permanent dans les conflits tribaux. On a suggéré qu'une querelle aussi profondément enracinée et persistante devait avoir des causes plus sérieuses que les généalogies imaginaires de la tradition arabe. On a trouvé ces raisons dans le conflit d'intérêts entre les Arabes qui s'étaient infiltrés dans les futurs territoires conquis avant la conquête – la plupart d'entre eux étant d'origine méridionale – et ceux (essentiellement septentrionaux) qui arrivèrent avec les armées islamiques. Ce diagnostic s'appuie sur le fait que les tribus méridionales ont généralement été plus ouvertes à la propagande shi'ite, ce qui suggère quelque communauté d'intérêts avec les *mawali*.

Le principal terrain des conflits au cours de la seconde guerre civile fut l'Irak, où tous les facteurs se trouvaient concentrés de manière explosive. Kufa, ville à l'importance grandissante, en était le centre principal et connut une série de convulsions violentes. Les premières années du règne d''Abd al-Malik furent essentiellement occupées à restaurer l'ordre parmi les Arabes, à raffermir la situation de la dynastie et à établir la paix sur la frontière nord, grâce à un accord avec l'empereur byzantin. Dès 690, le khalife était prêt à agir contre les rebelles et, dans l'espace de trois années, il réussit à se faire reconnaître par tous.

Il lui fallait à présent mettre au point une nouvelle organisation. La réponse fut trouvée dans un renforcement de la centralisation, en concentrant l'autorité dans les mains du souverain, qui s'appuyait sur la puissance militaire de l'armée de Syrie. Le khalifat d''Abd al-Malik ne fut pas une autocratie de l'ancien type oriental, mais plutôt une monarchie centralisée modifiée par la tradition arabe et par les vestiges de l'idée théocratique. Au cours de son règne, un processus d'« organisation et ajustement » (selon la terminologie de l'historiographie arabe) fut ainsi entamé. Les anciens systèmes administratifs byzantin et sassanide, conservés jusque-là dans les différentes provinces, furent remplacés graduellement par un nouveau système impérial, avec l'arabe comme langue officielle de l'administration et de la comptabilité. En 696, un monnayage purement arabe fut institué, au lieu des imitations de monnaies persanes ou byzantines jusque-là en usage. 'Abd al-Malik et ses conseillers furent également à l'origine de la rationalisation du système fiscal progressivement mis en place; cela devait donner, sous ses successeurs, un système d'impôts spécifiquement islamique et entièrement renouvelé. Il légua ainsi au khalife suivant un empire puissant et pacifié, enrichi par un vaste programme de travaux publics et de reconstructions. Mais les principaux problèmes avaient été ajournés, non résolus.

Le règne de Walid (705-715) constitua, à plus d'un titre, l'apogée de la puissance omeyyade. Le principal intérêt de la période réside dans la reprise de la conquête et de l'expansion, étendues à trois nouvelles zones. En Asie centrale, Qutayba ibn Muslim, nommé par al-Hadjdjadj, gouverneur d'"Abd al-Malik en Irak, fut le premier à établir fermement l'emprise des Arabes sur les terres situées au-delà de l'Oxus, en occupant Boukhara et Samarkande et en remportant d'éclatantes victoires. Plus au sud, une armée arabe occupa la province indienne du Sind. Cette action ne fut pas poursuivie et la conquête musulmane de l'Inde ne devait pas avoir lieu avant longtemps. Le débarquement en Espagne, en 710, était plus important : il fut rapidement suivi par l'occupation de la plus grande partie de la péninsule Ibérique.

Durant le règne de Sulayman (715-717), une nouvelle expédition – infructueuse – fut montée contre Constantinople; ce fut le dernier assaut de grand style mené par les Arabes contre la capitale de l'empire byzantin, mais son échec compromit gravement la situation de la dynastie omeyyade. Le coût financier de l'équipement et de l'entretien de l'expédition entraîna une aggravation des pressions fiscales et financières qui avaient déjà soulevé des protestations vigoureuses et dangereuses. La destruction de la flotte et de l'armée de Syrie sous les murs de Constantinople priva le régime de l'appui matériel le plus sûr dont il disposait. A ce moment critique, Sulayman désigna comme successeur, sur son lit de mort, le pieux 'Umar ibn 'Abd al-'Aziz : il convenait mieux que tout autre prince omeyyade pour accomplir la réconciliation qui seule pouvait sauver l'Etat omeyyade.

Le but d'"Umar II était de maintenir l'unité et l'empire des Arabes, en se conciliant les *mawali.* Il tenta de le faire par une série de mesures fiscales, qui réussirent à surmonter temporairement la crise, même si elles finirent par échouer. Le principal problème qui se posait à lui venait du fait que la conversion massive des *dhimmis* et l'accroissement concomitant du nombre des Arabes propriétaires se combinaient pour augmenter le nombre de ceux qui refusaient de payer toute autre taxe que le modeste impôt religieux. Les remèdes apportés par al-Hadjdjadj – renvoyer les *mawali* sur leurs terres d'origine et exiger la totalité des impôts de tous les propriétaires musulmans – n'avaient fait qu'exacerber les rancœurs : il était manifestement impraticable. 'Umar II essaya de pallier ces difficultés par une série de mesures diversement décrites dans les sources juridiques et historiques. Il en résulta que les propriétaires terriens musulmans payaient uniquement l'*"ushr* et non le *kharadj* (l'impôt le plus élevé) mais que tout transfert de terre, assujettie au tribut, à des musulmans ne serait plus reconnu après l'an 100 de l'Hégire (soit 719 de notre calendrier). Désormais, grâce à une fiction légale, les musulmans pourraient seulement louer ce genre de terres et devraient payer le *kharadj* correspondant. Pour apaiser les *mawali,* 'Umar II leur permit de s'installer sans restrictions dans les villes de garnison et les exempta également de *kharadj* et de *djizya,* payables uniquement par les non-musulmans. A l'exception de ceux de la province frontalière du Khorassan, ils continuèrent toutefois de recevoir des soldes inférieures à celles des guerriers de souche arabe. Pour ces derniers, le khalife aligna les taux de solde sur ceux de la Syrie, plus élevés que partout ailleurs, et accorda des pensions aux veuves et aux enfants des guerriers. Ces mesures furent accompagnées d'une sévérité accrue à l'encontre des *dhimmis,* dorénavant exclus de l'administration où ils avaient jusque-là servi en grand nombre, et soumis plus rigoureusement aux restrictions sociales et financières que leur imposait la Loi.

Les réformes attribuées à 'Umar II accroissaient les dépenses en même temps qu'elles diminuaient les revenus. Son refus de continuer à employer des *dhimmis* dans l'administration conduisit à la confusion et au désordre. Sous le règne de ses successeurs, Yazid II (720-724) et Hisham (724-743), on élabora un nouveau système qui resta en vigueur longtemps après la chute des Omeyyades, au prix de quelques changements mineurs. Dans son ensemble, la tradition historiographique arabe est unanime à décrire Hisham comme un souverain rapace et avare, intéressé par-dessus tout à la collecte des impôts. Les témoignages dont on dispose ne permettent pas d'établir de jugement général sur l'ensemble de son khalifat, mais l'on a des informations sur la politique suivie par trois de ses principaux administrateurs de province, 'Ubaydullah ibn al-Habhab en Egypte, Khalid al-Qasri en Irak et Nasr ibn Sayyar dans le Khorassan. Il est possible de reconstituer sur ces bases une vision générale de la politique de la fin de la période omeyyade. Le nouvel ordre reposait sur une fiction légale : c'était la terre, et non le propriétaire, qui payait le *kharadj.* A compter de cette époque, toute terre désignée comme « terre de *kharadj* » payait pleine imposition, compte non tenu de la religion ou de la nationalité de son possesseur. Les terres d''*ushr* constituées sous les premiers khalifats continuaient à payer le tarif inférieur, mais on ne pouvait plus en instituer d'autres. Les *dhimmis,* par contre, étaient en outre assujettis à la *djizya,* ou capitation. L'élaboration de ce nouveau système, qui allait devenir le système canonique de la jurisprudence islamique, fut rendue plus efficace par la création de surintendants distincts pour les finances, à côté des gouverneurs provinciaux, avec la charge de mener à bien un recensement pour asseoir les nouveaux impôts.

Après la mort de Hisham, le royaume arabe s'achemina vers sa chute. L'intensification brutale des querelles tribales et la réapparition de l'opposition active des Shi'ites et des Kharedjites se développèrent à un point tel qu'en 744 le pouvoir du gouvernement central était contesté jusqu'en Syrie, et méprisé partout ailleurs. Le dernier des

Omeyyades, Marwan II (744-750), était un souverain intelligent et capable, mais il était venu trop tard pour sauver la dynastie.

La fin arriva par le parti qui s'appelait lui-même les Hashémites. Abu Hashim, fils de ce Muhammad ibn al-Hanafiyya au nom de qui Mukhtar avait combattu, avait pris la tête d'une secte shi'ite extrémiste, avec le soutien des *mawali.* A sa mort sans descendance mâle, en 716, sa succession fut revendiquée par Muhammad ibn 'Ali ibn al-'Abbas, descendant d'un oncle du Prophète. Muhammad fut accepté par la secte et obtint du même coup le contrôle de son réseau d'émissaires. A sa mort, en 743, son fils Ibrahim lui succéda. Le principal centre d'activités abbasside était dans le Khorassan, dans lequel des colons arabes – venus principalement de Bassora – s'étaient établis vers 670. Ils avaient apporté avec eux leurs conflits tribaux qui se développèrent et prirent de l'extension dans ce nouvel environnement. Les Arabes constituaient une petite minorité au sein d'une population persane de tempérament belliqueux, mécontente de son infériorité sociale et économique.

La propagande hashémite naquit à Kufa, vers 718, et exerça une forte séduction sur ceux qui croyaient que la famille du Prophète représentait les chefs légitimes de l'islam et qu'elle inaugurerait une nouvelle ère de justice. Destinée d'abord aux Arabes, elle attira bientôt de nombreux *mawali* et semble avoir rencontré un écho tout particulier auprès des demi-Arabes. Un missionnaire du nom de Khidash, qui enseignait des doctrines extrémistes, connut d'abord un certain succès, avant d'être capturé et exécuté en 736. Muhammad ibn 'Ali ibn al-'Abbas le désavoua, lui et son enseignement, et confia le contrôle de la mission du Khorassan à un Arabe du Sud, nommé Sulayman ibn Kathir, entouré d'un conseil de douze assistants. Suivit alors une période d'inactivité au cours de laquelle Muhammad mourut, pour être remplacé par son fils Ibrahim; les prétentions de ce dernier furent reconnues ensuite dans tout l'Est. En 745, Ibrahim envoya Abu Muslim, un *mawla* d'Irak, comme agent et propagandiste de confiance dans le Khorassan. Abu Muslim rencontra un succès considérable dans la population, aussi bien chez les Arabes que chez les Persans, y compris auprès des hobereaux campagnards. En dépit de la suspicion et du mécontentement d'une partie des shi'ites modérés, la prééminence d'Abu Muslim fut bientôt reconnue partout; en 747, le coup d'Etat hashémite éclatait et les étendards noirs des Abbassides se levèrent dans tout le Khorassan. On a prétendu que le noir avait toujours été la couleur particulière de la maison des Abbassides. En fait, l'usage de bannières de cette couleur était une tentative pour satisfaire l'une des exigences des prophéties messianiques et eschatologiques, dont beaucoup circulaient parmi les populations mécontentes du royaume arabe. D'autres rebelles, avant les Abbassides, avaient brandi ces étendards et seule la victoire de ces derniers associa définitivement cet emblème à la nouvelle dynastie régnante. En l'espace de quelques années, les Abbassides furent connus aussi bien à Byzance qu'en Chine comme les « gens-aux-robes-noires », *maurophóroi* en grec.

Le reste de l'histoire est vite raconté. Les querelles entre les tribus arabes elles-mêmes, dans le Khorassan, les empêchèrent d'offrir une résistance effective jusqu'à ce qu'il fût trop tard. Une fois maîtresses de l'Est, les armées d'Abu Muslim gagnèrent rapidement l'Ouest et les dernières troupes des Omeyyades furent écrasées à la bataille du Grand Zab. C'en était fini de cette dynastie et du royaume arabe. L'Abbasside Abu'l-'Abbas, qui avait succédé à son frère Ibrahim comme chef, fut proclamé khalife, sous le nom d'"*al-Saffah*.

CHAPITRE V

L'EMPIRE ISLAMIQUE

«A goodly place, a goodly time.
For it was in the golden prime
Of good Haroun Alraschid.»

Tennyson,
Recollections of the Arabian Nights

Le remplacement des Omeyyades par les Abbassides à la tête de la communauté islamique fut plus qu'un simple changement de dynastie : ce fut une révolution dans l'histoire de l'islam, aussi importante que les révolutions française ou russe dans l'histoire de l'Occident. Elle ne résulta pas d'une conspiration de palais ou d'un *coup d'Etat*, mais de l'action réussie d'une propagande et d'une organisation révolutionnaires ramifiées, représentant et exprimant le mécontentement d'importants éléments de la population vis-à-vis du régime en place; le processus s'étala dans le temps. Comme la plupart des mouvements révolutionnaires, ce fut une coalition d'intérêts divers, cimentée par un désir commun de renverser l'ordre existant, mais condamnée à éclater en groupes rivaux une fois la victoire obtenue. L'une des premières tâches des Abbassides victorieux fut de briser les extrémistes déçus du mouvement qui les avait portés au pouvoir. Abu Muslim, le principal artisan de la révolution, et plusieurs de ses compagnons furent exécutés; une émeute de leurs partisans fut durement réprimée.

Mais quelle était la nature de cette révolution, qui étaient les révolutionnaires et que cherchaient-ils à obtenir? Les orientalistes européens du XIXe siècle, influencés par les théories raciales de Gobineau et par la question des nationalités en Europe à leur époque, expliquent le conflit entre les Omeyyades et les Abbassides – et l'ensemble du schisme religieux des débuts de l'islam – comme un conflit national entre les Persans et les Arabes. Certains d'entre eux y ont même vu un conflit racial entre le sémitisme de l'Arabie et l'aryanisme de l'Iran : ils ont considéré la victoire des Abbassides comme une victoire des Persans sur les Arabes, établissant sous le couvert d'un islam « iranisé » un nouvel empire iranien à la place du royaume arabe déchu. Les sources arabes appuient partiellement cette vision des événements : « L'empire des fils d''Abbas était persan et khorassanien, celui des fils de Marwan omeyyade et arabe », écrit par exemple l'écrivain arabe Djahiz, au IXe siècle [1]. Tout en soulignant que des antagonismes ethniques avaient joué un rôle dans l'agitation qui aboutit au renversement des Omeyyades, les recherches récentes ont montré qu'ils n'étaient ni les seuls ni les principaux facteurs : bien que les Persans fussent nombreux parmi eux, les vainqueurs ne remportèrent pas leur victoire en tant que Persans et ne battirent pas leurs ennemis en tant qu'Arabes. Les troupes opposées à celles des Omeyyades comportaient également beaucoup d'Arabes, surtout originaires de ces éléments d'importance croissante qui ne faisaient pas partie de l'aristocratie des conquérants. La même chose était vraie des nombreux métis demi-arabes. Les *mawali* non plus n'étaient pas exclusivement des Persans : ils comprenaient des Irakiens, des Syriens, des Egyptiens et même des Arabes d'Arabie qui n'appartenaient pas entièrement à l'aristocratie tribale. Inversement, la classe seigneuriale des *dihqans* persans, tout comme les anciennes classes de fonctionnaires des provinces occidentales byzantines, s'étaient

1. Al-Djahiz, *Al-Bayan wa'l-tabyin*, éd. 'Abd al-Salam Muhammad Harun, Le Caire, 1940, III, p. 206 (voir aussi III, p. 181).

conformées au moule du régime omeyyade et elles y jouaient un rôle important. C'étaient elles qui établissaient et collectaient les tributs collectifs que les Arabes exigeaient de chaque province; nul doute qu'elles en profitaient au passage pour s'en exempter discrètement.

L'identification de ces éléments a conduit plusieurs historiens du XXe siècle, à l'image de leurs prédécesseurs influencés par la problématique de leur époque, à voir dans l'avènement des Abbassides une révolution sociale et économique, née du mécontentement des populations urbaines déshéritées, et spécialement des marchands et des artisans *mawali* installés dans les villes surgies aux portes des garnisons établies par les conquérants arabes.

Comme d'autres facteurs de mécontentement, certains éléments sociaux et nationaux ont joué un rôle dans la révolution abbasside, dont la nature se manifeste très clairement par les changements qui ont suivi son triomphe. Le plus immédiat et le plus visible fut l'abandon du principe aristocratique de la descendance. Les premiers khalifes et les Omeyyades avaient été les fils de pères et de mères arabes libres. Quels que fussent leurs talents et leurs capacités, les fils des femmes esclaves étaient exclus de la succession au khalifat et la même marque d'infériorité s'appliquait à tous les niveaux de la société. Le changement fut net, mais non brutal : Marwan II, le dernier khalife omeyyade, était le fils d'une esclave kurde, tandis que le premier khalife abbasside, al-Saffah (750-754), était né d'une mère arabe libre et semble avoir été préféré à son frère pour la raison que ce dernier était le fils d'une esclave berbère. A sa mort, malgré quelque opposition, ce frère lui succéda comme khalife sous le nom d'al-Mansur (754-775). Le troisième khalife, al-Mahdi (775-785), était né d'une Arabe libre du Sud, réputée descendante des anciens dynastes himyarites. Par contre, ses successeurs, al-Hadi (785-786) et le fameux Harun al-Rashid (786-809), étaient les fils d'une esclave d'origine inconnue. Lorsque Harun mourut, ses deux fils luttèrent pour lui succéder. Al-Amin (809-813), le perdant, était né d'une princesse abbasside; al-Ma'mun (813-817), le vainqueur, d'une concubine iranienne. Par la suite, la plupart des khalifes abbassides et des souverains musulmans qui leur succédèrent furent des fils d'esclaves presque toutes étrangères, et cette origine cessa définitivement d'être un obstacle ou un opprobre.

La naissance noble et le prestige tribal ayant perdu leur valeur, les tribus arabes qui avaient dominé la scène politique omeyyade furent réduites à l'insignifiance. Sous le nouveau régime, la puissance et la gloire dépendaient de la faveur des khalifes, et ceux-ci favorisèrent de plus en plus des hommes d'origine humble, et même étrangère. Les *mawali* acquirent enfin l'égalité qu'ils recherchaient depuis si longtemps. Le nom même et l'état de *mawla* perdirent leur signification, de même que la différence entre Arabes, demi-Arabes et non-Arabes. Ce changement ne fut pas immédiat et les Arabes gardèrent quelque temps d'importants privilèges : statut fiscal des terres, taux des soldes dans les forces armées et surtout prestige social persistant attaché à la naissance et à la descendance nobles dans la lignée mâle. Mais, dès la fin des cinq premières décennies de gouvernement abbasside, tous avaient disparu, à l'exception du dernier. A la place de l'arabisme, l'islam était devenu le passeport d'une nouvelle élite dirigeante, composée de fonctionnaires gouvernementaux, de soldats, de propriétaires, de marchands et d'une classe professionnelle croissante d'hommes de religion.

Le second changement immédiat et visible fut le transfert de la capitale de la Syrie à l'Irak, centre de gravité traditionnel des grands empires cosmopolites du Proche et du Moyen-Orient. Al-Saffah établit sa capitale dans la petite ville de Hashimiya qu'il fit bâtir près de Kufa, sur la rive est de l'Euphrate, afin d'y loger sa famille et ses gardes. Puis il se transporta à Anbar. Ce fut al-Mansur – fondateur véritable du régime, à plus d'un titre – qui établit la résidence permanente de la capitale abbasside dans une cité nouvelle située sur la rive gauche du Tigre, près des ruines de l'ancienne capitale partho-sassanide de Ctésiphon, dont les pierres furent employées pour la construction de la ville nouvelle. Son nom officiel était *Madinat al-Salam*, « la cité de la paix », mais elle devint universellement célèbre sous le nom du village persan qui occupait le site auparavant : *Baghdad*.

Al-Mansur choisit le site pour d'excellentes raisons pratiques, établissant la cité près d'un canal navigable qui reliait le Tigre et l'Euphrate, sur une position clef de carrefour pour toutes les routes commerciales qui se croisaient à cet endroit, y compris celle des Indes. Dans un passage révélateur sur cette fondation, l'historien et géographe du IXe siècle al-Ya'qubi rapporte comment al-Mansur s'arrêta dans le village de Baghdad, au cours de l'un de ses voyages, et dit :

« Cette île entre le Tigre à l'est et l'Euphrate à l'ouest est un lieu de marché pour le monde. Tous les navires qui remontent le Tigre depuis Wasit, Bassora, Ubulla, Ahwaz, le Fars, Oman, Yamama, le Bahreïn et au-delà, viendront et jetteront l'ancre ici. Les marchandises descendues par le Tigre depuis Mossoul, Diyar-Rabi'a, l'Azerbaïdjan et l'Arménie, et le long de l'Euphrate depuis Diyar-Mudar, Raqqa, la Syrie, les marais de la frontière, l'Egypte et l'Afrique du Nord, seront apportées et déchargées ici. Il y aura une grande route pour les gens de la montagne, d'Isfahan et des districts du Khorassan. Loué soit Dieu qui a préservé cela pour moi et qui a fait que tous mes prédécesseurs l'ont négligé. Au nom de Dieu, je le bâtirai. Puis j'y habiterai aussi longtemps que je vivrai et mes descendants y habiteront après moi. Ce sera assurément la ville du monde la plus florissante [1]. »

Le centre de Baghdad était la « ville ronde » de quelque trois kilomètres de diamètre, formant une sorte de citadelle dans laquelle se trouvaient le Khalife, les hauts fonctionnaires et la garde prétorienne du Khorassan que les Abbassides avaient amenée de l'est avec eux. Autour de la ville ronde se développa rapidement une immense métropole commerciale.

Les effets du transfert furent considérables. Le centre de gravité s'était déplacé de la Syrie méditerranéenne à la Mésopotamie continentale, riche vallée fluviale irriguée, à l'intersection de nombreuses routes commerciales. Cela symbolisait bien le passage d'un Etat de type byzantin à un empire de type moyen-oriental et de modèle traditionnel, dans lequel les anciennes influences de l'Orient – notamment de la Perse – jouèrent un rôle de plus en plus important.

1. Al-Ya'qubi, *Kitab al-Buldan*, éd. M. J. de Gœje, *Bibliotheca Geographorum Arabicorum*, VII (Leyde, 1892), p. 237-238.

Le changement de dynastie acheva, dans l'organisation de l'Etat, un processus d'évolution qui avait déjà débuté sous les Omeyyades. Naguère encore *sheikh* tribal gouvernant grâce au consentement révocable de la classe dirigeante arabe, le Khalife devint un autocrate revendiquant une origine divine pour son autorité. Celle-ci s'appuyait sur des forces armées régulières et s'exerçait par l'intermédiaire d'une bureaucratie salariée. A la cour des Abbassides, les chefs de tribus arabes furent remplacés par une hiérarchie de courtisans, de hauts fonctionnaires et plus tard aussi de commandants militaires. La nouvelle dignité du Khalife s'exprimait par de nouveaux titres et se marquait par un cérémonial beaucoup plus élaboré, sous l'influence des anciens usages sassanides qu'avaient fait connaître les fonctionnaires islamisés originaires de Perse. Alors que les premiers khalifes avaient été des Arabes comme les autres, que tout homme pouvait approcher et appeler par leur nom, les Abbassides s'entourèrent de la pompe cérémonielle d'une étiquette strictement réglementée; on ne pouvait les approcher que par l'intermédiaire d'une cascade de chambellans. En principe, le Khalife restait soumis aux règles de la *Shari'a*, la Sainte Loi de l'islam. En pratique, ce contrôle de son autorité n'avait qu'une portée limitée, puisqu'il n'existait aucun autre recours que la révolte pour contester ce pouvoir absolu. Le khalifat abbasside était ainsi une autocratie appuyée sur la force militaire et revendiquant une autorité de droit divin. Les Abbassides furent plus puissants que les Omeyyades, car ils ne dépendaient pas du soutien des Arabes et pouvaient donc gouverner par la force plutôt que par la persuasion. D'un autre côté, ils étaient plus faibles que les anciens despotes orientaux, parce qu'ils manquaient du soutien d'une caste féodale constituée et d'un clergé bien établi.

L'administration abbasside était en fait le développement de celle des derniers Omeyyades et al-Mansur reconnut ouvertement la grandeur de sa dette à l'égard du khalife Hisham pour l'organisation de l'Etat. L'influence de l'ancien ordre sassanide se fit de plus en plus sentir : une bonne partie des usages abbassides étaient une imitation délibérée des coutumes sassanides, transmises par les fonctionnaires d'origine iranienne et par la littérature survivante de cette période. L'administration ne fut plus fondée sur le privilège exclusif d'une seule nation : son immense personnel se recruta de plus en plus chez les *mawali* ; il jouissait d'un haut statut social. Cette administration était organisée en une série de *diwan*, ou ministères : Chancellerie, Armée, Sceau, Finances, Postes et Sûreté, etc. Les nuées de fonctionnaires employés dans ces *diwan* étaient sous le contrôle suprême du vizir (*wazir*, en arabe). Cette fonction était une nouveauté introduite par les Abbassides et peut-être d'origine persane. Le vizir était le chef de toute la machine administrative et jouissait d'un immense pouvoir en tant que chef de l'exécutif, immédiatement après le khalife. L'un des premiers vizirs fut un Iranien d'Asie centrale récemment islamisé, Khalid al-Barmaki, et le poste fut occupé ensuite par plusieurs membres successifs de la même famille des Barmakides, jusqu'à leur destitution par Harun al-Rashid, en 803.

Dans les provinces, l'autorité était exercée conjointement par l'*Emir*, ou gouverneur, et par l'*'Amil*, ou surintendant des Finances, chacun ayant son propre état-major et ses propres troupes avec une certaine marge d'autonomie, mais sous la surveillance générale du Maître des Postes, à qui il incombait d'envoyer des rapports directs sur les événements au *diwan* des Postes et de la Sûreté, à Baghdad. De cette manière, le gouvernement central maintenait une sorte de séparation des pouvoirs dans l'administration provinciale et il fut en mesure – aussi longtemps que le système dura – d'anticiper et de prévenir les tendances régionales à l'autonomie ou à la sécession.

Dans l'armée, la milice arabe perdit de son importance et les pensions payées aux Arabes furent progressivement suspendues, à l'exception de celles des soldats réguliers. L'armée consistait maintenant en troupes payées, formées de soldats réguliers employés à plein temps et de volontaires recrutés pour la durée des campagnes. Le noyau était fait des gardes du Khorassan, élite prétorienne dévouée au nouveau régime. On maintint pendant un temps une troupe appelée *'Arab ad-Dawla,* (« les Arabes de la Dynastie »), composée d'Arabes loyaux au nouveau régime, mais qui perdit rapidement son importance. L'armée finit par être formée en majorité d'esclaves spécialement entraînés, la plupart d'entre eux étant des Turcs originaires d'Asie centrale. Ils étaient connus sous le nom de *mamelouks* (littéralement, « possédés », c'est-à-dire esclaves). Avec le temps, ce mot se spécialisa pour désigner les esclaves soldats employés par de nombreux monarques musulmans, tandis que le mot *'abd* désignait les esclaves domestiques et les ouvriers. De plus en plus, les premiers furent d'origine turque, les seconds d'origine africaine.

Les Abbassides étaient venus au pouvoir portés par un mouvement religieux : ils cherchèrent à garder le soutien populaire en accentuant cet aspect de leur autorité. On relève chez les premiers khalifes de la nouvelle dynastie une révérence persistante aux chefs et aux juristes religieux et une insistance – au moins publique – à observer les usages canoniques de la religion. Selon les mots d'un historien arabe plus tardif, « cette dynastie gouvernait le monde grâce à un mélange politique de religion et de royauté : les meilleurs et les plus religieux des hommes lui obéissaient par religion et le reste lui obéissait par crainte [1] ». L'organisation religieuse remplissait le vide laissé par la disparition de l'unité nationale arabe et servait de ciment entre les divers éléments ethniques et sociaux de la population. L'accentuation ostentatoire du caractère religieux de la société et du gouvernement conduisit à de fréquentes accusations d'hypocrisie et à ce vœu formulé par un poète : « Puisse la tyrannie des fils de Marwan nous revenir, puisse l'équité des fils d''Abbas aller au diable ! [2] »

La venue au pouvoir des Abbassides s'accompagna de changements économiques importants dont nous avons des témoignages manifestes. L'empire disposait de riches ressources. Le blé, l'orge et le riz – dans cet ordre – étaient les principales productions des grandes vallées irriguées,

1. Ibn al-Tiqtaqa, *Al-Fakhri,* Le Caire, A.H. 1317, p. 20-21.
2. Abu'l-Faraj al-Isfahani, *Al-Aghani,* Bulaq, A.H. 1285, XVI, p. 84.

cependant que les dattes et les olives fournissaient d'importants compléments de nourriture. La canne à sucre et le coton, tous deux venus d'un Orient plus lointain, étaient largement cultivés dans le Moyen-Orient; les Arabes les introduisirent en Afrique du Nord, puis dans leurs possessions européennes. L'empire était également bien fourni en métaux. L'argent venait des provinces orientales, spécialement de l'Hindou Koush où, selon une source du xe siècle, dix mille mineurs étaient employés par une entreprise privée selon des méthodes « capitalistes ». L'or était importé de l'ouest, spécialement de Nubie et du Soudan; le cuivre du voisinage d'Isfahan, où les mines payaient au ixe siècle une taxe de cinq mille dirhams; le fer d'Iran, d'Asie centrale et de Sicile. On trouvait des pierres précieuses dans plusieurs régions de l'empire, et des perles dans les riches pêcheries du golfe Persique. Le bois manquait dans les provinces occidentales, mais il était disponible en petite quantité à l'est; un commerce actif d'importations apportait les marchandises venues de l'Inde et d'au-delà.

Les Abbassides entreprirent d'importants travaux d'irrigation, agrandissant les surfaces cultivées et drainant les marais; les historiens mentionnent alors de hauts rendements agricoles. La position de la paysannerie semble s'être améliorée avec le changement de pouvoir : elle avait un statut moins mauvais et un système plus équitable de fixation des redevances, fondé sur un pourcentage des récoltes et non sur un chiffre fixe, comme auparavant. Il reste que le niveau technologique de l'agriculture – tout comme celui de l'industrie – montrèrent remarquablement peu d'améliorations durant la période du pouvoir islamique. Le statut social de la paysannerie restait malgré tout au-dessous du médiocre et il s'aggrava progressivement par suite des spéculations des riches marchands et des propriétaires, et de l'introduction du travail servile dans les grandes propriétés, ce qui contribua à dégrader la position sociale et économique des travailleurs libres. La loi et la coutume musulmanes, sans attaquer l'institution en elle-même, défendaient de réduire des personnes libres en esclavage – musulmans ou non-musulmans – sur les terres islamiques. La population esclave ne pouvait donc se constituer et se reproduire que par le jeu des naissances (les enfants d'esclaves, quelle que fût leur origine, naissaient esclaves) ou par l'importation d'esclaves venus d'au-delà des frontières de l'Islam. Durant les premiers temps, la progression rapide des conquêtes fournit des esclaves en grand nombre; puis la progressive stabilisation des frontières tarit cette source d'approvisionnement. Le renouvellement interne par les naissances étant alors insuffisant à satisfaire les besoins de la société, il fallut donc importer des esclaves de l'étranger, sous forme de tributs ou d'achats. Cela conduisit aussi à multiplier les razzias et le commerce d'esclaves sur les frontières, en Europe, en Asie et par-dessus tout en Afrique.

Une encyclopédie musulmane médiévale divise l'industrie et l'artisanat en deux groupes : un groupe primaire, produisant les biens indispensables, et un groupe secondaire, produisant les marchandises de luxe. Le premier groupe se subdivisait en nourriture, abri et habillement. Le dernier nommé était de loin le secteur le plus développé dans l'empire islamique. L'industrie la plus importante, aussi bien par le nombre des gens employés que par le volume de la production, était celle des textiles, née sous les Omeyyades et en expansion rapide. On produisait toutes sortes de textiles, pour la consommation locale comme pour l'exportation : pièces de tissu et vêtements, tapis et kilims, tentures et coussins, etc. La toile était confectionnée en Egypte, où les coptes jouaient un rôle essentiel dans trois centres principaux (Damiette, Tinnis et Alexandrie). Le coton, venu de l'Inde, fut vite cultivé dans l'est de l'Iran, avant de se répandre jusqu'en Espagne. La manufacture de la soie, héritage des Sassanides et de Byzance, se faisait essentiellement dans les provinces iraniennes du Gorgan et du Séistan. On fabriquait partout des tapis, mais ceux du Tabaristan et d'Arménie étaient considérés comme les meilleurs. L'industrie était partiellement sous le contrôle de l'Etat, partiellement aux mains des entrepreneurs privés. Depuis la fin de l'époque omeyyade, le gouvernement avait entretenu des ateliers et des centres manufacturiers pour la production de *tiraz*, tissu utilisé pour vêtir les souverains et pour confectionner les vêtements d'apparat accordés comme marques d'honneur aux hauts fonctionnaires et aux commandants des armées. Le reste de la production usuelle se faisait à la maison. Les artisans ne pouvaient vendre qu'aux agents de l'Etat ou aux entrepreneurs qui les finançaient. Dans certains cas, ils recevaient un salaire : dans l'Egypte du IXe siècle, celui-ci était d'un demi-dirham par jour.

Selon la tradition, la Chine a inventé le papier en 105 av. J.-C. En 751, les Arabes remportèrent une victoire sur une armée chinoise, à l'est du Syr-Darya ; parmi leurs prisonniers se trouvaient quelques fabricants de papier, qui apportèrent et enseignèrent cet artisanat dans le monde islamique. Sous Harun al-Rashid, l'usage du papier fut introduit en Irak. Bien qu'il se répandît rapidement, atteignant l'Egypte en 800 et l'Espagne en 900, sa fabrication resta d'abord confinée aux provinces orientales, où il était apparu pour la première fois. A partir du Xe siècle, on en fabriqua aussi en Irak, en Syrie, en Egypte et même en Arabie ; des papeteries fonctionnèrent bientôt en Afrique du Nord et en Espagne. On relève, parmi les centres les plus connus, Samarkande, Baghdad, Damas, Tibériade, Hama, Tripoli de Syrie, le Caire, Fès du Maroc et Valence d'Espagne. L'introduction du papier et la diffusion rapide de sa fabrication et de son usage affectèrent la société moyen-orientale de multiples façons. En rendant possible la production rapide de livres moins chers, son impact intellectuel et culturel fut comparable – à moindre échelle – à celui de l'imprimerie, quelques siècles plus tard, en Occident. En facilitant et en encourageant la correspondance et l'enregistrement des données, il entraîna une sophistication et une complexité croissantes dans le domaine des activités commerciales et bancaires, tout comme dans la bureaucratie administrative. On rapporte que le khalife Harun al-Rashid donna des ordres afin que l'on utilisât systématiquement du papier dans les bureaux officiels : lorsque quelque chose avait été écrit sur ce support, on ne pouvait ni l'ôter ni l'altérer sans que cela ne se vît.

Parmi les autres industries, mentionnons la céramique, le travail des métaux, la fabrication de savon et de parfum.

Les ressources de l'empire et le commerce de transit entre l'Europe et l'Orient rendirent possible un développement commercial extensif, auquel contribuèrent le rétablissement de l'ordre et de la sécurité à l'intérieur des frontières, ainsi que des relations paisibles avec les pays voisins, au lieu des incessantes guerres de conquête des Omeyyades.

Les relations commerciales de l'empire islamique étaient de vaste ampleur. Depuis les ports du golfe Persique (Siraf, Bassora et Ubulla) et de la mer Rouge (Aden et quelques autres), les marchands musulmans ralliaient l'Inde, Ceylan, les Indes orientales et la Chine; ils en rapportaient des soieries, des épices, des aromates, du bois, de l'étain et bien d'autres marchandises, à la fois pour la consommation intérieure et pour la réexportation. D'autres routes – terrestres cette fois – conduisaient vers l'Inde et la Chine *via* l'Asie centrale. Une source [1] énumère les multiples marchandises précieuses importées de Chine : aromates, soieries, céramiques, papier, encre, paons, chevaux rapides, sellerie, feutre, cinnamome et autres épices. De l'empire byzantin arrivaient les vaisselles d'or et d'argent, les monnaies d'or, les drogues, les brocarts, les femmes esclaves, les bijoux, les serrures ouvragées, les ingénieurs hydrauliciens, les agronomes, les marbristes et les eunuques. L'Inde envoyait des tigres, des panthères, des éléphants, des fourrures de félin, des rubis, du bois de santal, de l'ébène et des noix de coco. Les manuels de navigation musulmans montrent clairement que les navigateurs arabes étaient chez eux dans les mers orientales. Des commerçants musulmans étaient établis en Chine dès le VIIIe siècle.

En Scandinavie et spécialement en Suède, des trésors de milliers de pièces musulmanes ont été retrouvés : ces pièces s'échelonnent entre la fin du VIIe et le XIe siècle. De

1. Al-Djahiz (attr. à), *Al-Tabassur bi'l-tijara* 1354, éd. Hasan Husni 'Abd al-Wahhab, Le Caire, 1935.

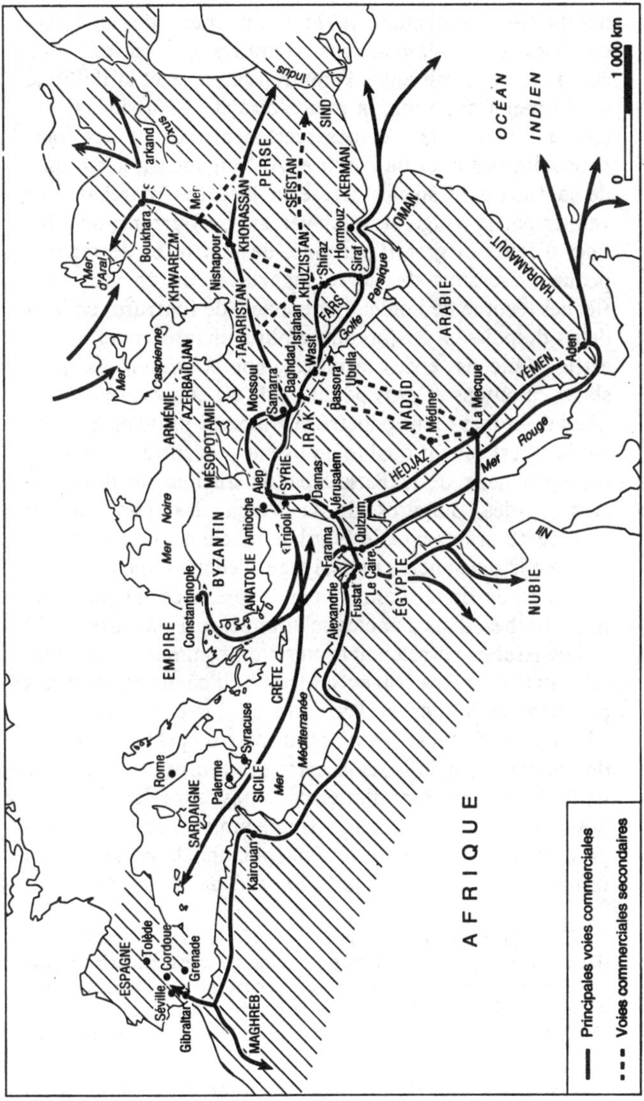

Etendue et principales routes commerciales de l'empire islamique

nombreuses trouvailles le long du cours de la Volga confirment les témoignages littéraires qui parlent d'un commerce extensif entre l'empire islamique et la Baltique *via* la mer Caspienne, la mer Noire et la Russie. De ces pays nordiques, les Arabes recevaient surtout des fourrures, des peaux et de l'ambre. Al-Muqaddasi, géographe de la fin du xe siècle, dresse la liste des marchandises venues par la Volga et le Khwarezm : « fourrures de zibeline, d'écureuil gris, d'hermine, de martre et de renard; peaux de castor, de lièvre tacheté et de chèvre; cire, flèches, écorce de bouleau et bonnets de fourrure; colle et dents de poisson, castoreum, ambre, chagrin, miel et noisettes; faucons, épées, armures, bois *khalandj*, esclaves slaves, moutons et gros bétail [1]. » Il est peu vraisemblable que les Arabes aient pénétré eux-mêmes jusqu'en Scandinavie; il est plus probable qu'ils ont rencontré les peuples septentrionaux de la Russie par le truchement des Khazars et des Bulgares de la Volga. L'importance du commerce arabe avec le Nord se révèle également par le fait que le plus ancien monnayage suédois connu est fondé sur le poids du dirham et par la présence de plusieurs mots arabes dans l'ancienne littérature islandaise.

Les Arabes entretenaient aussi un commerce continental suivi et extensif avec l'Afrique, d'où ils importaient principalement l'or et les esclaves. Le commerce avec l'Europe de l'Ouest fut d'abord interrompu par la vague de conquêtes, puis – selon certaines sources – repris par les Juifs qui servirent d'intermédiaires entre deux mondes hostiles. Dans un passage fréquemment cité [2], le géographe du IXe siècle Ibn Khurradadhbeh parle en ces termes des marchands juifs du sud de la France :

« [...] qui parlent l'arabe, le persan, le grec, le franc, l'espagnol et le slavon. Ils voyagent d'ouest en est et d'est en ouest, par terre et par mer. Ils apportent de l'Occident des eunuques, des esclaves femelles, de jeunes garçons, du brocart, des peaux de castor, des fourrures de zibeline et d'autres animaux, et des épées. Ils partent du pays des

1. Al-Muqaddasi, *Ahsan al-taqasim*, éd. M. J. de Gœje, Leyde, 1906, p. 324-325.
2. Ibn Khurradadhbeh, *Kitab al-Masalik wa'l-mamalik*, éd. M. J. de Gœje, Leyde, 1889, p. 153.

Francs, en Méditerranée occidentale, et débarquent à Farama, d'où ils emportent leurs marchandises à dos de chameaux jusqu'à Qulzum, à une distance de vingt-cinq parasanges. Puis ils cinglent sur la mer Orientale [la mer Rouge] de Qulzum à Al-Djar et Djedda, et de là vers le Sind, l'Inde et la Chine. De Chine, ils rapportent du musc, de l'aloès, du camphre, de la cinnamome et d'autres marchandises de là-bas, et retournent à Qulzum. Puis ils acheminent le tout à Farama et repartent par bateau sur la mer Occidentale. Certains naviguent avec leurs marchandises jusqu'à Constantinople et les vendent aux Grecs ; d'autres les emportent jusque chez le roi des Francs et les vendent là-bas.

Parfois, ils rapportent des marchandises du pays des Francs à travers la mer Occidentale et les débarquent à Antioche. De là, trois jours de marche les mènent à Al-Djabiya, d'où ils descendent l'Euphrate jusqu'à Baghdad, puis le Tigre jusqu'à Ubulla, et d'Ubulla ils gagnent Oman, le Sind, l'Inde et la Chine [...]. »

Si l'industrie recevait l'appui de l'Etat, surtout pour des raisons fiscales, le commerce n'était pas aidé de la même manière ; même dans l'entretien des routes et des pistes, l'Etat semble avoir fait assez peu pour promouvoir le commerce. Les marchands étaient contraints de mener une lutte constante contre une bureaucratie envahissante. L'action économique de l'Etat se limita d'abord à l'interdiction générale – souvent peu effective – de toute spéculation sur les marchandises de première nécessité : un fonctionnaire religieux, le *muhtasib,* avait pour tâche de surveiller les marchés et de contrôler la bonne qualité des marchandises et de la fabrication artisanale, ainsi que l'utilisation de poids exacts. A une date tardive, l'Etat intervint plus directement dans le commerce, essayant même de s'y immiscer et de monopoliser certaines marchandises.

Au IXe siècle, la croissance du commerce et de l'entreprise à grande échelle donna naissance au développement de la banque. L'économie de l'empire islamique avait été bimétallique depuis le début, le dirham d'argent des Perses circulant dans les provinces orientales et le denier d'or byzantin (du latin *denarius,* d'où l'arabe *dinar*) à l'ouest. Ces monnaies furent maintenues par le khalifat, avec un poids standard de 2,97 grammes pour le dirham et de 4,25 grammes pour le dinar. En dépit de maintes tentatives pour stabiliser la valeur relative de ces deux monnaies, celle-ci fluctuait en fait en fonction des prix du métal de leur composition et le *sarraf* (ou changeur) devint vite un élément essentiel de tout marché musulman. Au IXe siècle, il se transforma en banquier, soutenu par de riches marchands détenteurs de capitaux à investir. On connaît alors des banques dont le centre est à Baghdad, avec des « succursales » dans les autres villes de l'empire, dotées d'un système élaboré de « chèques », de lettres de crédit, etc. : il était possible, par exemple, d'émettre un chèque à Baghdad et de l'encaisser au Maroc. A Bassora, centre principal du commerce florissant avec l'Orient, on disait que chaque marchand avait son compte en banque et que les paiements du bazar ne se faisaient qu'en chèques, jamais en liquide. Au Xe siècle, on trouve dans la capitale des banques gouvernementales portant le titre de « Banquiers de la Présence », qui avançaient au gouvernement les sommes d'argent nécessaires pour les dépenses administratives, en échange de la ferme des impôts à collecter. L'usure étant interdite aux musulmans par la Loi, la plupart des banquiers étaient des juifs et des chrétiens. On connaît cependant quelques banquiers musulmans : certaines écoles d'interprétation de la Loi estimaient qu'un taux d'intérêt raisonnable ne pouvait passer religieusement pour de l'usure.

La vie commerciale florissante de l'époque se reflète dans sa pensée et sa littérature, où l'on voit le marchand honnête élevé à la hauteur d'un type éthique idéal. On attribue au Prophète certaines *hadith* telles que [1] : « Au jour du Jugement, le marchand musulman honnête et véridique prendra rang parmi les martyrs de la foi »; « Le marchand honnête sera assis à l'ombre du trône de Dieu au jour du Jugement »; « Les marchands sont les messagers du monde et les fidèles serviteurs de Dieu sur la terre ». Un autre *hadith* exprime même une théorie économique plutôt moderne : « Seul Dieu peut fixer les prix ». On attribue très improbablement au khalife 'Umar Ier la déclaration suivante : « Il n'existe aucun endroit où j'aimerais davantage être surpris par la mort que sur le marché, achetant et vendant pour ma famille. » Dans un essai inti-

1. Ibn Qadikhan al-Muttaqi, *Kanz al-ummal*, Hyderabad, 1313 (1895-1896), II, p. 4084, 4086 et 4112.

tulé *L'Éloge des marchands et la condamnation des fonctionnaires,* l'écrivain al-Djahiz remarque que l'approbation par Dieu du mode de vie des marchands est prouvée par Son choix de la communauté des Qurayshites pour y manifester la gloire de Son Prophète. La littérature de l'époque comporte maintes évocations de l'honnêteté du marchand idéal et de multiples conseils sur l'investissement de l'argent dans des entreprises commerciales. On y relève certains principes : ne pas mettre de l'argent dans des affaires peu demandées comme les bijoux qui ne sont recherchés que par les plus riches, ou les livres qui ne sont appréciés que par les savants, peu nombreux et désargentés de toute façon. Cette maxime particulière émane assurément d'un écrivain à l'expérience toute théorique, puisque tous les témoignages concordent pour montrer que c'étaient précisément les marchands de produits de luxe, bijouterie et fins tissus de lin, qui étaient les plus riches et les plus respectés.

Tous ces changements économiques entraînèrent des changements sociaux correspondants et de nouveaux types de relation entre les diverses composantes ethniques et sociales de la population. La caste des Arabes guerriers était désormais dépossédée : elle avait perdu les distributions du Trésor public et ses autres privilèges. A dater de cette époque, les chroniqueurs arabes ne parlent plus que rarement de leurs querelles tribales. Cela ne signifie nullement que celles-ci aient perdu de leur violence, puisqu'au XIXe siècle encore, on retrouve les descendants des Qays et des Kalb s'agressant mutuellement en Syrie. Cela signifie plutôt que l'aristocratie tribale arabe avait perdu tout pouvoir d'intervenir dans les affaires publiques et d'en influencer le cours : ses querelles et ses chamailleries n'avaient plus aucune importance réelle. Les gens des tribus commencèrent alors à quitter les *amsar,* certains retournant au nomadisme qu'ils n'avaient jamais vraiment abandonné, d'autres s'établissant sur leurs terres. La ville islamique changea de caractère : naguère ville de garnison pour une armée d'occupation en province conquise, elle devint un lieu de marché et de transactions, où les marchands et les artisans commencèrent à s'organiser eux-mêmes en corporations d'aide et de défense.

Pourtant, si les Arabes avaient perdu leur suprématie, ils conservaient toujours une certaine supériorité théorique. Le Coran était quand même écrit en arabe et la religion avait bien été fondée par un prophète arabe en Arabie. A défaut de l'ensemble du gouvernement, la dynastie restait arabe, au moins dans la lignée mâle, et s'enorgueillissait de son « arabité ». L'arabe resta longtemps la seule langue de gouvernement et de culture ; même lorsque les autres langues de l'empire – le persan, le turc et d'autres langues islamiques – le concurrencèrent dans ce domaine, il resta la langue de la théologie et de la jurisprudence. La supériorité théorique des Arabes était affirmée et ce phénomène conduisit à l'apparition du mouvement *Shu'ubiya* dans les cercles intellectuels et littéraires : il promouvait les revendications des non-Arabes à l'égalité de statut dans ce domaine.

Mais un changement important s'installait dans la signification même du mot « arabe ». A compter de cette époque, les Arabes cessèrent d'être une caste héréditaire fermée pour devenir un peuple, prêt à accepter tout musulman parlant arabe comme l'un des siens, par une sorte de « naturalisation ». L'émancipation sociale des *mawali* prit la forme de leur pleine reconnaissance en tant qu'Arabes ; même la garde prétorienne des khalifes, venue du Khorassan, fut entièrement « arabisée ». A l'ouest de l'Iran, le processus d'arabisation fut favorisé par l'installation sur place des Arabes démobilisés et par la prédominance de l'arabe dans les villes, puis dans les campagnes environnantes. Son développement est bien illustré par la première révolte commune des Arabes et des coptes en Egypte, en 831. Pour finir, les chrétiens et les juifs d'Irak, de Syrie, d'Egypte et d'Afrique du Nord se mirent eux aussi à utiliser l'arabe et le mot « arabe » lui-même commença d'être limité aux nomades dans l'usage des Arabes de pure souche.

Au lieu de l'aristocratie des conquérants, l'empire eut de nouvelles classes supérieures, formées des gens riches et des gens cultivés, les premiers possédant souvent d'énormes richesses en argent et en propriétés. On faisait fortune en occupant des postes officiels qui non seulement étaient somptueusement rémunérés, mais offraient de surcroît des occasions illimitées de s'enrichir parallèlement par les activités commerciales et bancaires, la spéculation et l'exploitation des terres par le biais de la ferme des impôts. Un auteur cite par exemple le cas d'un jeune homme d'une famille de hauts fonctionnaires investissant la fortune de 40 000 dinars dont il vient d'hériter : 1 000 vont à la reconstruction de la maison dégradée de son père ; 7 000 sont consacrés au mobilier, aux vêtements, aux femmes esclaves et autres agréments de la vie ; 2 000 sont investis chez un marchand de confiance pour faire du commerce en son nom ; 10 000 sont mis en lieu sûr pour les coups durs et les 20 000 restants servent à acheter une propriété, afin de vivre désormais de ses revenus.

Il faut dire un mot des *dhimmis,* les sujets non musulmans de l'empire. Le statut qui leur était réservé a été parfois idéalisé par des ouvrages apologétiques : ceux-ci ont magnifié la tolérance – indubitable – des gouvernements musulmans, pour en faire une égalité de droits complète. Ceci est naturellement une revendication moderne, dépourvue de sens pour les périodes anciennes : l'octroi de droits égaux accordés aux croyants et aux non-croyants aurait alors passé non pour un mérite, mais pour une trahison du devoir. Les *dhimmis* étaient bien contents de beaucoup moins. Ils étaient en fait des citoyens de seconde classe, soumis à des discriminations à la fois fiscales et sociales ; en de très rares occasions, ils furent même exposés à des persécutions ouvertes. Pourtant, leur position était infiniment supérieure à celles des communautés en marge de l'Eglise établie, dans l'Europe occidentale de la même époque. Ils jouissaient du libre exercice de leur culte et de droits de propriété normaux ; ils étaient fréquemment employés au service de l'Etat, quoique rarement dans les plus hautes fonctions. Ils étaient admis dans les corporations artisanales, dans certaines desquelles ils finirent par prédominer. Ils n'eurent que rarement à subir le martyre ou l'exil en raison de leur croyance.

Les premiers signes de déclin dans cette imposante civilisation se manifestèrent dans la structure de l'unité poli-

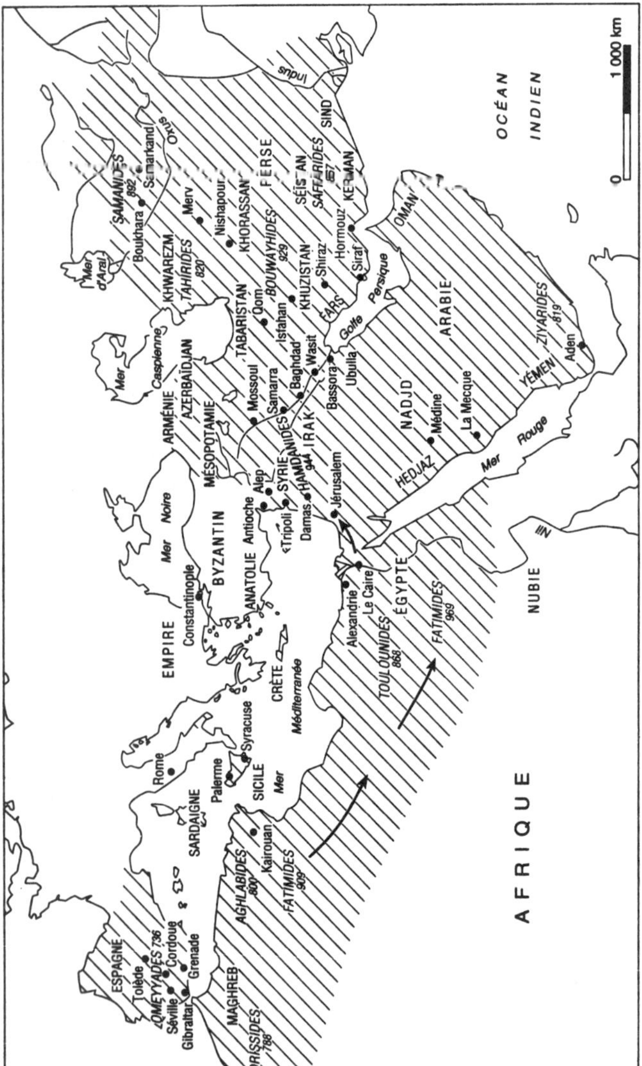

L'éclatement de l'unité politique aux IXe et Xe siècles

tique. L'empire édifié par al-Mansur parut solide, malgré quelques mouvements de rébellion, jusqu'au règne de Harun al-Rashid (786-809), qui marque à plus d'un titre l'apogée de la puissance abbasside. Les premiers khalifes de cette dynastie avaient maintenu l'alliance avec l'aile iranienne aristocratique du mouvement qui les avait portés au pouvoir; grâce à une véritable dynastie de vizirs, la famille noble iranienne des Barmakides avait joué un rôle central dans le gouvernement de l'empire. Du vivant de Harun se produisirent des troubles, d'origine et de circonstances obscures, qui culminèrent avec l'effondrement de la maison des Barmakides : ces derniers perdirent leur pouvoir, leurs richesses et même leur vie (pour certains d'entre eux).

Après la mort de Harun, les conflits latents éclatèrent en guerre civile ouverte entre ses fils al-Amin et al-Ma'mun. Les soutiens du premier étaient surtout dans la capitale et en Irak, ceux du second en Perse; aussi cette guerre a-t-elle été interprétée, sur des témoignages douteux, comme un conflit national entre Arabes et Iraniens, qui se termina par la victoire des seconds. Il s'agissait probablement, en fait, de la prolongation des conflits sociaux de la période immédiatement précédente, associée à un différend régional – plutôt que national – entre l'Iran et l'Irak. Al-Ma'mun, essentiellement soutenu par les provinces orientales, songea un moment à transférer la capitale de Baghdad à Merv, dans le Khorassan : cette menace sur la position vitale de leur ville et sur son existence même rallia massivement le peuple de Baghdad autour de la défense d'al-Amin contre son concurrent. Al-Ma'mun finit toutefois par remporter la victoire, mais il eut la sagesse de garder Baghdad comme capitale et point de convergence des grandes routes commerciales.

A la suite de ce conflit d'héritiers, les aspirations aristocratiques et régionales des Iraniens trouvèrent un exutoire dans la création de dynasties locales. En 820, un général iranien au service d'al-Ma'mun, du nom de Tahir, réussit à devenir indépendant dans l'est de l'Iran où il établit un gouvernorat héréditaire pour sa propre famille. D'autres dynasties iraniennes – celle des Saffarides, en 867 et celle des Samanides, en 892 environ – s'établirent dans d'autres parties du pays. Ces régimes locaux étaient de caractères très différents. La principauté des Tahirides était l'œuvre d'un militaire ambitieux, qui s'était taillé une province à son usage, tout en restant dans le cadre général de la civilisation arabo-islamique. Les Saffarides incarnaient plutôt l'émergence d'un mouvement populaire, tandis qu'avec les Samanides, l'ancienne aristocratie iranienne revenait au pouvoir et retrouvait la jouissance de ses anciens privilèges.

A l'ouest, l'éclatement politique commença encore plus tôt. Le transfert de la capitale vers l'est avait entraîné une perte d'intérêt et finalement de contrôle pour les provinces occidentales. L'Espagne en 756, le Maroc en 788 et la Tunisie en 800 devinrent virtuellement indépendantes, sous la direction de dynasties locales. L'Egypte fit sécession en 868, lorsque le gouverneur Ahmad ibn Tulun – un esclave turc envoyé de Baghdad – réussit à se rendre indépendant et étendit rapidement sa domination à la Syrie. La chute des Toulounides fut suivie de l'avènement d'une autre dynastie, de même origine turque.

L'apparition d'un centre indépendant en Egypte, qui dominait souvent la Syrie, créa un nouveau *no man's land* entre la Syrie et l'Irak; cela permit aux tribus du désert syrien et de ses lisières de retrouver l'indépendance perdue après la chute des Omeyyades. A certains moments, ils réussirent même à étendre leur contrôle sur les peuples sédentaires de Syrie et de Mésopotamie, s'emparant de certaines villes et les occupant durant les intervalles de faiblesse militaire ou de discordes politiques. Ils établirent alors de brèves et brillantes dynasties bédouines, comme celle des Hamdanides de Mossoul et d'Alep, au xe siècle. Très rapidement, le khalife n'eut plus de contrôle direct que sur le seul Irak; pour le reste de l'empire, il dut se contenter de tributs occasionnels et d'une reconnaissance nominale par les dynasties locales, sous la forme d'une mention dans la prière officielle du vendredi et d'inscriptions sur le monnayage.

Aussi longtemps que Baghdad garda le contrôle des routes commerciales essentielles qui y convergeaient, l'éclatement politique n'empêcha pas l'expansion de la vie économique et culturelle; il semble même l'avoir favorisée d'une certaine manière. Mais des évolutions plus dangereuses se manifestèrent bientôt et l'autorité du khalife chancela dans la capitale elle-même. Le luxe excessif de la cour et le poids écrasant de la bureaucratie entraînèrent des désordres financiers et un manque généralisé d'argent, aggravé par le tarissement ou la perte de sources d'approvisionnement en métal précieux, du fait des prises d'indépendance ou des invasions.

Les khalifes trouvèrent un remède provisoire en concédant à ferme les revenus de l'Etat, avec les gouverneurs locaux dans le rôle de « fermiers généraux » : leur tâche était de procurer une somme convenue au gouvernement central et d'assurer sur place l'entretien des troupes et des fonctionnaires locaux. Ces « gouverneurs-fermiers généraux » devinrent rapidement les véritables dirigeants de l'empire, d'autant plus qu'ils étaient aussi les commandants des diverses armées locales. A dater du règne d'al-Mu'tasim (833-842) et d'al-Wathiq (842-847), les khalifes perdirent progressivement le contrôle sur leurs propres commandants d'armée et sur leur garde prétorienne, qui furent souvent en mesure de les nommer et de les déposer à leur gré. Celle-ci comme ceux-là se recrutaient de plus en plus chez les Turcs mamelouks. En l'année 935, le poste d'*Amir al-Umara'*, ou « commandant des commandants », fut créé pour indiquer la primauté du commandant de la capitale sur tous les autres. Finalement, en 945, la famille iranienne des Bouwayhides – qui avait déjà établi son indépendance virtuelle dans l'ouest de l'Iran – envahit la capitale et détruisit les derniers vestiges de l'indépendance des khalifes. A de rares intervalles près, ceux-ci furent désormais à la merci d'une succession de « maires du palais », d'origine iranienne ou turque pour la plupart, qui gouvernaient en s'appuyant sur les forces armées qu'ils commandaient. Bien qu'il gardât le statut et la dignité officielle de souverain suprême de l'Islam, avec le titre orgueilleux d'*Amir al-Mu'minin* (« Commandeur des Croyants ») qui symbolisait sa souveraineté sur l'Eglise et sur l'Etat, le Khalife avait perdu tout pouvoir réel. Lorsqu'il investissait de ses fonctions un commandant militaire ou un gouverneur de province, cette investiture « souveraine » n'était plus que la simple reconnaissance après coup d'une situation acquise *de facto* hors de son contrôle.

CHAPITRE VI

LA RÉVOLTE DE L'ISLAM

> « Et une heure, je suis descendu dans le mouvement d'un boulevard de Bagdad où des compagnies ont chanté la joie du travail nouveau [...] »
>
> Rimbaud, *Les Illuminations*

Le rapide développement économique du Proche et du Moyen-Orient, au Moyen Age, soumit le tissu social de l'empire à toute une série de tensions et de pressions dangereuses, déclenchant de nombreux mouvements de mécontentement et des rébellions ouvertes contre l'ordre établi. Divers dans leurs origines et dans leurs vicissitudes, comme par la composition de leurs partisans, ces mouvements ont tous une caractéristique commune : leur expression presque obligatoirement religieuse. A chaque fois qu'une contestation ou un conflit d'intérêts a créé une faction dans l'islam, sa doctrine était une théologie, son instrument une secte, son agent un missionnaire, son chef un messie prétendu (ou son représentant). Toutefois, décrire ces hérésies religieuses à base de revendications sociales comme des « oripeaux » ou des « masques » sous lesquels des intrigants auraient caché leurs véritables desseins personnels pour attirer les gens sincèrement pieux équivaudrait à déformer l'histoire. L'Etat islamique, né de la communauté dirigée par Mahomet à Médine et modelé par les anciennes monarchies orientales de droit divin, était théoriquement – comme dans la conception courante – une théocratie dans laquelle Dieu était la seule référence du pouvoir et de la Loi; le souverain était Son vice-régent sur la terre. La foi était le credo officiel de l'ordre établi; le culte, le symbole extérieur et manifeste de son identité et de sa cohésion; s'y conformer – même de manière purement superficielle – était donner le gage de sa loyauté au système. L'orthodoxie signifiait l'acceptation de l'ordre existant; la critiquer ou la rejeter était le fait des hérésiarques ou des apostats.

Dans une société ainsi constituée, l'Eglise et l'Etat étaient inextricablement mêlés dans la structure du gouvernement comme dans les esprits et dans les cœurs; la religion et les controverses religieuses y ont joué le rôle que la politique joue dans le monde moderne. Tous les mouvements ou presque, quelle que fût leur origine, ne cherchaient pas dans la religion un masque, mais bien l'expression nécessaire et organique – en termes de société et de publicité – des ambitions et des mécontentements qui les avaient fomentés. Il y eut, naturellement, des exceptions : coups d'Etat et soulèvements militaires dans les moments de faiblesse du pouvoir, révoltes paysannes et émeutes urbaines en période de difficultés économiques. Mais la plupart de ces mouvements furent sporadiques et inorganisés, limités au moment, au lieu et aux circonstances de leur origine immédiate et très souvent d'importance strictement personnelle. Chaque fois qu'un groupe d'hommes chercha, par contre, à présenter un défi organisé et constitué à l'ordre existant, il trouva son expression dans une secte religieuse, aussi naturellement et inéluctablement que leurs homologues modernes la trouvent dans la fondation d'un parti politique.

Le khalifat abbasside lui-même était arrivé au pouvoir par l'intermédiaire d'un mouvement de ce type; dès ses débuts, il eut à affronter des menaces de cette espèce. En 752, un soulèvement eut lieu en Syrie pour appuyer les revendications de la dynastie déchue, à laquelle cette province garda longtemps sa loyauté. Peu après, ce mouvement se fondit dans la tendance de l'évolution générale : le parti pro-omeyyade commença d'évoquer un personnage messianique qui reviendrait dans le monde au moment voulu, pour y faire régner la justice. Les shi'ites montrèrent bientôt leur déception vis-à-vis du nouveau régime qu'ils avaient pourtant contribué à mettre en selle. Un prétendant de la lignée d''Ali, connu sous le surnom de « Mahomet de l'Ame pure », mit sur pied une conspiration et tenta de se proclamer *Mahdi* à Jérusalem. Ayant échoué en Palestine, il renouvela sa tentative à Médine, mais finit par être battu et tué en 762.

L'Iran connut une série de mouvements beaucoup plus importants, liés initialement à la secte qui avait vu naître les Abbassides eux-mêmes. On sait que le soulèvement insurrectionnel de ces derniers fut amorcé par une alliance d'éléments opposés aux Omeyyades, incluant des dissidents musulmans – iraniens et arabes mélangés – ainsi que des Iraniens de toute origine sociale. Après le succès du soulèvement, cette alliance éclata et ses éléments constitutifs retournèrent à leur ancien état de conflit, aggravé par la frustration et le désappointement. Abu Muslim, le chef populaire qui avait été – plus que tout autre personnage – l'architecte de la victoire abbasside, fut mis à mort par le second khalife de cette dynastie, al-Mansur. D'autres chefs de la secte subirent le même sort. Les khalifes continuèrent à profiter du soutien iranien, et plus particulièrement khorassanien (c'est-à-dire, en fait, sur un mélange d'Iraniens et d'Arabes), mais Abu Muslim et ses semblables furent remplacés par la maison aristocratique des Barmakides, qui jouèrent pendant plusieurs règnes un rôle prédominant dans la vie de la capitale. Ils assurèrent au régime le soutien de l'ancienne élite dirigeante de l'Iran.

Les rancœurs de la population assujettie s'exprimèrent par une série de mouvements religieux dans différentes parties de l'Iran, avec le soutien massif de la paysannerie. Ces mouvements étaient *nationaux* dans la mesure où le régime auquel ils s'opposaient était arabe de nom et de forme, tandis que l'arrière-plan religieux de leur idéologie était iranien. Mais leur doctrine n'était pas zoroastrienne : les sectateurs orthodoxes de l'ancienne religion officielle de l'Iran, membres de l'ancien *establishment* (propriétaires, bureaucrates et même prêtres), ne semblent pas avoir joué un grand rôle dans ces mouvements d'opposition. Il fallut attendre le règne d'al-Ma'mun pour que les princes iraniens établissent leurs propres mouvements d'indépendance, en créant des principautés autonomes dans les provinces orientales. L'inspiration religieuse de ces rebelles venait plutôt des anciennes hérésies iraniennes, qui avaient été liées, dans les temps préislamiques, à la révolte des classes inférieures contre la monarchie sassanide. Le plus important de ces rebelles avait été Mazdak, un révolutionnaire « communiste » qui avait failli renverser l'empire sassanide au VIe siècle. Bien que son mouvement eût été finalement écrasé dans le sang par l'empereur Khosrô Ier Anoushirvan, son souvenir était resté vivace dans la paysannerie et ses idées jouèrent un rôle dans la formation des mouvements religieux qui commencèrent à la fin de la dynastie omeyyade, pour se prolonger sous les premiers Abbassides. La mémoire d'Abu Muslim lui-même fut fréquemment invoquée par les rebelles iraniens, qui se proclamaient ses héritiers et ses vengeurs contre les khalifes qui l'avaient honteusement trahi. Ces mouvements furent d'abord iraniens dans leurs idées; ils s'orientèrent plus tard vers un syncrétisme qui prêchait un mélange d'idées mazdakites et shi'ites extrémistes. Les zoroastriens orthodoxes semblent être restés à l'écart de l'agitation revendicative.

Le premier nom mentionné dans les chroniques est celui de Bihafarid, ancien zoroastrien qui parut à Nishapour vers 749, en se proclamant prophète. On connaît peu de choses de sa vie antérieure, sinon qu'il avait passé quelques années en Chine, peut-être comme marchand. La principale opposition qu'il rencontra ne vint pas des musulmans, qui regardaient cette agitation avec indifférence, mais des zoroastriens orthodoxes – et spécialement du clergé – qui demandèrent aux Abbassides un appui contre lui et qui furent les principaux responsables de sa défaite, au bout de deux ans.

La mort d'Abu Muslim entraîna un changement. Les plus acharnés de ses partisans fomentèrent une série de révoltes paysannes, proclamant parfois qu'il n'était pas mort réellement, mais qu'il se tenait caché et qu'il reviendrait à son peuple. En 755, Sonpadh, ancien compagnon d'Abu Muslim et probablement mazdakite, déclencha une nouvelle révolte. Il semble être venu d'un village près de Nishapour et il obtint très vite un appui considérable dans la paysannerie de l'Iran occidental, y compris chez les hérétiques musulmans et zoroastriens. Son mouvement fit rapidement tache d'huile et ses partisans multipliés s'emparèrent de nombreuses villes. Les chroniques arabes estiment le nombre de ses sectateurs entre 90 000 et 100 000 personnes. Ils furent bientôt battus par une armée envoyée par al-Mansur. Deux ans plus tard, une révolte parallèle éclata sous la conduite d'un autre ancien agent d'Abu Muslim, connu sous le nom d'Ishaq le Turc, parce qu'il avait été envoyé comme missionnaire pour prêcher la foi chez les Turcs d'Asie centrale. Lui aussi fut battu. En 767, Ustadhsis souleva le Khorassan et menaça gravement la sécurité de l'empire durant quelque temps.

Mais la révolte d'al-Muqanna' (« le Voilé ») fut beaucoup plus dangereuse que toutes les autres. Son surnom lui venait de l'habitude qu'il avait de se voiler le visage – pour cacher la lumière qui en émanait, selon ses disciples ; pour dissimuler sa laideur, selon ses ennemis. Al-Muqanna' était un hérétique iranien, blanchisseur de son état. Il commença de prêcher à Merv et son mouvement se diffusa rapidement dans tout le Khorassan et en Asie centrale, où Boukhara fut pour un temps sa forteresse. Là encore, on relève un lien à la fois avec Mazdak et avec Abu Muslim ; les sources orthodoxes ne manquèrent pas de l'accuser de prêcher et de pratiquer le communisme de la propriété et des femmes. Son mouvement dura plus longtemps que les autres et se maintint de 776 à 789.

Il reste que le plus grave de ces soulèvements fut celui de Babak (816-837), qui se distingua à la fois par son étendue, sa durée, sa direction et sa cohésion. Babak était un homme doté de talents militaires et politiques remarquables. Sa secte des Khourramides était essentiellement composée de villageois ; son contemporain et collègue Mazyar, autre révolté, « ordonnait aux paysans [...] d'attaquer les propriétaires et de piller leurs possessions [1] ». Il semble qu'il ait été soutenu aussi par les *dihqans*, anciens petits seigneurs persans devenus pour la plupart à peine plus que des paysans ordinaires – mais entichés de leur noblesse ancestrale. Le centre du mouvement était en Azerbaïdjan, à propos duquel le géographe Yaqut faisait remarquer avec quelque aigreur qu'il avait toujours été un centre de contestation et de sédition [2]. De là, le mouvement essaima vers l'Iran du Sud-Ouest en ralliant des éléments kurdes et persans mélangés, puis vers les provinces caspiennes au nord et vers l'Arménie à l'ouest. A un moment de sa carrière, Babak semble avoir été un allié stratégique de l'empereur byzantin contre leur ennemi commun. Sa position à cheval sur les routes commerciales du nord en faisait un obstacle réellement dangereux, d'autant plus que ses armées furent totalement victorieuses durant sept ans, battant successivement quatre généraux envoyés par le khalife al-Ma'mun. Après l'avènement d'al-Mu'tasim, en 833, l'amélioration générale de la sécurité dans l'empire autorisa un effort militaire plus soutenu, qui circonscrit peu à peu les Babakites en Azerbaïdjan et finit par en venir à bout.

La révolte des esclaves noirs connus sous le nom de Zandj, entre 869 et 883, eut un caractère fondamentalement différent. Il y avait eu, antérieurement, des révoltes serviles et Abu Muslim lui-même avait recruté des esclaves pour la cause abbasside, contre promesse de la liberté. L'islam était – et il est resté jusqu'aux temps modernes – une société esclavagiste. Mais les esclaves n'étaient pas, comme dans l'empire romain, le principal outil de production; celle-ci dépendait davantage de paysans et d'artisans libres ou demi-libres. On employait les esclaves pour des travaux domestiques ou des tâches militaires. Dans ce dernier cas, ils étaient connus sous le nom de *mamelouks* et formaient pratiquement une caste militaire privilégiée qui finit par exercer une influence prédominante sur les affaires de l'Etat. D'autres esclaves servaient pour les travaux de force à grande échelle : mines,

1. Al-Tabari, *op. cit.*, III, p. 1270.
2. Yaqut, *Mu'jam al-Buldan*, Le Caire, 1906, I, p. 160.

galères, drainage des marais, etc. La croissance d'une classe de marchands et d'entrepreneurs, dotés d'immenses richesses, entraîna l'acquisition et l'emploi d'une énorme main-d'œuvre servile dans l'agriculture. Cette main-d'œuvre était parquée – par milliers parfois pour une seule entreprise – dans des campements. Les esclaves de cette catégorie étaient surtout des Noirs, déportés spécialement d'Afrique orientale à la suite de razzias ou d'achats, ou remis en guise de tribut de la part d'Etats vassalisés.

Tels étaient par exemple ceux des marais salants à l'est de Bassora : les gros propriétaires de cette ville en employaient des quantités inouïes pour drainer les terres en vue de leur mise en culture, et pour récolter le sel. Les esclaves travaillaient en bandes de cinq cents à cinq mille individus ; on en mentionne même une de quinze mille individus. Leurs conditions de vie étaient épouvantables : le travail était extrêmement dur et épuisant, et ils ne recevaient que de maigres rations consistant – selon les sources arabes – en farine, en semoule et en dattes. Beaucoup d'entre eux étaient des Africains fraîchement débarqués, sans aucune connaissance de l'arabe ou presque, et leur chef devait recourir à un interprète pour leur parler. C'était un Iranien du nom d'"Ali ibn Muhammad, qui revendiquait une ascendance alide et avait peut-être eu des ancêtres arabes. Après plusieurs tentatives de soulèvement infructueuses en divers lieux, y compris à Bassora où il échappa de peu à la capture et à l'emprisonnement, il se rendit dans une zone d'exploitation du salpêtre, en septembre 869, où il commença son travail d'agitateur auprès des esclaves. Selon l'historien arabe al-Tabari, il leur rappelait l'état dans lequel ils vivaient et proclamait que « Dieu les sauverait de cet état grâce à lui, et qu'il voulait améliorer leur position et faire d'eux des maîtres possédant esclaves, et richesse, et maisons [1] ». Ce n'était donc pas un mouvement anti-esclavagiste et l'on ne saurait s'en étonner : l'idée de l'abolition de l'esclavage était presque inconcevable à cette époque. Ce fut plutôt la révolte d'une catégorie d'esclaves bien particulière, victime d'une situation intolérable et cherchant à améliorer ses conditions de

1. Al-Tabari, *op. cit.*, III, p. 1751.

vie. 'Ali remplit effectivement ses promesses lorsque les victoires remportées lui permirent de donner des musulmans capturés comme esclaves à ses partisans.

Pourtant, même ce soulèvement d'esclaves étrangers était suffisamment imprégné de l'atmosphère islamique pour rechercher une expression religieuse. Bien que le chef des Zandj revendiquât une ascendance alide, il ne se rallia pas au shi'isme, mais rejoignit les rangs des Kharedjites, ces anarchistes égalitaristes qui avaient proclamé jadis que le meilleur homme pouvait être khalife, quelles que fussent ses origines. Conformément aux doctrines kharédjites, les Zandj considéraient tous les autres musulmans comme des infidèles, voués à la mort ou à l'esclavage s'ils étaient capturés.

Le mouvement se répandit comme une traînée de poudre : l'une après l'autre, les troupes d'esclaves s'y rallièrent, de même que les individus isolés échappés des villes et des villages. Les contingents noirs des armées khalifales envoyés contre les Zandj désertèrent et passèrent de leur côté, en leur apportant des armes et du personnel d'encadrement bien entraîné. La perspective du butin leur acquit aussi le soutien des tribus bédouines voisines et celui des Arabes vivant dans les marais. Certains paysans libres de la contrée semblent avoir également rallié le chef des Zandj et lui avoir fourni des subsistances. On a peu de témoignages de soutien de la part des éléments urbains mécontents, bien que les sources nous apprennent que, parmi les lieutenants d''Ali, on trouvait un meunier et un vendeur de limonade.

Les faits d'armes des Zandj sont éclatants. L'une après l'autre, les armées du khalife furent battues, enrichissant leurs vainqueurs d'esclaves, d'armes et de butin. En octobre 869, Bassora fut attaquée, mais en vain. Toutefois, les Zandj écrasèrent une contre-offensive locale et décidèrent peu après de se bâtir une capitale, Al-Mukhtara, « l'Elue », sur une éminence située au milieu des marais salants. Nous n'avons malheureusement aucune information sur le système de gouvernement qu'ils instaurèrent. Le 19 juin 870, les Zandj prirent et pillèrent le port florissant d'Ubulla, renforçant leurs rangs de tous les esclaves libérés. Peu de temps après, ils se répandirent dans le sud-ouest de l'Iran et prirent la ville d'Ahwaz.

Les révoltés constituèrent dès lors une menace majeure pour l'empire. Ils dominaient d'importants secteurs du sud irakien et du sud-ouest iranien, dont ils avaient conquis de nombreuses villes; ils exerçaient une pression permanente sur Bassora, la deuxième ville des provinces centrales, et barraient les lignes de communication de la capitale elle-même vers le sud-est. Le 7 septembre 871, les Zandj prirent et saccagèrent Bassora, mais ils eurent la prudence de l'évacuer immédiatement après. D'autres armées khalifales furent encore battues et les révoltés s'emparèrent de Wasit, l'ancienne ville de garnison, en 878. L'année suivante, ils patrouillaient militairement et razziaient à vingt-cinq kilomètres de Baghdad : ce fut l'apogée de leur puissance. Le régent al-Muwaffaq, frère du khalife régnant, homme actif et énergique, commença d'organiser à grands frais un puissant corps expéditionnaire. En février 881, il avait réussi à chasser les Zandj de toutes leurs positions et les avait confinés dans leur capitale d'Al-Mukhtara. Le chef des révoltés refusa le pardon et la pension d'Etat qui lui étaient offerts et la ville finit par succomber après un long siège, le 11 août 883. La tête d'‘Ali fut rapportée à Baghdad, fichée sur une pique, au mois de novembre.

Les révoltes paysannes d'Iran et la rébellion servile en Irak méridional ne semblent pas avoir laissé de traces très durables sur le cours de l'histoire islamique; elles n'entraînèrent pas non plus de changements radicaux dans la société. Elles laissèrent seulement derrière elles un courant souterrain de grognes et de dissensions, qui réapparut périodiquement dans une série d'émeutes avortées. Le menu peuple de l'empire restait mécontent et ce ressentiment allait trouver son expression dans un autre mouvement, de portée plus vaste et de conséquences plus durables : le mouvement des ismaïliens, une des branches les plus remuantes du shi‘isme. Au début de son histoire, ce dernier s'était transformé de faction arabe en secte musulmane; il avait obtenu un succès retentissant avec l'avènement des Abbassides. Cette victoire marqua toutefois la fin de la lignée des prétendants shi‘ites descendant de Muhammad ibn al-Hanafiyya. Jusqu'à cette époque, les revendications des Alides s'appuyaient sur la descendance d'"Ali, gendre du Prophète, plutôt que sur celle de Fatima, sa fille : selon les idées de l'époque, la parenté dans la lignée *masculine* de Mahomet primait sur toute lignée féminine. Après l'escamotage des revendications alides par leurs cousins abbassides, les prétendants shi'ites fondèrent leurs prétentions sur la descendance *directe* du Prophète par l'intermédiaire de sa fille Fatima. Les *imams* – nom donné par leurs partisans à ces prétendants shi'ites – étaient à leurs yeux les seuls khalifes légitimes. Les pouvoirs qu'ils revendiquaient étaient infiniment plus grands que ceux des Abbassides : l'imam shi'ite était un pontife religieux divinement inspiré, revendiquant l'infaillibilité et demandant une obéissance inconditionnelle.

A la mort de l'imam Dja'far, en 756, ses partisans se partagèrent en deux groupes opposés derrière ses deux fils, Musa et Isma'il. Les sectateurs du premier ont reconnu les descendants de Musa jusqu'au douzième imam après 'Ali. Cet imam a disparu, prétendent-ils, dans des circonstances obscures, et la secte des « shi'ites duodécimains » attend toujours son retour. En règle générale, cette secte a toujours été modérée dans ses doctrines qui ne diffèrent pas beaucoup de celles de l'islam sunnite. Un savant français, Louis Massignon, les a qualifiés d'« opposition de Sa Majesté » pour les khalifes abbassides : la formule est plus brillante que véritablement exacte.

Mais l'évolution des partisans d'Isma'il a été fort différente : les ismaïliens ont en effet hérité de la violence radicale du premier mouvement. Les VIIIe et IXe siècles peuvent être décrits comme une période d'incubation, durant laquelle Isma'il, son fils Muhammad et plusieurs disciples dévoués organisèrent la structure et la propagande de la secte. Les doctrines différaient sensiblement de celles de l'islam orthodoxe, en amalgamant beaucoup d'idées néoplatoniciennes et indiennes. Ces introductions furent facilitées par la théorie de l'interprétation ésotérique, selon laquelle chaque verset du Coran avait deux significations, l'une exotérique et littérale, l'autre ésotérique et connue seulement des initiés. Les doctrines secrètes de la secte, selon certaines sources, étaient enseignées par l'intermédiaire d'une sorte de hiérarchie « maçonnique » dotée de différents grades d'initiation, jusqu'à la révélation finale réservée aux grands initiés. Cette organisation secrète aida la secte à survivre; elle prospéra même, en dépit de la vigilance de la police abbasside. Le chef en titre de la secte était l'*imam,* un religieux infaillible descendant d'"Ali par Isma'il. Dans certaines circonstances, il pouvait déléguer ses pouvoirs à un autre homme, par une sorte de filiation spirituelle. Ce dernier devenait alors imam « délégué », détenteur de la plupart des pouvoirs de son maître – mais pas de tous.

Au début du xe siècle, la crise sociale de l'empire atteignit son point de rupture. Les paysans et les esclaves vaincus continuaient de ruminer leurs rancœurs, tandis que la concentration croissante du capital et du travail engendrait un vaste prolétariat urbain revendicatif. En 920-921, les opérations financières aventureuses du vizir déclenchèrent des émeutes de la faim dans la capitale et des soulèvements dans tout l'empire. L'attitude des mécontents vis-à-vis de la religion orthodoxe est bien exprimée dans ces vers d'un poète de la période [1] :

« Au nom de Dieu, je ne prierai pas Dieu tant que je suis en [banqueroute;
Que les sheikh al-Djalil et Fa'iq Le prient...
Pourquoi devrais-je prier? – Où sont ma richesse, ma demeure,
Et où mes chevaux, mes parures, mes ceintures d'or?
Si je devais prier, alors que je n'ai pas à moi
Un lopin de terre, je serais un hypocrite. »

Sur tous ces mécontents, les doctrines des propagandistes ismaïliens exerçaient une grande force de séduction. Leurs écrits ne donnent guère d'éclaircissements sur les doctrines sociales proprement dites de la secte, mais l'on peut inférer, d'après les réfutations des théologiens orthodoxes, que la menace qu'elles faisaient peser sur l'ordre existant était considérée comme sociale plutôt que reli-

1. Yaqut, *Dictionary of Learned Men,* éd. D. S. Margoliouth, Londres, 1925, II, p. 81.

gieuse. Le théologien al-Baghdadi [1] cite un prétendu document ismaïlien qui dit :

> « Le véritable aspect de cette affaire est simplement que leur maître [Mahomet] leur a interdit de jouir de toute richesse, en imprimant dans leurs cœurs la crainte d'un Etre caché qui ne saurait être appréhendé. C'est le Dieu en l'existence de Qui ils croient. Il leur a rapporté des " traditions " sur l'existence de ce qu'ils ne verront jamais, comme la résurrection du tombeau, la récompense, le paradis et l'enfer. Ainsi, il les a rapidement dominés et réduits en esclavage, pour lui-même durant sa vie et pour sa descendance après sa mort. De cette manière, il s'est arrogé pour lui-même le droit de jouir de leurs richesses, car il dit : " Je ne demande pas de récompense pour cela, excepté l'amitié pour mes parents " (Coran, LXII, 23). Ses traites avec eux étaient réglées au comptant, alors que leurs traites avec lui se payaient à crédit. Il exigeait d'eux un échange immédiat de leurs vies et de leurs propriétés contre une promesse future qui ne serait jamais réalisée. »

Bien que le document ne soit probablement pas authentique, il est précieux parce qu'il montre comment la menace était comprise. Al-Ghazali, l'un des principaux théologiens de l'islam, note à plusieurs reprises, dans sa réfutation des « abominations des ismaïliens », que le principal danger de la secte était son attrait pour le menu peuple.

Au départ, ces sectes semblent avoir été actives essentiellement dans les zones rurales et tribales, mais elles acquirent bien vite des partisans nombreux au sein des populations des villes. Les adversaires orthodoxes des sectes ismaïliennes et d'autres sectes de nature similaire les accusèrent souvent de pratiquer le communisme des propriétés et des femmes. Une source arabe conserve un récit intéressant des activités d'un « missionnaire » dans les environs de Kufa, vers le milieu du IXe siècle. Ayant converti à sa cause les habitants de quelques villages, il leur imposa une série croissante de taxes et de prélèvements, et finalement

> « l'obligation de l'*ulfa* (" union "). Cette obligation consistait à rassembler tous leurs biens en un seul endroit et à en profiter en commun, personne ne gardant par devers lui quelque propriété privée qui pût lui

1. Al-Baghdadi, *Al-Farq bayn al-firaq*, éd. Muhammad Badr, Le Caire, A.H. 1328, p. 281.

donner un avantage sur les autres [...] Il leur assurait qu'ils n'avaient nul besoin de garder quelque propriété que ce fût, puisque toute la terre leur appartenait, à eux et à personne d'autre. « Voici, dit-il, la preuve par quoi vous vous montrerez tels que nous puissions être sûrs de votre comportement. » Il les pressa d'acheter et de préparer des armes [...] Les missionnaires nommaient dans chaque village un homme de confiance chargé de rassembler tout ce que les gens du village possédaient en fait de bétail, de moutons, de bijoux, de provisions, etc. Il habillait ceux qui étaient nus et satisfaisait à tous leurs besoins, ne laissant personne de pauvre parmi eux, ni dans le besoin, ni infirme. Chaque homme travaillait avec zèle et émulation à sa tâche, afin de mériter son rang par le bénéfice qu'il rapportait. La femme apportait ce qu'elle gagnait par son tissage, l'enfant apportait ce qu'il gagnait à chasser les oiseaux dans les champs. Nul parmi eux ne possédait rien d'autre que son épée et ses armes. Lorsqu'il eut établi tout cela et que tout le monde fut d'accord pour s'y conformer, l'envoyé ordonna aux missionnaires de rassembler toutes les femmes une certaine nuit, afin qu'elles pussent coucher indistinctement avec n'importe quel homme. « Voici, disait-il, la véritable amitié et fraternité mutuelle »[1]. »

Les sources ismaïliennes ne contiennent rien qui puisse prêter à ce genre d'accusations, mais nous savons que celles-ci sont fréquentes dans les descriptions hostiles aux sectes secrètes, dans le monde islamique et ailleurs.

Le mouvement parut au grand jour dans les premières années du xe siècle. Entre 901 et 906, des bandes armées relevant d'un groupe apparenté connu sous le nom de Karmathes ravagèrent la Syrie, la Palestine et la Mésopotamie septentrionale. Les sources nous ont gardé le texte d'un sermon prêché à Hims durant son occupation par les Karmathes : « O Dieu, guide-nous avec le Khalife, l'Héritier, l'Attendu, le Mahdi, le Maître du Temps, le Commandeur des Croyants, le Mahdi ! O Dieu, remplis la terre de justice et d'équité et détruis ses ennemis ! O Dieu, détruis ses ennemis[2] ! »

Ce mouvement karmathe fut encore plus important dans la province du Bahreïn (alors appelée Al-Hasa), sur la côte arabe du golfe Persique. Cette contrée était favorable aux mouvements subversifs : la province était isolée et difficile d'accès, avec une population mélangée et de

1. Al-Nuwayri, *Nihayat al-arab*, Paris, Bibliothèque nationale, Fonds arabe, MS 1576, fol. 48v.
2. Thabit ibn Sinan, *Ta'rikh Akhbar al-Qaramite*, éd. Souhaïl Zakkar, Beyrouth, 1971, p. 20.

nombreux survivants de la révolte des Zandj. Vers le début du xe siècle, les missionnaires karmathes devinrent la principale puissance de la province, d'où ils chassèrent les représentants du gouvernement central. On possède malheureusement très peu d'informations sur le genre de gouvernement qu'ils établirent ; nos maigres connaissances viennent essentiellement des écrits de deux voyageurs, tous deux pro-ismaïliens, qui visitèrent la région. Le premier, vers la fin de la deuxième moitié du xe siècle, décrit l'Etat karmathe comme une sorte de république oligarchique, le « souverain » n'étant que le premier parmi ses égaux et gouvernant avec l'aide du conseil de ses pairs. Ce récit est confirmé par celui d'un ismaïlien iranien qui visita le Bahreïn au xie siècle. Il trouva la « république » karmathe toujours florissante. On dénombrait, rapporte-t-il, plus de 20 000 habitants en état de prendre les armes dans la seule capitale de Lahsa. Ils étaient gouvernés par un conseil de six personnes, qui dirigeaient avec équité et justice, et qui parlaient d'un ton de douceur et de modestie, lorsqu'ils donnaient leurs audiences publiques. Ils n'observaient ni jeûnes ni prières et la seule mosquée avait été construite aux frais d'un particulier, pour les pèlerins orthodoxes. Il n'y avait ni taxes, ni dîmes (le précédent voyageur en avait énuméré plusieurs). Le Conseil possédait 30 000 esclaves noirs qui assuraient tout le travail agricole. Si quelqu'un venait à s'appauvrir ou à s'endetter, il était rétabli dans ses affaires avec l'aide des autres. Tout artisan étranger venant à Lahsa recevait, à son arrivée, suffisamment d'argent pour s'installer. Les réparations des maisons possédées par les pauvres étaient faites aux frais de l'Etat ; le blé était moulu gratuitement dans des moulins publics. Les transactions commerciales se réglaient en monnaie de jetons locaux, non exportables [1]. Sur un point, la description a été confirmée par les pièces karmathes que l'on a retrouvées, frappées au nom du Conseil.

Le Yémen constitua une autre des régions où les ismaïliens connurent le succès : un missionnaire s'y établit en

1. Nasir-i Khusrow, *Safar-nameh*, éd. Ch. Schefer, Paris, 1881, p. 82-84.

901 et prit rapidement le pouvoir. Du Yémen, il envoya à son tour des émissaires vers l'Inde et vers l'Afrique du Nord (et probablement vers d'autres régions). La mission nord-africaine connut un brillant succès en Tunisie, où elle réussit en 908 à installer sur le trône l'imam ʻUbaydallah, premier khalife d'une nouvelle dynastie, celle des Fatimides. Ceux-ci avaient suivi en plusieurs points la tactique des Abbassides eux-mêmes pour accéder au pouvoir : ils avaient utilisé la propagande secrète d'une secte hétérodoxe, avant de porter le coup décisif dans l'une des provinces reculées de l'empire islamique. Ils diffèrent toutefois des Abbassides sur deux points importants, probablement liés l'un à l'autre : ils échouèrent à prendre le contrôle universel du monde islamique et ils restèrent les chefs de la secte qui les avait portés au pouvoir.

Les trois premiers khalifes fatimides ne régnèrent qu'en Afrique du Nord, où ils affrontèrent bon nombre de difficultés. L'établissement d'un Etat et d'une dynastie impliquait des exigences très différentes de celles que requérait une secte d'opposition radicale semi-clandestine. Au tout début, les pieux renâclèrent et accusèrent les nouveaux khalifes de compromission, et de trahison envers les principes fondamentaux de l'ismaïlisme. Plus tard, les Fatimides allaient entrer en conflit avec les Karmathes du Bahreïn pour des raisons très similaires. L'expansion vers l'est de la dynastie nouvelle fut réalisée, après trois tentatives infructueuses, par al-Muʻizz, le quatrième khalife, qui conquit l'Egypte en 969. La conquête avait été préparée de longue main par des émissaires et des propagandistes clandestins, qui avaient sapé la résistance des Egyptiens; elle fut suivie presque immédiatement d'une rupture avec les Karmathes, qui constituaient à ce moment-là un réel danger pour le nouveau régime. Ils semblent être revenus par la suite dans la mouvance fatimide.

Al-Muʻizz fut servi par deux hommes remarquables. L'un était son général, Djawhar, un mamelouk d'origine européenne (décrit comme Slave, Grec ou Sicilien, selon les sources) qui fut le véritable conquérant de l'Egypte. C'est lui qui bâtit la nouvelle cité du Caire comme capitale fatimide et qui édifia la grande mosquée Al-Azhar, centre de la nouvelle foi. Ramenée dans le giron de l'orthodoxie quelques siècles plus tard, la mosquée Al-Azhar est restée jusqu'à nos jours l'un des principaux centres de la pensée et de la vie religieuse islamiques. L'autre grand serviteur d'al-Mu'izz était Ya'qub ibn Killis, un juif islamisé dont la famille était originaire de Baghdad et qui avait rejoint al-Mu'izz en Tunisie pour l'aider avant, pendant et après la conquête. Ya'qub ibn Killis était une sorte de génie de la finance : il mit sur pied le système de taxation et d'administration qui devait durer presque jusqu'à la fin de la dynastie des Fatimides.

Ceux-ci étendirent rapidement leur emprise sur la Palestine, la Syrie et l'Arabie, surpassant de loin – pour un temps – le pouvoir et l'influence des khalifes orthodoxes de Baghdad. L'apogée des Fatimides d'Egypte fut le règne du khalife al-Mustansir (1036-1094), sous lequel l'empire engloba la totalité de l'Afrique du Nord, la Sicile, l'Egypte, la Syrie et l'Arabie occidentale. En 1056-1057, un général profatimide réussit même à s'emparer de Baghdad et à faire proclamer la souveraineté du khalife fatimide dans les mosquées de la capitale abbasside. Il en fut toutefois chassé l'année suivante et la puissance des Fatimides commença de décliner peu de temps après. L'effritement se remarqua d'abord dans l'administration civile et conduisit à l'apparition d'une série de militaires autocrates qui exercèrent leur autorité au Caire, tout comme leurs homologues l'avaient fait à Baghdad quelque temps auparavant. Privés de leurs immenses pouvoirs et réduits à l'état de fantoches prisonniers des princes et des commandants militaires (souvent sunnites) qui étaient les véritables maîtres de l'empire, les khalifes fatimides perdirent progressivement le soutien des religieux ismaïliens; leur régime fut finalement aboli par Saladin, qui ramena l'Egypte dans le giron de l'orthodoxie.

A son apogée, ce régime différait à plus d'un titre de ceux qui l'avaient précédé. Au sommet se trouvait l'imam infaillible, monarque absolu gouvernant par droit héréditaire directement issu de la volonté divine, laquelle avait sanctifié sa famille. Son gouvernement était centralisé, hiérarchisé et divisé en trois « Départements » : religieux, militaire et administratif. Les deux derniers étaient confiés à un vizir, haut fonctionnaire civil, sous le contrôle direct du khalife. Le Département religieux consistait en une hiérarchie de missionnaires de différents grades, sous l'autorité d'un missionnaire en chef, personnage politique extrêmement influent. Il contrôlait aussi les Ecoles supérieures de formation et l'organisation de la Propagande pour la secte ismaïlienne. Cette organisation pilotait un réseau d'émissaires dans les provinces orientales restées sous le contrôle nominal du khalife abbasside de Baghdad.

L'efficacité de ce service est visible dans plusieurs domaines. De l'Irak aux frontières de l'Inde, des émeutes répétées attestent l'activité des agents ismaïliens; la vie intellectuelle de tout l'Islam révèle de son côté la séduction exercée par les idées ismaïliennes sur l'*intelligentsia.* Les poètes al-Mutanabbi (mort en 965) et Abu'l-'Ala al-Ma'arri (mort en 1057) – deux des plus grands de la littérature arabe – furent tous deux fortement influencés par ces idées. En Irak, un mouvement « encyclopédiste » fut organisé par un groupe appelé « Les Frères sincères de Bassora ». Ils publièrent une série de cinquante et une épîtres embrassant tous les secteurs de la science connus à cette époque et fortement teintées d'ismaïlisme. Les « Epîtres des Frères sincères » étaient lues de l'Inde à l'Espagne et exercèrent une influence non négligeable sur les écrivains à venir. Leur diffusion était activée par l'organisation de groupes d'étude semi-clandestins, sous la direction de membres de la Confrérie.

La période fatimide fut aussi une époque de grande prospérité commerciale et industrielle, à l'exception de rares crises de famine dues aux irrégularités du Nil ou aux dévastations militaires. Dès le départ, les Fatimides comprirent l'importance du commerce, à la fois pour la prospérité de leur empire et pour l'extension de leur influence. Ya'qub ibn Killis lui donna une impulsion que les souverains postérieurs prolongèrent. Le commerce extérieur de l'Egypte pré-fatimide avait été peu actif et territorialement limité; les dirigeants de la nouvelle dynastie développèrent les plantations et les industries en

Egypte et lancèrent un important commerce d'exportation de produits égyptiens. Ils développèrent en outre un vaste réseau de relations commerciales, spécialement en Europe et avec l'Inde. En Occident, ils nouèrent d'étroites relations – remontant, pour certaines, à leurs premiers temps en Tunisie – avec les républiques italiennes, plus particulièrement Amalfi, Pise et Venise. Le commerce maritime augmenta de volume et d'extension géographique : vaisseaux et marchands venus d'Egypte allaient jusqu'en Espagne. Les deux principaux ports des Fatimides furent Alexandrie d'Egypte et Tripoli de Syrie, tous deux marchés d'importance mondiale. Les flottes fatimides contrôlaient le bassin oriental de la Méditerranée.

En Orient, les Fatimides développèrent d'importants contacts avec l'Inde, étendant graduellement leur souveraineté vers le sud, sur les deux rives de la mer Rouge. Ils réussirent à détourner le commerce indien du golfe Persique vers celle-ci, et spécialement vers le grand port fatimide d'"Aydhab, sur la côte soudanaise. Ils commerçaient aussi avec Byzance et avec les autres Etats musulmans sunnites. Partout où les marchands égyptiens arrivaient, les missionnaires ismaïliens n'étaient pas loin derrière et nous trouvons rapidement le même bouillonnement d'idées chez tous les musulmans, de l'Inde à l'Espagne.

Une fois le déclin du khalifat amorcé, les liens entre la dynastie fatimide et la secte ismaïlienne s'affaiblirent et finirent par se briser. Les khalifes eux-mêmes maintinrent pour un temps une dynastie de fantoches qui allait bientôt s'éteindre. Mais dans les terres orientales du khalifat, passées sous le contrôle des Turcs Seldjoukides, les ismaïliens radicaux et leurs prêches enflammés connaissaient un renouveau de vie et d'activité.

CHAPITRE VII

LES ARABES EN EUROPE

« Qué castillos son aquellos? Altos son y relucian!
– El Alhambra era, señor, y la otra la Mezquita. »

Romance de Abenamar

La mer n'était pas totalement une inconnue pour les Arabes des temps pré-islamiques. Des siècles avant l'essor de l'islam, les peuplades de l'Arabie méridionale construisaient des navires et entretenaient un trafic commercial régulier sur la mer Rouge et sur l'océan Indien. Il reste que les Arabes du Nord – et particulièrement ceux du Hedjaz et des frontières syriennes et irakiennes – étaient avant tout des populations continentales, avec une connaissance très faible de la mer ou de la navigation. L'un des traits les plus frappants de leurs grandes conquêtes est qu'ils aient su s'adapter eux-mêmes si promptement à cette nouvelle forme d'activité. Après quelques années d'occupation des côtes égyptiennes et syriennes, et avec l'aide des charpentiers et des marins locaux, les Arabes, tournés jusque-là vers l'unique horizon du désert, construisaient et équipaient des flottes de guerre avec lesquelles ils allaient être capables d'affronter et de vaincre les flottes byzantines, fortes d'une expérience multiséculaire, donnant ainsi au khalifat cette condition indispensable à sa sûreté et à son expansion : le contrôle naval de la Méditerranée.

La conquête de la Syrie et de l'Egypte plaça en effet sous contrôle arabe une longue étendue de côtes, avec de nombreux ports et une abondante population de marins. Les successeurs de Mahomet, qui n'avaient affronté – et largement dominé – jusque-là que des armées byzantines, se frottaient maintenant aux flottes de guerre de Constantinople : la brève réoccupation d'Alexandrie par ces dernières, en 645, les avertit très tôt de l'importance du pouvoir maritime. Ils furent prompts à réagir. La création des flottes musulmanes est à mettre esentiellement au crédit de deux hommes, le khalife al-Mu'awiya et le gouverneur d'Egypte, 'Abdallah ibn Sa'd ibn Abi Sarh. En Alexandrie comme dans les ports de la côte syrienne, les musulmans construisirent et équipèrent des flottes de guerre qui remportèrent bientôt des victoires aussi impressionnantes que celles des armées terrestres de l'Islam. La première grande confrontation navale eut lieu en 655 : une flotte musulmane de deux cents navires infligea une sanglante défaite à une flotte byzantine largement supérieure en nombre, au large de la côte anatolienne.

Lorsque les Abbassides transférèrent le siège du khalifat de la Syrie à l'Irak, l'intérêt du gouvernement central pour la Méditerranée déclina, mais les souverains indépendants d'Egypte et d'Afrique du Nord entretinrent longtemps des flottes qui dominaient la Méditerranée d'une extrémité à l'autre. On sait par exemple qu'à une certaine époque, les khalifes fatimides d'Egypte n'avaient pas moins de cinq mille officiers de marine sous leurs ordres. Au cours du IXᵉ siècle, un nombre toujours croissant de marchands musulmans commerçaient dans les différents ports de la Méditerranée, que ces derniers fussent musulmans ou chrétiens.

Les premières entreprises belliqueuses des flottes musulmanes fraîchement sorties des chantiers navals furent dirigées contre les îles de Chypre, de Crète et de Rhodes, qui comptaient au nombre des bases principales pour les flottes byzantines en Méditerranée orientale. Les historiens arabes nous apprennent que les premiers khalifes hésitèrent à autoriser les expéditions maritimes. On cite souvent 'Umar interdisant à ses généraux d'avancer vers tout endroit « que je ne puisse atteindre sur ma chamelle [1] ». En 649, de mauvais gré, le khalife 'Uthman permit à al-Mu'awiya de lancer une première expédition sur Chypre. Ce raid fut suivi par de brèves occupations de Rhodes et de la Crète. Durant la période omeyyade, les Arabes réussirent même à occuper quelque temps la péninsule de Cyzique, dans la mer de Marmara, qu'ils utilisèrent comme base pour une attaque combinée par terre et par mer contre la cité impériale de Constantinople.

L'occupation des îles de Méditerranée orientale fut, pour l'essentiel, brève et transitoire. L'attaque arabe sur la Sicile fut beaucoup plus importante. Les premiers raids furent lancés par Mu'awiya et vinrent du Proche-Orient et de Libye. Par la suite, ils vinrent de Tunisie et furent aidés par l'occupation de l'île de Pantellaria, vers 700. La première tentative sérieuse de conquête n'intervint pas avant 740 : à cette date, Habib ibn Abi 'Ubayda assiégea Syracuse et la contraignit à payer tribut, mais fut obligé d'abandonner le siège et de revenir en Afrique pour mater une révolte des Berbères. Après un autre raid en 752-753, une période de paix fragile s'instaura, marquée par une série de trêves signées entre les autorités byzantines qui tenaient l'île et les dynastes musulmans, devenus indépendants en Tunisie.

La véritable conquête commença en 825. Se trouvant lui-même menacé des foudres impériales pour une faute restée obscure, l'amiral byzantin Euphèmios se rebella et prit le contrôle de l'île. Battu ensuite par un corps expéditionnaire dépêché sur place, il s'enfuit en Tunisie avec ses vaisseaux pour demander l'aide de Ziyadatallah, souverain aghlabide du pays, le pressant de se mettre en campagne et de conquérir l'île. Malgré quelques hésitations, le prince tunisien dépêcha une flotte de soixante-dix à cent navires et un débarquement fut effectué à Mazara, en 827. Après une avance initiale rapide, les envahisseurs subirent quelques revers et ne furent sauvés de leurs difficultés que par l'arrivée inopinée d'une bande

1. Al-Ya'qubi, *Ta'rikh*, éd. M.T. Houtsma (Leyde, 1883), II, p. 180.

d'aventuriers venus d'Espagne. L'avance reprit et les musulmans occupèrent Palerme en 831. La ville devint et resta la capitale de l'île tout au long de la domination musulmane; elle servit de base pour la poursuite de l'expansion. La guerre navale et terrestre continua avec les Byzantins jusqu'en 895-896. Ces derniers signèrent alors une paix par laquelle ils renonçaient à la Sicile : les musulmans avaient pris Messine vers 843, Castrogiovanni en 859 et Syracuse en 878. Ils avaient aussi débarqué sur le continent italien et établi de fortes garnisons à Bari et à Tarente. Des corsaires musulmans menaçaient régulièrement Naples, Rome et même le nord de l'Italie; ils contraignirent même l'un des papes à leur payer tribut pendant deux ans. De 882 à 915, la colonie militaire musulmane établie sur le Garigliano razziait périodiquement la Campanie et le sud du Latium; elle était probablement ravitaillée depuis la Sicile.

Sous la souveraineté des musulmans, la Sicile fut d'abord une dépendance de la Tunisie, rattachée politiquement et administrativement à cette province. Avec la chute des Aghlabides et leur remplacement par les Fatimides, le contrôle de l'île échut au pouvoir des nouveaux khalifes. Ses gouverneurs furent d'abord directement nommés par le pouvoir suzerain, sauf dans les moments d'urgence, où les notables de Palerme les choisissaient. En 972, le transfert du centre du pouvoir fatimide en Egypte entraîna un affaiblissement du contrôle et le gouvernorat devint tacitement héréditaire dans la lignée de al-Hasan ibn 'Ali al-Kalbi. La dynastie des Kalbides dura jusqu'en 1040 et marqua l'apogée de la puissance et de l'influence musulmanes sur l'île. Au xe siècle, le voyageur Ibn Hawqal trouva trois cents mosquées dans la seule Palerme, témoignage éloquent de la pénétration islamique. Les écrivains postérieurs nous parlent d'un magnifique épanouissement de la culture et des lettres arabes, dont il ne reste malheureusement que peu de choses.

La chute des Kalbides eut pour cause une guerre civile entre les Siciliens et les musulmans venus d'Afrique du Nord, qui mit fin à l'unité de l'île. Après un bref intervalle durant lequel Palerme fut gouvernée par un conseil des notables et le reste de l'île par des princes locaux, les Normands – qui avaient occupé pendant ce temps l'Italie méridionale – envahirent l'île dont ils occupèrent rapidement la majeure partie. En 1061, Roger Ier prit Messine et en 1091, il tenait toute la Sicile, à l'exception de quelques têtes de pont où les musulmans restaient accrochés. Sous la férule des Normands, qui restèrent jusqu'en 1194, une fraction importante des populations urbaines cultivées émigra en Afrique du Nord et en Egypte.

Les Arabes appliquèrent largement en Sicile les mêmes principes de gouvernement que dans les pays conquis du Proche-Orient. Cela entraîna d'importants changements sociaux dans la propriété et la distribution des terres. La survivance de nombreux toponymes arabes révèle bien l'intensité de la colonisation, de même que les nombreux mots arabes du dialecte sicilien attestent l'intérêt des conquérants pour l'agriculture. Les nouveaux maîtres introduisirent en Sicile les oranges, les mûriers, la canne à sucre, les palmiers-dattiers et le coton. Ils augmentèrent les surfaces cultivables grâce à une irrigation soigneuse : de nos jours encore, de nombreuses fontaines de Sicile – spécialement à Palerme – portent toujours des noms qui laissent facilement reconnaître leur origine arabe. Certains monuments du temps des Arabes sont toujours là, mais – à de très rares exceptions près – les livres écrits en Sicile n'ont survécu que fragmentairement dans le meilleur des cas. Les œuvres du plus grand des poètes arabes de Sicile, Ibn Hamdis (mort en 1132), ne nous sont parvenues que par des copies espagnoles et syriennes de ses écrits. Les causes de cette disparition doivent être recherchées partiellement dans la fragilité des matériaux employés, partiellement dans l'émigration qui suivit la conquête normande, mais surtout dans les destructions opérées par les conquérants eux-mêmes.

Les Normands s'adaptèrent pourtant vite à la culture qu'ils avaient trouvée en arrivant dans l'île. Les éléments arabomusulmans sont très nombreux dans la culture de la Sicile normande, ainsi qu'à la cour. Roger II (1130-1154) – surnommé « le Païen » en raison de son attitude favorable envers les musulmans – utilisa des troupes et des engins de siège arabes lors de ses campagnes en Italie méridionale; les architectes arabes mobilisés pour ses constructions créèrent un style nouveau arabonormand très caractéristique. Son magnifique manteau de couronnement, tissé dans l'atelier de *tiraz* royal de Palerme, porte une inscription en arabe et la date 528 de l'Hégire (= 1133-1134). Roger II adopta également l'usage arabe d'entretenir à sa cour des poètes panégyristes : une anthologie musulmane postérieure a préservé des fragments de poèmes arabes écrits à la gloire du roi – tout en condamnant les auteurs qui se consacrent à l'éloge des infidèles : « Puisse Dieu les plonger au plus vite dans le feu infernal le plus ardent [1] ! » C'est à la cour de Roger que le Marocain Idrisi, le plus grand des géographes arabes, écrivit la monumentale somme géographique qu'il dédia au roi et qui est connue sous le nom de *Kitab Rudjdjar,* le « Livre de Roger ». En 1185, le voyageur musulman espagnol Ibn Djubayr visita l'île, notant au passage que le roi Guillaume II (1166-1189) savait lire et écrire en arabe : « Le roi s'appuie beaucoup sur les musulmans et leur confie ses affaires, même les plus importantes, à tel point que le surintendant de sa cuisine est un musulman, avec un grand nombre d'esclaves noirs dirigés par l'un d'entre eux, de même que [...] ses vizirs et ses chambellans [2]. » Le voyageur remarqua aussi que même les chrétiens de Palerme s'habillaient comme des musulmans et que beaucoup parlaient l'arabe. Les souverains normands continuèrent de frapper des monnaies avec des inscriptions en arabe et des dates de l'Hégire. La plupart des documents continuaient d'être tenus en arabe, y compris les registres officiels de la cour.

A une date postérieure, sous la dynastie souabe des Hohenstaufen qui remplaça celle des Normands, le latin remplaça progressivement l'arabe dans l'usage officiel; le dernier document sicilien en arabe date de 1242. Pourtant, la culture arabe survécut et prospéra sous le règne de

1. 'Imad al-Din, *Kharidat al-qasr* , éd. M. Amari, *Bibliotheca Arabo-Sicula* (Leipzig, 1857), p. 588.

2. Ibn Djubayr, *Rihla*[2], éd. W. Wright, révisée par M. J. de Gœje (Londres-Leyde, 1907), p. 324-325.

Frédéric II (1215-1250), renforcée par ses contacts extensifs avec l'Orient musulman. Même sous Manfred (mort en 1266), les signes de l'influence arabe étaient toujours visibles. Dans le camp de Lucera, colonie musulmane installée sur le continent par Frédéric II, on faisait chaque jour les cinq prières rituelles. Pourtant, la vieille culture s'effaçait : au début du XIVe siècle, l'arabe n'était plus en usage dans l'île ; de son côté, l'islam était mort d'émigration ou d'apostasie.

La place de la Sicile dans la transmission de la culture musulmane à l'Europe est, globalement, moins importante que l'on ne s'y attendrait. Ses principales réalisations datent en fait du règne de Frédéric II, époque à laquelle plusieurs traducteurs chrétiens et juifs transposèrent en latin une série d'œuvres arabes originales ou démarquées de textes grecs. Citons, parmi eux, Théodore, un astrologue d'origine orientale, qui traduisit des traités d'hygiène et de fauconnerie, et le célèbre Michael Scot, magicien et astrologue écossais ou irlandais qui entra au service de Frédéric II après avoir étudié l'arabe et l'hébreu en Espagne, et resta en Sicile jusqu'à sa mort. Le dernier des traducteurs siciliens fut le docteur juif Faradj ibn Salim, qui traduisit en latin une grande œuvre médicale de l'Iranien al-Razi (le Rhasès de l'Occident médiéval) pour le roi angevin Charles Ier (mort en 1285).

C'est dans la péninsule ibérique que les Arabes devaient réaliser leur conquête européenne la plus durable. En 710, le chef berbère Tarif, avec la complicité d'un dignitaire wisigoth révolté du nom de Julian, conduisit une expédition militaire au-delà des détroits de Tarifa (qui perpétuent le souvenir de son nom). Encouragé par ce succès, Tariq, un affranchi berbère de Mūsa ibn Nusayr, le gouverneur arabe du nord-ouest de l'Afrique, prépara une expédition plus importante ; au printemps de 711, avec l'aide des navires de Julian, quelque sept mille hommes débarquèrent à Gibraltar (le *Djébel Tariq* en arabe). De là, il s'avança vers l'intérieur des terres, battit l'armée des Wisigoths et s'empara de Cordoue et de Tolède. Les troupes musulmanes engagées jusque-là avaient été presque exclusivement des Berbères ; en 712, Musa arriva en personne avec un corps d'armée de dix mille hommes environ et prit les villes de Séville et de Mérida. La progression des Arabes s'accéléra et, en 718, ils avaient déjà occupé la majeure partie de la péninsule et franchi les Pyrénées, pour envahir le sud de la France. Ils y furent mis en échec par les Francs de Charles Martel, à la bataille de Poitiers (732) et, de manière plus décisive, par leur incapacité à tenir la ville de Narbonne.

A l'aube de la conquête arabe, l'Espagne était dans un état de faiblesse déplorable. Selon les mots d'un ancien chroniqueur [1], « de tout ce qu'elle possédait naguère, elle n'avait gardé que son nom ». On notait d'un côté une petite classe de propriétaires terriens, avec d'énormes *latifundia,* de l'autre une masse misérable de serfs et d'esclaves; entre les deux, une classe moyenne ruinée, en plein déclin. Des bandes de brigands, de serfs et d'esclaves fuyards ravageaient le pays. En 616 commença une violente persécution des juifs de la péninsule, ajoutant au nombre de ceux qui n'avaient plus rien à perdre et même tout à gagner dans un changement de maîtres. L'armée wisigothe s'effondra devant les envahisseurs et les victoires initiales des Arabes entraînèrent presque immédiatement la dislocation des structures vermoulues de l'Etat. Les serfs se mirent en grève; les juifs se révoltèrent et passèrent du côté des envahisseurs, auxquels ils livrèrent la ville de Tolède.

Les nouveaux maîtres étaient relativement libéraux; certains chroniqueurs espagnols vont même jusqu'à décrire le nouveau pouvoir comme préférable au pouvoir des Francs, dans le nord de la péninsule. Le bénéfice le plus grand que la conquête apporta au pays fut en effet l'élimination des anciennes classes dirigeantes de la noblesse et du clergé et la redistribution de leurs terres, ce qui créa une nouvelle classe de petits propriétaires, largement responsables de la prospérité agricole de l'Espagne musulmane. La situation matérielle des serfs s'améliora,

1. Salvianus, *De Gubernatione Dei,* Brême, 1688, IV, p. 60, cité dans R. Dozy, *Histoire des musulmans d'Espagne,* rév. E. Lévi-Provençal, Leyde, 1932, I, p. 253.

cependant que la population urbaine trouvait une nouvelle vie en se convertissant massivement à l'islam.

Après la conquête, les soldats des armées d'invasion restèrent sur place, se marièrent et s'établirent à demeure. De nouvelles vagues d'immigration arrivèrent d'Afrique du Nord et d'Orient durant tout le VIIIe siècle, apportant toujours plus d'Arabes et même de Nord-Africains dans la péninsule. En 741, les Berbères furent assez forts pour y fomenter un soulèvement général contre les Arabes. Le khalife expédia aussitôt depuis Damas une armée arabe (et essentiellement syrienne) qui arriva en 742, après une longue et difficile traversée, sous le commandement de Baldj ibn Bishr. Les Berbères furent rapidement battus et l'armée du khalife reçut en fief, pour la récompenser de ses services, les côtes méditerranéennes de l'Espagne. Ces nouveaux colons venus de Syrie se répartirent selon le même schéma que dans leur terre d'origine; les hommes de chacun des *djund* syriens (districts militaires) reçurent un district du territoire ibérique: ceux de Damas, l'Elvire; ceux de Jordanie, Malaga; ceux de Palestine, la Sidonie; les gens de Hims, Séville; ceux de Qinnasrin, Jaen. L'armée d'Egypte tenait Beja et Murcie. Ces détenteurs de fiefs étaient redevables du service militaire sur réquisition de l'émir de Cordoue, la capitale arabe de l'Espagne. Le reste du temps, ils étaient censés vivre sur leurs terres. Comme les Arabes n'avaient pas encore pris goût à l'agriculture, la grande majorité des seigneurs préférèrent s'établir dans les principales agglomérations des districts où se situaient leurs terres et vivre des revenus qu'ils tiraient du travail des serfs ou des métayers espagnols qui cultivaient leurs propriétés. Ils constituèrent une population urbaine nouvelle, caste de guerriers vivant de ses revenus et baptisés *shami* – ou « gens de Damas », « Syriens » – pour les distinguer des Arabes qui s'étaient installés au temps de la première invasion.

Le renforcement de l'élément syrien en Espagne créa un environnement favorable pour 'Abd al-Rahman, prince omeyyade qui fuyait la ruine et le massacre de sa famille en Orient. Après un travail d'approche auprès de l'armée de Baldj, composée en grande partie d'anciens clients des

Omeyyades, il débarqua à Almuñecar en 755, battit rapidement le gouverneur qui avait prêté allégeance aux Abbassides et s'empara de Cordoue en 756, établissant du même coup la dynastie omeyyade d'Espagne, désormais indépendante et qui devait durer jusqu'en 1031.

Le premier siècle de cette dynastie fut pourtant une période de troubles, durant laquelle les émirs de Cordoue s'employèrent à pacifier la contrée, en soumettant les révoltes – ouvertes ou latentes – qui touchèrent divers éléments de la population. Les Arabes étaient essentiellement des citadins, grands vassaux de l'aristocratie militaire des *djund* syriens. Ils étaient fortement implantés dans le Sud-Est et constituèrent même, un moment, une grave menace pour l'autorité du gouvernement. Mais la fin de l'immigration arabe au IXᵉ siècle et la fusion progressive entre les Arabes et la masse des Espagnols arabisés et convertis à l'islam affaiblirent graduellement l'influence des grandes familles arabes, qui cessèrent finalement de jouer un rôle important dans les affaires publiques. Les Berbères étaient à la fois beaucoup plus nombreux et beaucoup plus actifs : leur nombre augmenta constamment par suite d'une immigration continue jusqu'au XIᵉ siècle. Ils ne formaient dans les villes qu'une minorité rapidement assimilée, mais la majorité d'entre eux, montagnards originaires du Maroc, préférèrent s'établir dans les districts montagneux, attirés par le mode de vie ancestral fondé sur le pastoralisme et l'agriculture, et par les avantages militaires que donnait un type de terrain qui leur était familier. Il y avait, enfin, les Espagnols eux-mêmes : chrétiens, juifs et convertis à l'islam. Les communautés protégées non musulmanes furent plus nombreuses et mieux organisées en Espagne que partout ailleurs dans le monde islamique. La politique du gouvernement à leur égard fut généralement tolérante, les répressions occasionnelles n'étant dues le plus souvent qu'à des considérations politiques temporaires. Les conversions à l'islam, résultats de l'attirance plutôt que de la coercition, furent rapides et nombreuses. Les Espagnols musulmans et arabophones – hommes libres, affranchis et esclaves – formèrent bientôt la majeure partie de la population. Même les Espagnols qui restaient fidèles à leur religion d'origine adoptèrent la langue arabe en proportion remarquable. Dès le milieu du IXe siècle, Alvaro, un chrétien de Cordoue, note avec amertume[1] :

« Beaucoup de mes coreligionnaires lisent la poésie et les contes des Arabes; ils étudient les écrits des théologiens et des philosophes mahométans, non pour les réfuter, mais pour apprendre comment s'exprimer eux-mêmes en arabe avec une correction et une élégance plus grandes. Où trouver aujourd'hui un laïc qui lise les commentaires en latin sur les Saintes Ecritures? Qui, parmi eux, étudie les Evangiles, les Prophètes, les Apôtres? Tous les jeunes chrétiens connus pour leurs talents ne connaissent que la langue et la littérature des Arabes; ils lisent et étudient avec zèle les livres arabes, constituant à grands frais d'énormes bibliothèques et proclamant partout à qui veut les entendre que cette littérature est digne d'admiration. Parmi des milliers d'entre nous, à peine en trouve-t-on un qui sache écrire une lettre à un ami en un latin passable, mais innombrables sont ceux qui peuvent s'exprimer en arabe et composer de la poésie en cette langue, avec plus d'art que les Arabes eux-mêmes. »

Vers la même époque, l'archevêque de Séville jugea nécessaire de faire traduire et de publier la Bible en arabe avec des annotations, non pas à des fins de prosélytisme, mais pour sa propre communauté! De nombreux chrétiens travaillaient au service de l'Etat et même des évêques furent envoyés en mission diplomatique par les émirs. Le terme de « mozarabes » – tiré de l'arabe *musta'rib,* « arabisant » – désigna les chrétiens et les juifs arabophones; le terme arabe *muwallad* (signifiant approximativement « adoptés ») fut utilisé pour désigner les descendants des non-Arabes convertis à l'islam.

Le règne d'"Abd al-Rahman II (822-852) marqua une période de paix relativement longue. Le khalife réorganisa le royaume cordouan sur le modèle abbasside, introduisant une administration centralisée et bureaucratique, ainsi qu'une hiérarchie de cour inspirée aussi de celle des Abbassides. Il était connu comme protecteur des lettres et des arts, apportant des livres, attirant des savants et renforçant ainsi les liens culturels entre l'islam espagnol et les

1. Alvaro, « *Indiculus Luminosus* », in *Espana sagradà,* XI, p. 274-275, cité dans Dozy, *op. cit.*, I, p. 317-318.

centres proche-orientaux de la civilisation islamique. L'un des personnages les plus remarquables à cet égard fut Ziryab, un musicien persan chassé de la cour de Harun al-Rashid par la jalousie de son professeur. Ayant trouvé refuge à la cour de Cordoue, Ziryab devint l'arbitre indiscuté du goût et de la mode dans la capitale espagnole, introduisant des raffinements nouveaux et inconnus en Occident, comme les modes musicaux de l'Orient, le port de robes délicates et la consommation d'asperges.

Sous les successeurs d'‘Abd al-Rahman, les menaces de dissensions internes s'affaiblirent. Arabes, Berbères et Espagnols islamisés se fondirent progressivement en une population musulmane homogène, fière de son indépendance culturelle et politique proprement « ibérique ». Cette évolution vers l'unification politique et culturelle bénéficia largement des événements intervenus au début du Xe siècle. L'ascension des Fatimides en Afrique du Nord et l'établissement d'un « antikhalife » schismatique à la tête d'un mouvement subversif très étendu conduisirent l'émir ‘Abd al-Rahman III (912-961) à assumer pour lui-même le titre et la dignité de khalife, se proclamant ainsi le chef religieux et politique suprême des musulmans d'Espagne et coupant les derniers liens d'obéissance vis-à-vis de l'Orient. Le khalifat d'‘Abd al-Rahman III inaugura l'apogée des Omeyyades d'Espagne. Son règne fut une période de grande stabilité politique et de paix intérieure, au cours de laquelle les féodaux arabes aussi bien que les montagnards berbères restèrent sous le contrôle étroit du pouvoir central. Les influences orientales s'estompèrent et une civilisation hispano-arabe originale commença d'émerger, dans laquelle la tradition arabe classique était affectée par de subtiles influences de l'environnement local. Dans le même temps, les relations commerciales avec l'Orient restaient maintenues; l'ouverture de relations diplomatiques avec Byzance montre bien la puissance et le prestige de l'Etat omeyyade d'Espagne à cette époque. Le khalife al-Hakam II (961-976), mécène fameux qui amassa une bibliothèque de plusieurs milliers de volumes, et son vizir al-Mansur – l'Almanzor des écrivains européens, véritable souverain du pays – continuèrent l'œuvre d'"Abd al-Rahman en centralisant le pouvoir et en unifiant la population.

La mort d'al-Mansur, durant le règne d'al-Hisham (976-1008), fut suivie d'une véritable débâcle. Le relâchement du pouvoir central libéra les rivalités latentes entre les deux factions, les « Andalous » d'un côté, c'est-à-dire l'ensemble de la population musulmane espagnole, et les « Berbères » récemment venus d'Afrique, de l'autre. Dans l'épisode de guerres civiles et de dissensions qui s'ensuivit, un troisième parti, celui des « Slaves », joua un rôle décisif. Ce terme désigna d'abord des esclaves originaires de l'Europe de l'Est, puis tous les esclaves d'origine européenne qui travaillaient dans l'administration royale. Nombre d'entre eux étaient italiens ou venaient des principautés chrétiennes restées indépendantes dans le nord du pays. Ils avaient été installés depuis les premiers temps de la conquête et ils étaient pour la plupart musulmans et arabophones. Au milieu du IXᵉ siècle, leur importance avait grandi dans l'armée et dans le palais : on en dénombrait 13 750 sous le règne d'"Abd al-Rahman III. Beaucoup avaient été affranchis et avaient acquis richesses et considération. Les princes omeyyades s'en étaient servis pour contrebalancer l'influence des seigneurs féodaux arabes, nommant nombre d'entre eux à des fonctions gouvernementales et à des commandements militaires élevés. Leur insubordination et leurs conflits avec les Berbères contribuèrent puissamment à préparer la ruine du khalifat omeyyade d'Espagne.

La première moitié du XIᵉ siècle fut une période d'éclatement politique, durant laquelle l'Espagne musulmane se fractionna en une série de petites principautés berbères, slaves ou andalouses, connues sous le nom de « royaumes des *ta'ifa* » (d'un mot arabe signifiant « bande »). Cette faiblesse politique entraîna une double invasion de l'Espagne musulmane, par les chrétiens venus du nord avec l'assistance des Francs et par les Berbères venus du sud. En 1085, le flot de la reconquête chrétienne vint battre les murs de Tolède, dont la perte porta un coup mortel à l'islam espagnol. Pourtant, malgré la faiblesse politique et la désunion du pays, l'épisode des « royaumes des *ta'ifa* » fut une période d'épanouissement culturel. Les multiples cours princières étaient autant de centres d'enseignement, de sciences, de philosophie et de littérature. Le déclin et la chute du khalifat permirent la reprise de relations actives, à la fois économiques et culturelles, avec l'Orient.

Le règne des « rois de *ta'ifa* » s'acheva par une nouvelle invasion berbère venue d'Afrique. Yusuf ibn Tashfin, fondateur de la dynastie des Almoravides, débarqua en Espagne à l'invitation des Andalous eux-mêmes, pour contrer la menace chrétienne. Après avoir battu les chrétiens en 1086, il procéda à l'annexion des « royaumes des *ta'ifa* » à son empire mauresque. Les Almoravides cédèrent bientôt la place à la nouvelle dynastie africaine des Almohades, une secte de Berbères fanatisés. Pendant ce temps, la *Reconquista* chrétienne continuait de progresser. Les musulmans remportèrent en 1195 leur dernière grande victoire à la bataille d'Alarcos, mais leur défaite à Las Navas de Tolosa, en 1212, inaugura une série d'avancées décisives des chrétiens, qui culminèrent avec la prise de Cordoue en 1236 et celle de Séville en 1248. Le royaume almoravide éclata à son tour en une nouvelle mosaïque de « rois de *ta'ifa* », de durée très éphémère. A la fin du XIIIe siècle, les chrétiens avaient reconquis l'ensemble de la péninsule, à l'exception de la ville et de la province de Grenade, où une dynastie musulmane allait s'accrocher durant deux siècles encore. C'est là, dans la gloire crépusculaire de l'islam espagnol, qu'allait naître la splendeur de l'Alhambra, suprême expression du génie créatif de cet islam occidental. Le 2 janvier 1492, les armées coalisées de Castille et d'Aragon prirent la cité de Grenade; dans les quelques années qui suivirent, une série d'édits royaux décréta l'expulsion de tous les non-chrétiens hors de la péninsule, d'abord celle des juifs, puis celle des musulmans. La langue arabe persista encore quelque temps dans les populations converties de force au christianisme, mais celles-ci furent suspectées de pratiquer l'islam en secret et déportées à leur tour en Afrique, au début du XVIIe siècle.

L'islam espagnol, à son apogée, a offert au monde un glorieux spectacle. Les Arabes ont enrichi la vie de la péninsule dans de multiples domaines. En agriculture, ils ont introduit la science de l'irrigation et plusieurs productions nouvelles, incluant les agrumes, le coton, la canne à sucre et le riz. D'Espagne et du Portugal, le coton et le sucre – ainsi que les techniques pour les cultiver – allaient être exportés dans les îles de l'Atlantique et finalement jusqu'au Nouveau Monde. Les changements et les améliorations apportés sont largement responsables de la prospérité agricole de l'Espagne sous le gouvernement des Arabes. Ces derniers développèrent également plusieurs industries : textile, céramique, papier, soie et raffinage du sucre. Ils ouvrirent d'importantes mines d'or, d'argent et d'autres métaux. La laine et la soie étaient travaillées à Cordoue, Malaga et Alméria ; la céramique, à Malaga et Valence ; les armes, à Cordoue et Tolède ; le cuir, à Cordoue ; les tapis, à Beza et Calcena ; le papier, à Jativa et Valence. Comme partout ailleurs dans le monde islamique, la manufacture des textiles constituait l'industrie principale : la seule Cordoue comptait treize mille tisserands. L'Espagne musulmane entretint un commerce actif avec l'Orient ; des flottes marchandes basées dans les ports d'Andalousie transportaient les marchandises dans toute la Méditerranée. Les principaux marchés étaient en Afrique du Nord et surtout en Egypte et à Constantinople, où les marchands byzantins achetaient les productions espagnoles pour les revendre en Inde et en Asie centrale. Les nombreux mots d'arabe conservés dans l'agriculture et dans l'artisanat témoignent de la force de l'influence arabe. Dans la vie politique elle-même, les nombreux termes arabes encore utilisés dans l'administration locale espagnole – tout comme dans le vocabulaire militaire – illustrent la persistance d'une tradition intellectuelle. Le roi chrétien du XIVe siècle qui restaura l'Alcazar de Séville fit commémorer son œuvre par une inscription en arabe ainsi libellée : « Gloire à notre Seigneur, le Sultan Don Pedro [1] ». Les monnaies du temps de la reconquête ont longtemps gardé le modèle arabe.

1. *R.C.E.A.*, XVII, p. 48.

L'islam espagnol apporta d'importantes contributions à toutes les branches de la tradition arabe classique : malgré son éloignement et ses caractéristiques proprement locales, c'est bien à cette tradition fondamentale qu'il appartenait en dernier ressort. Même l'héritage des Grecs atteignit les musulmans d'Espagne par l'intermédiaire de livres importés des centres orientaux de traduction, notamment durant le règne d'"Abd al-Rahman II, plutôt que par le relais des sources locales. Les influences locales agirent de leur côté sur la poésie lyrique, domaine dans lequel les Arabes espagnols créèrent des formes nouvelles auparavant inconnues de l'Orient musulman; elles eurent à leur tour une influence considérable sur la première poésie chrétienne d'Espagne et peut-être aussi sur les autres littératures de l'Europe occidentale. Mais les créations les plus originales et les plus marquantes de l'islam espagnol furent peut-être son art et son architecture : à partir des modèles byzantins et arabes du Proche-Orient, ils évoluèrent sous l'influence du pays vers des réalisations nouvelles et originales. La fameuse mosquée de Cordoue, commencée sous 'Abd al-Rahman Ier, marque le point de départ de ce nouveau style hispanomauresque, qui allait produire des chefs-d'œuvre comme la tour de la Giralda et l'Alcazar de Séville, ou l'Alhambra de Grenade.

L'influence permanente des Arabes est beaucoup moins importante en Espagne qu'elle ne l'est, par exemple, en Iran. Dans la langue persane, presque toute la terminologie ayant trait à la vie culturelle et spirituelle est d'origine arabe. En Espagne, elle est d'origine latine. Pourtant, les nombreux vocables relatifs à la vie matérielle montrent la dette importante de l'espagnol dans les domaines économique, social et – partiellement – politique. L'héritage arabe en matière de culture doit être également apprécié à sa grande et juste valeur, aussi bien pour l'Espagne que pour le reste de l'Europe occidentale. Des chrétiens de tous les pays sont venus en Espagne musulmane pour étudier avec les Espagnols sous la férule de maîtres musulmans et juifs arabophones; ils y ont traduit de nombreux ouvrages de l'arabe en latin. Le premier grand centre de transmission de la culture en Occident a été la ville de

Tolède, reconquise en 1085. Beaucoup de savants musulmans y restèrent et reçurent bientôt le renfort de nombreux réfugiés juifs venus du sud, où sévissait l'intolérance fanatique des Almohades ; ceux-ci organisaient en effet de violentes persécutions religieuses, ce qui amena de nombreux juifs à chercher un refuge temporaire dans l'atmosphère – provisoirement – plus libérale de la Tolède chrétienne. Aux XIIe et XIIIe siècles, et spécialement sous le règne d'Alphonse X le Sage, roi de Léon et de Castille (1252-1284), les écoles de traduction de Tolède produisirent un immense *corpus* d'œuvres anciennes, comprenant entre autres l'*Organon* d'Aristote et la plupart des écrits d'Euclide, de Ptolémée, de Galien et d'Hippocrate, enrichis des commentaires et des scolies de leurs continuateurs arabes. Les traducteurs, espagnols et étrangers, travaillaient habituellement avec des savants locaux bilingues, dont plusieurs juifs. Citons Domingo Gundisalvi, des juifs convertis comme Jean de Séville et Pierre Alphonsi, des Italiens comme Gérard de Crémone, des Allemands comme Hermann le Dalmatien, des Anglais comme Adelard de Bath, Daniel de Morlay ou encore le Celte Michael Scot.

Les Arabes ont laissé leur empreinte sur l'Espagne, aussi bien dans les techniques des paysans et des artisans espagnols – et dans les mots avec lesquels ils les décrivent – que dans les arts, l'architecture, la musique et la littérature de la péninsule, sans omettre la science et la philosophie de l'Occident médiéval, enrichies par la transmission d'un héritage antique fidèlement gardé et enrichi. Chez les Arabes eux-mêmes, la mémoire de l'Espagne musulmane a survécu chez les expulsés en Afrique du Nord, dont beaucoup portent encore des noms d'origine andalouse et gardent accrochées, à Marrakeh ou Casablanca, les clefs de leur ancienne demeure cordouane ou sévillane. En des temps plus récents, des visiteurs musulmans venus du Proche-Orient – comme le poète égyptien Ahmad Shawqi ou le savant syrien Muhammad Kurd 'Ali – ont rappelé aux Arabes orientaux les magnifiques réalisations de leurs frères espagnols ; ils ont ainsi contribué à redonner à la mémoire de l'islam espagnol sa juste place dans la conscience et dans la fierté nationales des Arabes.

CHAPITRE VIII

LA CIVILISATION ISLAMIQUE

« Les sciences venues des diverses parties du monde ont été traduites en langue arabe; par ce moyen, elles ont été embellies et ont pénétré le cœur des hommes, tandis que les beautés de cette langue coulaient dans leurs veines et dans leurs artères. »

Al-Biruni, *Kitab al-Saydana* [1]

Durant la période de grandeur du royaume arabe et de l'empire islamique, on vit s'épanouir au Proche et au Moyen-Orient une civilisation florissante couramment baptisée « arabe ». Elle n'arriva pas toute constituée avec les envahisseurs venus du désert, mais fut au contraire élaborée, après les conquêtes, par la collaboration de plusieurs peuples – Arabes, Persans, Egyptiens et bien d'autres encore. Elle ne fut pas non plus entièrement musulmane, car beaucoup de chrétiens, de juifs et de zoroastriens comptèrent au nombre de ses créateurs. Mais son principal moyen d'expression a été la langue arabe et elle a été dominée par l'islam et le mode de vie islamique. La religion et la langue ont été, en effet, les deux grandes contributions des envahisseurs arabes à cette civilisation originale qui se développa rapidement sous leur égide.

1. Al-Biruni, *Kitab al-Saydana*, éd. Max Meyerhof, *Bulletin de l'Institut d'Egypte*, XX, 1940, p. 1.

L'arabe est l'une des langues sémitiques et la plus riche d'entre elles, à bien des égards. Les habitants préislamiques de l'Arabie septentrionale constituaient un peuple primitif vivant à la dure, avec peu d'éducation ou de culture formelle et moins encore de tradition écrite. Mais ils avaient développé un langage et une tradition poétiques d'une remarquable richesse : la savante élaboration du mètre, de la rime et de la diction, l'exactitude classique de la forme, constituèrent le moule de toute la poésie arabe à venir. Avec sa richesse de passion et d'images, et son nombre de thèmes limité, elle est en effet la véritable expression de la vie des Bédouins : elle chante l'amour, le vin, la guerre, la chasse, les paysages terribles de la montagne et du désert, la valeur martiale des hommes des tribus et les turpitudes de leurs ennemis. Ce n'est pas, comme on s'y attendrait, une littérature d'abstraction ou de pensée pure.

Les conquêtes firent de l'arabe une langue impériale, puis – très rapidement – la langue d'une culture aussi vaste que diversifiée. L'arabe s'enrichit pour répondre à ces nécessités nouvelles, partiellement par l'emprunt de mots ou d'expressions nouveaux, mais surtout par un développement interne, formant des mots nouveaux à partir des racines anciennes et donnant de nouvelles significations à des mots anciens. On prendra comme exemple le mot arabe signifiant « absolu », notion parfaitement inutile aux Arabes d'avant l'islam : il s'agit de *mudjarrad,* forme passive de *djarrada,* « dépouiller » ou « dénuder » – terme normalement employé pour les criquets pèlerins et lié aux mots *djarada,* « criquet », et *djarida,* « feuille ». La langue enrichie de cette manière possédait un vocabulaire vivant, concret et pictural, chacun de ses termes ayant des racines profondes dans un passé et une tradition purement arabes. Elle provoquait un choc direct et frappant des idées sur l'esprit, grâce à des mots concrets et familiers, pénétrant facilement jusque dans les profondeurs de la conscience.

La langue arabe ainsi enrichie resta pendant longtemps le seul instrument de culture après l'effondrement du royaume arabe. Elle véhicula leur poésie comme modèle classique, avec le monde d'idées qui s'y trouvait lié :

concret plutôt qu'abstrait, mais néanmoins subtil et allusif; rhétorique et déclamatoire, plus souvent qu'intime et personnel. C'est une littérature où l'impact des mots et de la forme comptait souvent plus que la transmission des idées.

Plus que leur conquête militaire, c'est « l'arabisation » des provinces conquises qui est le véritable miracle de l'expansion arabe. Au XIe siècle, l'arabe était devenu non seulement la langue véhiculaire la plus répandue de la Perse aux Pyrénées, mais aussi le principal instrument de culture, ayant supplanté les anciennes langues culturelles comme le copte, l'araméen, le grec et le latin. Au fur et à mesure de la diffusion de cette langue, la distinction entre conquérants arabes et peuples conquis arabisés s'estompa : tous ceux qui parlaient l'arabe et qui professaient l'islam étaient ressentis comme appartenant à une seule et même communauté, tandis que le terme « arabe » se restreignait de nouveau aux nomades qui l'avaient vu naître, à moins qu'il ne fût utilisé comme titre d'ascendance aristocratique, sans grande connotation économique ou sociale.

Même au-delà des vastes régions arabisées de façon définitive, l'arabe exerça une immense influence sur les autres langues « musulmanes ». Le persan et le turc, plus tard l'ourdou, le malais et le swahili, furent transcrits en caractères arabes et accueillirent un grand nombre de vocables arabes, à l'image des éléments grecs et latins dans l'anglais. Ce vocabulaire couvrait la totalité de l'univers des concepts et des idées.

La survie et l'expansion de l'arabe impliquèrent bien davantage que le langage lui-même – à la différence, par exemple, de l'usage prolongé du latin dans l'Occident médiéval : la langue s'accompagnait du goût et de la tradition arabes dans le choix et le traitement des sujets. Il est instructif, de ce point de vue, de comparer la poésie écrite en arabe par les Iraniens jusqu'au XIe siècle à la poésie écrite en persan à des dates postérieures, lorsque l'Iran musulman eut développé une culture islamique indépendante qui lui était propre. La poésie arabe de l'Iran diffère à plusieurs titres de la première poésie arabe, mais elle se conforme fondamentalement au goût des Arabes et elle est toujours considérée par ceux-ci comme partie intégrante de leur héritage. Elle n'a pas, en revanche, le côté épique ni le lyrisme subjectif de la poésie iranienne plus tardive.

L'islam issu de l'Arabie et du Prophète arabe – n'a pas été uniquement un système de croyance et de culte. Ce fut aussi un système d'Etat, de société, de loi, de pensée et d'art – en un mot, une civilisation, avec la religion comme facteur finalement dominant d'unification. A compter de l'Hégire, l'islam signifia soumission non seulement à la nouvelle foi, mais aussi à la communauté, c'est-à-dire reconnaissance de la suzeraineté de Médine et du Prophète, puis de l'empire et du khalife. Son code était la *Shari'a,* la Sainte Loi élaborée par les juristes à partir du Coran et des « traditions » du Prophète. La *Shari'a* n'était pas seulement un code de lois normatif, mais aussi – sous son aspect social et politique – une règle de conduite, un idéal vers lequel devaient tendre les hommes et la société dans son ensemble. L'islam n'admettait aucun autre pouvoir législatif, puisque la loi ne pouvait émaner que de Dieu par la révélation; toutefois, la loi coutumière et la législation civile, de même que la volonté du souverain, se maintinrent officieusement, limitées à l'occasion dans leur reconnaissance par les juristes théologiens. La *Shari'a,* don de Dieu, réglait tous les aspects de la vie, non seulement la croyance et le culte, mais aussi le droit public – constitutionnel et international – ainsi que le droit privé, criminel ou civil. Son caractère « idéal » est manifeste dans son aspect constitutionnel. Selon la *Shari'a,* le chef de la communauté était le khalife, régent reconnu par Dieu, doté du pouvoir suprême dans les domaines militaire, civil et religieux, et investi de la tâche de maintenir l'héritage spirituel et matériel du Prophète. Le khalife n'avait pas de pouvoirs spirituels par lui-même. Il ne pouvait ni changer la doctrine, ni en créer une nouvelle; il n'était soutenu par aucun clergé constitué, mais seulement par la classe quasi cléricale des *'ulema',* les docteurs de la loi divine. Dans la pratique, le khalife devint le jouet des chefs militaires et des aventuriers politiques qui furent, à dater du IXe siècle, les véritables maîtres de l'Islam. Au XIe siècle, on vit apparaître le sultan comme souverain séculier à côté du khalife, avec des pouvoirs difficilement admis après coup par les juristes religieux. On constate le même contraste dans l'administration de la Loi : à côté du *Qadi,* régisseur de la Sainte Loi, on vit se constituer d'autres tribunaux, dont l'objectif avéré était de traiter les affaires échappant à la juridiction du *Qadi* et de remédier aux injustices par la mise en œuvre de pouvoirs discrétionnaires.

Les deux contributions des Arabes à la civilisation – leur langue et leur religion – ont été naturellement soumises, depuis les temps les plus anciens, aux influences de l'extérieur. Il existe des mots étrangers jusque dans la poésie pré-islamique et dans le Coran ; leur nombre s'accroît à la période des conquêtes. Les termes administratifs empruntés au persan et au grec, les termes religieux pris à l'hébreu et au syriaque, les termes philosophiques et scientifiques démarqués du grec – tous montrent l'immense influence des civilisations plus anciennes de la région sur la nouvelle venue qui se développait progressivement. La société islamique de la période classique connut un développement complexe, incorporant plusieurs éléments d'origines très diverses : des idées juives, zoroastriennes et chrétiennes de prophétie, de religion officielle et légale, d'eschatologie et de mysticisme ; des pratiques administratives impériales empruntées aux Byzantins et aux Sassanides. L'influence la plus importante fut peut-être celle de l'hellénisme, spécialement pour la science, la philosophie, l'art et l'architecture et même – plus discrètement – pour la littérature. L'influence hellénistique fut si grande que l'islam a parfois été décrit comme le troisième légataire de cet héritage, à côté des christianismes orthodoxe et latin. Pourtant, l'hellénisme de l'islam était l'hellénisme tardif du Proche-Orient, à demi « orientalisé » par les influences araméennes et chrétiennes ; ce fut un prolongement de l'Antiquité tardive, sans solution de continuité, plutôt qu'une redécouverte du classicisme athénien de la grande époque, comme cela devait se produire plus tard en Occident.

De leur propre aveu, la plus haute réalisation des Arabes – et la première dans l'ordre chronologique – fut la poésie, avec l'art annexe de la rhétorique. La poésie pré-islamique avait eu souvent une fonction publique et sociale, le poète apparaissant sous les aspects du panégyriste ou du satiriste, doté parfois d'un rôle politique important. Sous les Omeyyades, cette poésie d'avant l'islam, naguère transmise oralement, fut codifiée et servit de modèle pour les développements postérieurs. Sous les Abbassides, la poésie arabe fut enrichie par l'arrivée de nombreux éléments allogènes, des Persans surtout : le premier à faire œuvre de génie dans ce domaine fut l'aveugle Bashshar ibn Burd (mort en 784). Les nouveaux venus prirent temporairement l'avantage sur les modèles pré-islamiques, grâce à leurs sujets et à leurs formes, au cours d'une lutte acharnée entre les « anciens » et les « modernes ». Pourtant, ces novateurs eux-mêmes se trouvèrent limités par la nécessité de s'accommoder aux goûts arabes des souverains et de l'élite dirigeante; ils finirent par céder la place devant le triomphe d'un néoclassicisme dont le meilleur représentant fut al-Mutanabbi (905-965), considéré par les Arabes comme le plus grand de leurs poètes.

Le Coran est en lui-même le premier document de la littérature arabe en prose. Les premiers siècles du khalifat développèrent à la fois la prose et la prose rimée et connurent une grande richesse dans le domaine des « belles-lettres » et des essais. Le plus grand maître de l'essai – et de la prose arabe – fut 'Amr ibn Bahr, connu sous le sobriquet d'« al-Djahiz », « l'homme-aux-yeux-ronds » (mort en 869). Natif de Bassora et petit-fils d'un esclave noir, il occupe une place unique dans les lettres arabes par sa versatilité, son originalité et son charme. La science et le savoir ont été religieux à l'origine : la grammaire et la lexicologie naquirent en fait du besoin d'interpréter et d'expliquer le Coran. A Médine, les pieux de l'ancienne école concentrèrent leurs activités sur les sciences religieuses proprement dites : interprétation du Coran, formulation du dogme et codification des « traditions ». Celles-ci donnèrent naissance aux écoles islamiques de jurisprudence et d'histoire, développées à partir du matériel législatif et biographique de la Tradition. L'interprétation déboucha sur le *corpus* de lois de la *Sharī'a.* Pour les Arabes, l'histoire commence avec la biographie du Prophète, enrichie par la codification des traditions orales pré-islamiques en matière d'histoire, puis par l'exemple des chroniques officielles des Sassanides, apportées par les Persans convertis.

L'histoire – au moins celle de l'islam – est importante pour les musulmans parce qu'elle rend compte de la matérialisation des desseins de Dieu à l'égard de l'humanité. Leurs auteurs produisirent bientôt de volumineuses histoires de plusieurs genres : histoires universelles, histoires régionales, histoires des familles, des tribus et des institutions. Les plus anciennes œuvres historiques sont à peine plus que des listes de références rédigées à la manière des compilations de « traditions » : ce sont des récits de témoins oculaires, simplement introduits par une chaîne d'autorités de transmission. A partir de ces œuvres, on voit se développer une histoire narrative et occasionnellement interprétative, dont l'apogée est l'œuvre d'Ibn Khaldun (1332-1406), le plus grand historien arabe et peut-être aussi le plus grand penseur historique du Moyen Age.

La littérature religieuse a été soumise à de fortes influences chrétiennes et juives, spécialement dans les premiers temps de son histoire : un bon nombre de matériaux empruntés aux littératures apocryphes et talmudiques ont été incorporés dans la « Tradition ». La littérature théologique à proprement parler débuta sous l'influence du christianisme syriaque, puis de la pensée grecque. L'influence de cette dernière fut fondamentale en philosophie et dans toutes les sciences : mathématiques, astronomie, géographie, chimie, physique, histoire naturelle et médecine. L'immense effort de traduction des livres grecs, soit directement à partir des originaux, soit par l'intermédiaire de leur version syriaque, entraîna un nouvel essor du savoir aux IXᵉ et Xᵉ siècles. Des écoles grecques avaient survécu en Alexandrie, à Antioche et ailleurs, ainsi que dans le collège persan de Djoundishapour, fondé par des nestoriens échappés de Byzance et venus se réfugier auprès des Sassanides.

Ce travail de traduction commença sous les Omeyyades, avec des ouvrages grecs et coptes sur la chimie. Sous le khalifat d'"Umar II, un juif de Bassora nommé Masardjawayh traduisit des livres médicaux syriaques, jetant ainsi les fondements de la science médicale arabe. Les traducteurs étaient habituellement des chrétiens et des juifs, syriens pour la plupart. Sporadique et individuel sous les Omeyyades, ce travail de traduction fut officiellement organisé et encouragé sous les Abbassides. La plus grande période fut le IXe siècle, et particulièrement le règne d'al-Ma'mun (813-833), qui établit à Baghdad une école de traduction officielle, avec une bibliothèque et une équipe permanente. L'un des traducteurs les plus remarquables fut Hunayn ibn Ishaq (vers 809-877), un docteur chrétien de Djoundishapour, qui traduisit tout le *corpus* des œuvres de Galien, les *Aphorismes* d'Hippocrate et beaucoup d'autres œuvres. D'autres savants se spécialisèrent en astronomie, en physique, en mathématiques, etc., traduisant les ouvrages du grec en syriaque et plus fréquemment en arabe. Les khalifes envoyèrent leurs chercheurs un peu partout, et même à Byzance, pour dénicher et rapporter des manuscrits.

Certains de ces premiers traducteurs produisirent aussi des œuvres de leur cru, habituellement des résumés et des commentaires d'œuvres grecques. On vit cependant naître rapidement toute une génération d'écrivains musulmans originaux, surtout des Iraniens : le médecin al-Razi (Rhasès, 865-925), le médecin et philosophe Ibn Sina (Avicenne, 980-1037), et le plus grand de tous, al-Biruni (973-1048), à la fois médecin, astronome, mathématicien, physicien, chimiste, géographe et historien, savant profond et original et probablement l'une des plus grandes figures intellectuelles de l'Islam médiéval. En médecine, les Arabes ne touchèrent pas aux théories fondamentales des Grecs, se contentant de les enrichir par des observations pratiques et par des expériences cliniques. En mathématiques, physique et chimie, leurs contributions furent plus importantes et plus originales. Les chiffres dits « arabes », système de dénombrement incluant l'usage du zéro, ont été à l'origine importés de l'Inde, mais c'est dans le

Moyen-Orient musulman qu'ils ont été incorporés pour la première fois dans la théorie mathématique, avant d'être transmis plus tard à l'Europe. L'algèbre et la géométrie – spécialement la trigonométrie – ont été très largement des développements arabes.

En philosophie, l'introduction des idées grecques fut d'une importance décisive. Elles devinrent accessibles sous le khalifat d'al-Ma'mun, lorsque les traductions d'Aristote touchèrent l'ensemble de la philosophie et les conceptions théologiques de l'islam, influençant les œuvres d'une longue série de penseurs musulmans. Les plus notables sont al-Kindi (mort vers 850) – le seul purement arabe de tous; al-Farabi (mort en 950), Ibn Sina (Avicenne, mort en 1037) et Ibn Rushd (Averroès, mort en 1198).

On a coutume de penser et d'affirmer que, si l'Orient a préservé le legs scientifique et philosophique de l'ancienne Grèce, il a ignoré son héritage littéraire et esthétique, connu du seul Occident. Cela n'est pas entièrement exact. Les Arabes ont prolongé la tradition gréco-romaine d'art et d'architecture, qu'ils transformèrent en produisant d'insolites merveilles. La tendance byzantine à l'abstraction et au formalisme fut accentuée dans l'art islamique, où l'interdiction de toute représentation de la forme humaine finit par déboucher sur un art au dessin stylisé et purement géométrique.

L'art islamique dut également beaucoup aux influences et aux contributions iraniennes et chinoises. C'est dans les arts décoratifs et « industriels » que l'on peut constater le plus clairement l'éclectisme et l'originalité de la civilisation islamique. Sur les murs des châteaux omeyyades de Syrie comme dans les objets retrouvés en Irak et en Egypte, on voit comment les Arabes ont commencé par emprunter les œuvres d'art – et même les artistes – aux autres civilisations, pour les imiter séparément, finissant ensuite par les fondre en une création neuve et originale, capable de se régénérer elle-même. Les céramiques irakiennes du IXᵉ siècle, par exemple, offrent côte à côte le prolongement des artisanats byzantin et sassanide, des produits importés de Chine, leurs imitations locales et de nouveaux produits obtenus par expérimentation sur ces modèles hérités ou importés. L'une des réalisations caractéristiques de l'art islamique est sa fameuse céramique à lustre métallique, diffusée de l'Iran à l'Espagne. De la même manière, les artisans de l'empire musulman ont développé les arts du métal, du bois, de la pierre, de l'ivoire, du verre et surtout des tissus et des tapis, empruntant, imitant et cherchant jusqu'à créer des styles nouveaux, originaux et distinctement identifiables comme islamiques.

Les civilisations anciennes sont aussi à l'origine de l'idée même du livre, conçu comme une entité physique faite d'un ensemble de pages reliées sous un même titre et consacrées à un sujet donné avec un début et une fin, doté plus tard d'illustrations et d'une reliure ouvragée. En arabe, l'œuvre littéraire a d'abord été « publiée » seulement par transmission orale et récitation : pendant longtemps, le mot prononcé fut la seule forme connue de publication. Avec l'accroissement du nombre et de la taille des créations littéraires, les textes écrits devinrent nécessaires ; on vit très rapidement les auteurs faire des brouillons et des lectures, dicter à des secrétaires et finalement *écrire* des livres. Le processus fut largement facilité par l'introduction du papier, venu de Chine au VIIIe siècle.

La réception de l'héritage intellectuel des Grecs par l'Islam fit naître une lutte entre la tendance rationaliste et scientifique du nouveau savoir, d'un côté, et la perception intuitive et morcelée de la pensée religieuse islamique, de l'autre. Tout au long de la période de confrontation, des musulmans des deux écoles créèrent une culture riche et variée dont une bonne partie est restée fondamentale pour l'histoire de l'humanité. La lutte se termina pourtant par la victoire des conceptions plus purement islamiques : l'islam, société conditionnée par la religion, finit par rejeter des valeurs qui défiaient ses postulats fondamentaux, tout en acceptant leurs résultats et en allant même jusqu'à les développer par l'expérimentation et l'observation.

Il est aussi agréable que vain de perdre son temps à analyser les caractères des nations, occupation qui jette habituellement plus de lumière sur l'analyste que sur le sujet analysé. La nation est une entité beaucoup trop complexe et trop diversifiée pour admettre l'examen statistique détaillé qui pourrait seul soutenir un constat scientifique sérieux. Plus grande encore sera donc la difficulté de traiter d'une civilisation éloignée de nous dans le temps et dans l'espace, et connue essentiellement par ses vestiges littéraires. La littérature arabe médiévale émane presque entièrement de la petite minorité favorisée dont les privilèges incluaient justement l'art d'écrire et l'exercice du mécénat. Le reste du peuple est à jamais enfermé dans son silence, à l'exception des faibles et rares échos de sa voix que l'on peut saisir vaguement ici et là. Avec cette réserve présente à l'esprit, il reste possible d'isoler certaines caractéristiques typiques sinon des Arabes, du moins de la civilisation dominante de l'Islam médiéval telle qu'elle est exprimée dans les arts et dans les lettres.

Le premier détail qui nous frappe est le pouvoir d'assimilation étonnant de cette culture, parfois représentée à tort comme purement imitatrice. Pour la première fois dans l'histoire, les conquêtes arabes ont unifié de vastes territoires, allant des frontières de l'Inde et de la Chine aux confins de la Grèce, de l'Italie et de la France. Leur puissance militaire et politique (pour un temps), mais surtout leur religion et leur langue (beaucoup plus longuement) ont permis aux Arabes d'unir en une seule société deux cultures auparavant antagonistes : la tradition millénaire et diversifiée de la Méditerranée proche-orientale, à la fois grecque, romaine et juive, et la richesse infinie de la civilisation iranienne, avec ses modes de vie et de pensée particuliers, ses contacts fructueux avec les grandes cultures d'un Orient plus lointain. La cohabitation de tant de peuples, de religions et de cultures à l'intérieur de la société islamique fit naître une civilisation nouvelle, bigarrée dans ses origines et par ses créateurs, mais dont toutes les manifestations portent l'empreinte de l'islam arabe.

De cette diversité de la société islamique naît une seconde caractéristique, particulièrement frappante pour l'observateur européen : sa tolérance. A la différence de leurs contemporains occidentaux, les musulmans du Moyen Age ont rarement éprouvé le besoin d'imposer leur foi par la force à tous ceux qui étaient soumis à leur autorité politique. Ils avaient naturellement la certitude – tout comme les Occidentaux – que ceux qui croyaient autre chose qu'eux iraient en temps voulu rôtir dans les flammes infernales ; mais, à leur grande différence, ils ne voyaient aucun intérêt à anticiper en ce bas monde le jugement final de Dieu. La plupart du temps, ils se contentaient d'appartenir à la religion dominante, dans une société aux religions multiples. Ils imposaient aux autres certaines incapacités sociales et légales pour marquer leur primauté, donnant à l'occasion de sévères rappels à l'ordre lorsque l'on avait tendance à l'oublier. Pour le reste, on laissa aux sectateurs des autres fois leurs libertés religieuse, économique et intellectuelle, leur donnant du même coup la possibilité d'apporter une contribution notable à la culture de l'ensemble.

Comme la plupart des autres civilisations, l'islam médiéval était convaincu de sa propre supériorité et, pour l'essentiel, de son autonomie. La perspective islamique historique de la prophétie, selon laquelle la mission de Mahomet était l'ultime maillon dans une chaîne de révélations qui commençait avec le judaïsme et le christianisme, permettait au musulman de considérer le juif et le chrétien comme les détenteurs d'une version antérieure et imparfaite d'une révélation qu'il était le seul à posséder dans son ultime perfection. A la différence du christianisme, qui se diffusa pendant des siècles comme la religion des humbles et des déshérités avant de devenir la foi officielle de l'Empire romain, l'islam devint, du vivant même de son fondateur, le code de vie d'une communauté triomphante en pleine expansion. Ses immenses conquêtes, au cours des premières générations, imprimèrent dans l'esprit des croyants la conviction intime de la faveur divine, exprimée par la puissance et les succès de la seule communauté au monde qui vécût selon une loi donnée par Dieu. Les musulmans pouvaient bien apprendre beaucoup de choses au contact de sages infidèles, mais la pierre de touche ultime, pour la validité de la leçon, était la *Shari'a,* sanctifiée par la révélation directe et confirmée par les succès de ses sectateurs.

Le terme « atomistique » a souvent été employé pour décrire une manière de penser et de se présenter, reconnaissable dans certains aspects de la civilisation de l'Arabe, spécialement au cours des périodes post-classiques de son histoire. On entend par là la tendance à considérer la vie et l'univers comme une série d'entités statiques, concrètes et discontinues, très lâchement reliées – dans une sorte d'association mécanique, voire même accidentelle – par les circonstances ou la pensée d'un individu, sans avoir d'interrelations organiques entre elles. Nullement universelle, cette tendance a toutefois affecté la vie de l'Arabe de plusieurs façons différentes au Moyen Age. Il ne concevait pas sa société comme un tout organique, composé de parties interconnectées et réagissant entre elles, mais comme une association de groupes séparés – religions, nations, classes – maintenus ensemble uniquement par le sol commun et par le gouvernement au sommet. Sa ville était une agglomération de quartiers, de corporations, de clans et de maisons, rarement dotée d'une quelconque identité civique constituée en tant que telle. A la différence des scientifiques et des philosophes ou des mystiques, le théologien, le savant ou le littérateur orthodoxe de modèle courant adoptait des attitudes similaires vis-à-vis de la connaissance. Les diverses disciplines ne constituaient pas différentes manières d'atteindre le même cœur, plongeant leurs découvertes dans un ensemble intégré, mais des compartiments séparés et autolimités, chacun d'eux contenant un nombre fini de morceaux de connaissances dont l'accumulation progressive finissait par constituer le savoir. La littérature arabe classique, dépourvue d'épopée ou de drame, a obtenu ses effets par une série d'observations ou de caractérisations séparées, minutieuses et vivantes mais fragmentaires, reliées par les associations subjectives de l'auteur et du lecteur, rarement par un plan décidé antérieurement. Le poème arabe est un ensemble de lignes séparées et détachables, de perles enfilées, parfaites en elles-mêmes et parfois même interchangeables. La musique arabe est modale et rythmique, développée par l'imagination et la variation, jamais par l'harmonie. L'art arabe – essentiellement les arts appliqués et décoratifs – se distingue par sa minutie et sa perfection du détail, plus que par sa composition d'ensemble ou par ses perspectives. A l'image des auteurs de fiction, les historiens et les biographes présentent leurs récits comme des séries d'événements très lâchement reliés entre eux. L'individu lui-même a parfois été représenté comme une somme d'attributs, souvent énumérés comme dans une description administrative de passeport, selon la remarque récente d'un écrivain [1].

Cette dernière considération en amène une autre : le caractère impersonnel – voire collectif – qui est un trait récurrent de la littérature arabe en prose. Le farouche individualisme des premiers Arabes n'a survécu dans toute sa vigueur que chez les Bédouins, cédant la place, dans les centres de civilisation, à une attitude passive et même anonyme. Un livre est souvent présenté non pas comme la création individuelle et personnelle de son créateur, mais comme un maillon dans la chaîne de transmission, l'auteur cachant sa propre personnalité derrière le prestige de l'autorité et le rang de ses prédécesseurs. Même la poésie, expression essentiellement individuelle, est souvent publique et sociale, plus que personnelle et intime. Cette approche, collectiviste plutôt qu'humaniste, transparaît dans chaque facette de la pensée et des institutions islamiques, le plus clairement peut-être dans l'idéal musulman de l'homme parfait et de l'Etat idéal : ce sont des modèles appliqués de l'extérieur auxquels chacun devrait théoriquement tenter de se conformer par l'imitation, plutôt que par le développement de ses propres possibilités individuelles poursuivi de l'intérieur.

Cet aspect de « fragmentation » intellectuelle reçut son expression complète dans certains systèmes de théologie dogmatique, dont l'acceptation générale marqua, sous une forme ou sous une autre, la victoire finale de la réaction contre la liberté spirituelle de spéculation et d'enquête, esprit qui avait produit des réalisations magnifiques. Cette théologie est déterministe, occasionnaliste et autoritaire, car elle exige l'acceptation inconditionnelle de la Loi divine et de la Révélation *bila kayf*, « sans demander

1. Gustave E. von Grunebaum, *Medieval Islam*, Chicago, 1953.

pourquoi ». Elle refuse toutes les causes secondaires et préfère même appeler Dieu l'Auteur, plutôt que la Cause première. Il n'existe ni conséquences nécessaires, ni lois ou causes naturelles : le manque de nourriture ne provoque pas *nécessairement* la faim; celle-ci se contente de l'accompagner le plus souvent. Tout procède directement de la volonté de Dieu qui a établi certains modes de succession ou de concomitance. Dans chaque atome de temps, chaque événement est le résultat d'un acte de création direct et individuel.

Une fois accepté dans son ensemble, le rejet ultime et délibéré de toute causalité a marqué la fin de la spéculation et de la recherche libres, autant pour la philosophie que pour les sciences naturelles, ruinant du même coup les promesses de développement de l'historiographie arabe. Il satisfaisait les besoins d'une société islamique dans laquelle la libération de la vie sociale et économique, à la grande époque du commerce, avait fait place à un quasi-féodalisme qui allait peu changer pendant plusieurs siècles. L'ancien conflit de conceptions couvait sous la cendre, mais cette nouvelle version de l'islam ne fut pas sérieusement menacée pendant un millénaire, jusqu'à ce que l'influence de l'Occident, aux XIXe et XXe siècles, vînt menacer l'ensemble de la structure traditionnelle de la société islamique et les modes de pensée qui constituaient sa contrepartie intellectuelle.

Par un paradoxe plus apparent que réel, l'une des conséquences indirectes de cet impact fut la redécouverte du grand héritage classique arabe, dont une bonne partie était négligée, oubliée ou – pire encore – mal comprise chez les peuples mêmes qui en avaient été les auteurs. On incorpora alors les réalisations islamiques dans le patrimoine commun de l'humanité.

L'arabe est l'une des langues majeures de la civilisation et de l'histoire des hommes. Comme l'hébreu, c'est une langue de révélation et d'Ecritures sacrées, révérées par des millions de croyants. A l'image du grec, ce fut une langue de science et de philosophie, fournissant les textes fondamentaux et même le vocabulaire conceptuel de toute une civilisation. A l'instar du latin, ce fut la langue du droit et du gouvernement, et la source des idées et du vocabulaire dans ces domaines pour cette même civilisation; comme le français, un modèle de goût et d'élégance. A l'image du français et de l'anglais, l'arabe a été – et reste – la langue de la culture et du commerce, de la politique et de la science, de l'amour et de la guerre. Aujourd'hui encore, comme l'anglais et l'espagnol, c'est le patrimoine commun de nombreuses nations et le trait d'union d'une communauté culturelle et intellectuelle qui transcende les barrières nationales, régionales et idéologiques.

CHAPITRE IX

L'ÉCLIPSE DES ARABES

« Now Turks and Tartars shake their swords at thee,
Meaning to mangle all thy provinces. »

Marlowe,
Tamerlan le Grand, Deuxième partie

Au XIe siècle, le monde islamique présentait plusieurs signes de faiblesse. Ils étaient visibles, même auparavant, dans l'éclatement politique, impliquant la perte d'autorité du gouvernement central sur les provinces éloignées, puis dans tout l'empire, à l'exception de l'Irak; ensuite, dans le ravalement des khalifes à l'état de simples marionnettes manipulées par leurs ministres et par leurs commandants militaires. En 945, le déclin du khalifat franchit une étape supplémentaire : les Bouwayhides – une dynastie iranienne jusqu'alors locale – envahirent l'Irak et s'emparèrent de la capitale. Durant le siècle qui suivit, les princes bouwayhides furent les véritables maîtres de l'Etat, avec le titre de « roi » comme marque de leur suprématie effective. Bien que shi'ites, ils maintinrent les khalifes abbassides à la tête de l'empire, comme source légale de la souveraineté du gouvernement central sur les autres provinces. Un fait paraît peut-être significatif : peu de temps avant que la première dynastie shi'ite modérée n'arrivât au pouvoir, le douzième imam de la secte disparut dans une mystérieuse retraite eschatologique. Les Bouwayhides restaurèrent pour un temps l'ordre et la prospérité dans les provinces centrales, mais les signes du déclin économique se multiplièrent rapidement. Le commerce avec la Chine, naguère si fructueux, se tarit et finit par mourir – partiellement à cause de la situation de ce pays. Le commerce avec la Russie et avec le Nord semble avoir diminué et peut-être même cessé au cours du XIe siècle, cependant que la raréfaction des métaux précieux entravait de plus en plus le commerce déjà déclinant de l'empire.

Parmi les causes premières du déclin économique, il faut relever à coup sûr les aberrations et le manque d'organisation du centre administratif de l'empire. Les dépenses excessives de la cour et l'inflation de la bureaucratie – que l'on vit parfois doublée à la suite des luttes intestines pour le pouvoir – n'étaient équilibrées ni par des progrès technologiques ni par un développement marqué des ressources. Très rapidement, la raréfaction de l'argent disponible contraignit les souverains à payer les plus hauts fonctionnaires et les généraux en leur affermant les revenus de l'Etat. De leur côté, les gouverneurs provinciaux furent transformés en « fermiers-généraux » des districts qu'ils administraient, chargés d'entretenir les troupes et les fonctionnaires locaux, et de remettre au Trésor public une certaine somme d'argent correspondant aux impôts et taxes estimés. Ils devinrent rapidement les souverains virtuellement indépendants de leurs provinces, ne rendant plus au khalife qu'un hommage formel. La fonction de ce dernier se réduisait souvent à donner un accord de principe – et de plus en plus après coup – à leur prise de pouvoir. La nécessité de donner une puissance militaire suffisante aux « gouverneurs-fermiers généraux » conduisit également à nommer à ces postes des officiers, ce qui entraîna l'éclatement du gouvernement civil et bureaucratique et son remplacement par des autocrates militaires, gouvernant grâce à leur garde armée.

Au XIe siècle, la faiblesse de l'empire fut révélée par une série d'attaques presque simultanées de la part des envahisseurs, venus de l'extérieur comme de l'intérieur. En

Europe, les forces chrétiennes progressèrent en Espagne comme en Sicile, soustrayant de vastes territoires au pouvoir musulman dans une vague de reconquête qui culmina avec l'arrivée des Croisés au Moyen-Orient, à la fin du siècle. En Afrique, un nouveau mouvement religieux chez les Berbères du Maroc méridional et de la région Sénégal-Niger conduisit à la création d'un nouvel empire berbère, constitué par la conquête de la majeure partie de l'Afrique du Nord-Ouest et des districts de l'Espagne qui étaient encore sous domination musulmane. Plus à l'est, les deux grandes tribus bédouines de Hilal et de Sulaym surgirent des districts de la Haute-Egypte où elles avaient vécu jusque-là et se répandirent en Libye et en Tunisie, apportant avec elles la ruine et la dévastation. En 1056-1057, elles parvinrent à mettre à sac l'ancienne capitale de Kairouan. C'est à leur invasion, plus qu'à celle des Arabes du VIIe siècle, qu'il faut attribuer la dévastation de l'Afrique du Nord. L'historien arabe du XIVe siècle Ibn Khaldun, contemplant les ruines de sa terre natale dues à cette invasion de nomades, élabora ce qui est probablement la première philosophie de l'histoire en termes d'alternance cyclique entre le désert et les terres cultivées. Il note, à propos de ces invasions [1] : « En Afrique du Nord et dans le Maghreb, qui ont été envahis par les Banu Hilal et les Banu Sulaym au début du Ve siècle de l'ère musulmane [le milieu du XIe siècle de notre ère] et ravagés par eux durant trois cent cinquante ans, la ruine et la dévastation règnent toujours en maîtresses. Pourtant, avant cette époque, tout le pays situé entre le Soudan et la Méditerranée était le centre d'une civilisation florissante, comme l'attestent les vestiges des monuments et des statues, les ruines des villes et des villages. » [traduction de J.A. Noël Desvergers].

De l'Asie centrale arriva ensuite une autre vague d'envahisseurs qui fut la plus importante de toutes par la permanence de ses effets. Les Arabes avaient déjà rencontré une première fois les Turcs dans ces parages ; ils les avaient « importés » au Proche-Orient, spécialement pour

1. Ibn Khaldun, *Al-Muqaddima*, éd. E. Quatremère, Paris, 1858, I, p. 272.

en faire des esclaves militaires et administrateurs, formés depuis l'enfance et connus sous le nom de *mamelouks*, pour les distinguer des simples esclaves utilisés pour les tâches domestiques et autres. Les Omeyyades et les premiers Abbassides employèrent à l'occasion des esclaves turcs, mais le premier à les utiliser massivement fut al-Mu'tasim (833-842), qui rassembla une puissante troupe d'esclaves militaires avant même son avènement. Il prit ensuite ses dispositions pour en recevoir annuellement un grand nombre, en guise de tribut des provinces orientales. Les anciens gardes khorassaniens des khalifes abbassides avaient été « arabisés » et s'étaient fondus avec les populations locales. L'aristocratie iranienne ayant désormais trouvé un exutoire politique avec ses dynasties indépendantes, les khalifes abbassides durent chercher un nouvel appui pour leur pouvoir. Ils le trouvèrent auprès de leurs mamelouks turcs, encadrés par leurs propres chefs et dépourvus de tout lien local, tribal, familial ou religieux, donc dévoués au gouvernement central. Depuis le début, les Turcs étaient célèbres pour leurs qualités militaires supérieures qui les avaient fait spécialement employer comme archers montés, dotés d'une extrême mobilité de nomades. A compter de cette époque, les khalifes dépendirent de plus en plus de leurs troupes et de leurs commandants turcs, au détriment des Arabes et des Iraniens. La militarisation progressive du régime accrut leur force.

Au XIe siècle, les Turcs entrèrent dans le monde de l'Islam, non plus seulement comme individus recrutés par capture ou achat, mais par la migration de tribus nomades entières, toujours organisées selon leur manière traditionnelle. L'affermissement du régime des Song en Chine, après un intermède de désordres, avait coupé la route de leur expansion vers ce pays et forcé ces nomades d'Asie centrale à se tourner vers l'ouest. Ces envahisseurs turcs de l'Islam appartenaient à la grande tribu des Oguz; ils étaient appelés « Seldjoukides », d'après le nom du clan militaire qui les dirigeait.

Les Seldjoukides pénétrèrent sur les terres du khalifat vers 970 et se convertirent aussitôt à l'islam. Ils eurent tôt fait de conquérir la plus grande partie de l'Iran et, en

1055, Tughrul Beg entra dans Baghdad, écrasant les Bouwayhides et incorporant l'Irak dans le royaume seldjoukide. Ils arrachèrent ensuite la Syrie et la Palestine à leurs princes locaux et aux Fatimides puis, réussissant là où les Arabes avaient échoué, ils s'emparèrent d'une grande partie de l'Anatolie au détriment des Byzantins. Cette terre allait rester à jamais turque et musulmane.

Les Seldjoukides étaient des musulmans sunnites : la prise de Baghdad fut considérée par beaucoup comme une libération du joug des Bouwayhides shi'ites. Les khalifes restèrent nominalement les souverains suprêmes, mais les véritables maîtres de l'empire – dont une grande partie était réunie sous une autorité unique pour la première fois depuis les premiers khalifes – étaient les sultans seldjoukides, qui avaient réussi à battre les Byzantins et les Fatimides.

Pour l'administration de l'empire, les nouveaux maîtres s'appuyèrent largement sur les Iraniens et sur leur bureaucratie. L'une des figures les plus remarquables de cette époque fut le grand vizir iranien Nizam al-Mulk; il développa et organisa systématiquement la tendance au féodalisme qui était déjà présente dans les pratiques financières du régime précédent. Les mauvais usages de ce régime devinrent les règles d'un nouvel ordre social et administratif qui reposait sur la terre plutôt que sur l'argent. Les terres étaient accordées à (ou simplement occupées par) des officiers, à charge pour eux de fournir en échange un certain nombre de soldats. Ces concessions impliquaient des droits non seulement à une commission sur le prélèvement des impôts, mais aussi aux revenus eux-mêmes. Ces charges devinrent à l'occasion héréditaires par usurpation mais, en théorie comme en pratique, elles n'étaient accordées que pour un délai de quelques années et toujours révocables. Ecrivant à la période seldjoukide, l'historien 'Imad ad-Din remarque que c'était le seul moyen de donner à la soldatesque turque un intérêt pour la prospérité de l'agriculture, et il ajoute [1] : « On avait pris l'habitude

1. 'Imad ad-Din, *Zubdat al-nasra*, adapté par al-Bundari, éd. T. Houtsma, *Recueil des textes relatifs à l'histoire des Seldjoukides*, Leyde, 1886, II, p. 58.

de collecter l'argent dans le pays et de le verser aux troupes; personne auparavant n'avait de fief. Nizam al-Mulk s'aperçut que l'argent n'arrivait pas des campagnes à cause des troubles de l'Etat, et que les rendements agricoles étaient incertains en raison de ces désordres. Il répartit donc les terres entre ses troupes, assignant à chacun des fiefs ainsi constitués les rentrées d'argent et les revenus agricoles. Leur intérêt pour l'amélioration des terres et des bénéfices qu'elles procuraient fut instantané et les finances de l'Etat s'en trouvèrent rapidement rétablies. » Ces quelques mots décrivent en fait la longue transition entre une économie monétaire et une économie féodale.

Les soulèvements sociaux étaient inévitables dans une telle période de changement. Ceux qui avaient possédé des terres sous l'ancien régime étaient à présent dépassés ou supplantés par de nouveaux propriétaires installées par les conquérants militaires. Les trésors monétaires trouvés en Scandinavie attestent un certain déclin du commerce, au moins dans les échanges à longue distance. Durant les IXe et Xe siècles, les monnaies arabe et persane sont très nombreuses dans ces trésors; le XIe siècle les voit progressivement décliner en nombre. Puis elles disparaissent.

Au cours de cette période, le principal mouvement d'opposition fut celui des ismaïliens, mais sous une forme renouvelée. En 1078, un chef ismaïlien persan nommé Hasan-i Sabbah visita la capitale fatimide du Caire. Il entra alors en conflit avec l'autocrate militaire qui exerçait la réalité du pouvoir au nom des imams réduits à l'impuissance. En 1094, à la mort du khalife fatimide al-Mustansir, Hasan-i Sabbah et ses disciples ne reconnurent pas le successeur nommé sous l'égide de l'autorité militaire et coupèrent les liens avec le Caire. Les ismaïliens orientaux firent allégeance à Nizar, fils aîné d'al-Mustansir, qui avait été évincé de la succession, et se lancèrent dans un activisme intense sur les territoires seldjoukides. Les sectateurs du « Nouvel Enseignement » (nom généralement donné à l'ismaïlisme réformé) sont plus connus sous le nom d' « Assassins », terme dérivé de l'arabe *hashishi*. Ce terme de mépris, appliqué aux ismaïliens par leurs voisins de Syrie, fut rapporté en Europe par les Croisés. La signification occidentale moderne du mot dérive des tactiques politiques de la secte.

En 1090, Hasan-i Sabbah prit le contrôle de l'inexpugnable forteresse montagneuse d'Alamout, dans le nord de l'Iran. A partir de cette base et d'autres similaires établies en Syrie, au siècle suivant, les « Vieux de la Montagne » (surnom des grands maîtres de la secte) commandèrent à des bandes de dévots fanatiques; ils organisèrent une campagne de terreur et d'assassinats systématiques contre les souverains et les princes de l'Islam qui leur déplaisaient, au nom d'un mystérieux « Imam caché ». Les sicaires mandatés par les grands maîtres tuèrent ainsi toute une série d'hommes d'Etat et de généraux, y compris Nizam al-Mulk lui-même, en 1092. Les chroniqueurs occidentaux des Croisades dépeignent de manière saisissante la crainte que les Assassins inspiraient en Syrie chez les musulmans comme chez les chrétiens, au point de les faire connaître – voire redouter – jusqu'en Europe. Le prince croisé Raimond IV, comte de Toulouse et seigneur de Tripoli-du-Liban, mourut assassiné par l'un d'eux. La terreur des Assassins dura jusqu'aux invasions mongoles du XIIIe siècle, après quoi l'ismaïlisme survécut comme une hérésie mineure.

La réorganisation économique des débuts de la période seldjoukide eut sa contrepartie dans la vie religieuse. A Baghdad et ailleurs, des collèges religieux – *madrasa* en arabe – furent créés et devinrent des modèles pour de multiples fondations du même genre dans l'ensemble du monde islamique. La *Nizamiyya* de Baghdad (ainsi nommée d'après le grand vizir qui la fonda) et ses sœurs étaient des centres d'orthodoxie et plus particulièrement du renouveau traditionaliste qui se manifestait à grande échelle; elles étaient très largement destinées à contrer l'enseignement subversif des ismaïliens et le radicalisme intellectuel de la période précédente. Al-Ghazali (1059-1111), l'un des plus grands penseurs religieux musulmans, y enseigna quelque temps. Ses ouvrages comportent des réfutations aussi bien de la philosophie que de l'hérésie.

Après l'assassinat de Nizam al-Mulk, la fragmentation politique du Proche et du Moyen-Orient reprit. L'empire des Seldjoukides éclata en une série de petits Etats dynastiques dirigés par des membres ou des officiers de la maison des Seldjoukides. De nos jours, les croisades sont souvent dépeintes comme une première expérience d'expansion impérialiste, préfiguration de la conduite des empires européens modernes. Pour les esprits de l'époque, qu'ils fussent chrétiens ou musulmans, elles n'étaient rien de cela. Lorsque les Croisés arrivèrent à Jérusalem, quatre siècles environ s'étaient écoulés depuis que la ville, avec le reste du Levant et l'Afrique du Nord, avait été arrachée à leurs maîtres chrétiens par les armées de l'Islam, les populations chrétiennes étant alors incorporées de force au nouvel empire musulman. La croisade était une réponse tardive à la *djihad,* la « Guerre sainte » pour l'Islam; son objectif était de récupérer par la guerre ce qui avait été perdu par la guerre, pour libérer les lieux saints de la chrétienté et pour les ouvrir de nouveau sans entraves aux pèlerinages des chrétiens.

Il reste que, dans la croisade comme dans la *djihad,* les considérations d'ordre matériel et pratique ne manquaient pas; beaucoup des Croisés et de ceux qui les accompagnaient avaient des objectifs plus profanes que religieux. A côté des mystiques du Saint Sépulcre, on voyait des marchands venus des cités-Etats italiennes pour remonter aux sources des échanges qu'ils avaient établis depuis longtemps avec Byzance ou avec les Fatimides, des barons belliqueux rongés d'ambition, des cadets de famille à la recherche d'une principauté et des pécheurs en quête de pénitence matériellement profitable. Tous jouèrent un rôle essentiel dans la création et le maintien des Etats latins et autres principautés croisées.

Pendant les trois premières décennies, le monde musulman montra une remarquable indifférence à l'égard de l'arrivée et des conquêtes des Croisés, même lors de la perte de Jérusalem. Ses dissensions internes facilitèrent la tâche des envahisseurs, qui progressèrent rapidement le long des côtes de Syrie vers la Palestine, établissant au passage une suite de principautés féodales à Antioche,

Edesse, Tripoli et finalement Jérusalem. La première phase fut celle de la colonisation et de l'assimilation. Conquérants et pèlerins s'établirent en Syrie, adoptant les us et coutumes locaux et prenant femme parmi les chrétiens de l'endroit. Foucher de Chartres, chroniqueur de la première croisade, note ainsi [1] :

« Aujourd'hui, nous qui étions occidentaux sommes devenus orientaux. Tel qui était italien ou français est devenu galiléen ou palestinien dans ce pays. Tel autre qui était rémois ou chartrain est à présent tyrien ou antiochène. Nous avons presque oublié nos lieux de naissance. La plupart d'entre nous ne les connaissent pas ou n'en ont pas même entendu parler. Celui-ci possède maison et propriété comme si c'était son héritage paternel ; tel autre a pris pour femme non point une compatriote, mais une Syrienne ou une Arménienne, voire même une Sarrasine baptisée.

[...] L'étranger est devenu un indigène, l'immigrant est à présent un résident. Chaque jour, nos parents et nos amis suivent notre exemple, abandonnant volontairement tout ce qu'ils possédaient en Occident. Ceux qui étaient pauvres là-bas, Dieu les fait riches ici. Celui qui n'avait que quelques sous là-bas possède ici d'innombrables pièces d'or et d'argent ; tel qui n'avait pas même un village possède ici, avec l'aide de Dieu, une ville entière. Pourquoi donc retourner en Occident, alors que l'Orient nous convient si bien ? »

Ces lignes sont à rapprocher des remarques du Syrien Usama ibn Munqidh, au XIIe siècle [2] : « Certains Francs se sont établis dans nos contrées et vivent parmi les musulmans : ils sont d'un meilleur naturel que ceux qui sont venus récemment [...] » [traduction d'André Miquel].

Cependant, même dans leur période de succès initiaux, les Croisés restèrent limités essentiellement aux plaines et collines côtières, toujours à proximité de la Méditerranée et des contacts directs avec le monde occidental. A l'intérieur, vers le désert et vers l'Irak, la réaction se préparait. En 1127, un officier seldjoukide du nom de Zangi s'empara de la ville de Mossoul à son usage personnel. Au cours des années qui suivirent, il bâtit progressivement un Etat plus puissant qui s'étendit sur le nord de la Mésopo-

1. *Fulcherii Carnotensis Historia Hierosolymitana,* in *Patrologia Latina,* éd. J. P. Migne, Paris, 1880, p. 925.
2. Usama ibn Munqidh, *Kitab al-i'tibar,* éd. Philip K. Hitti, Princeton, 1930, p. 134.

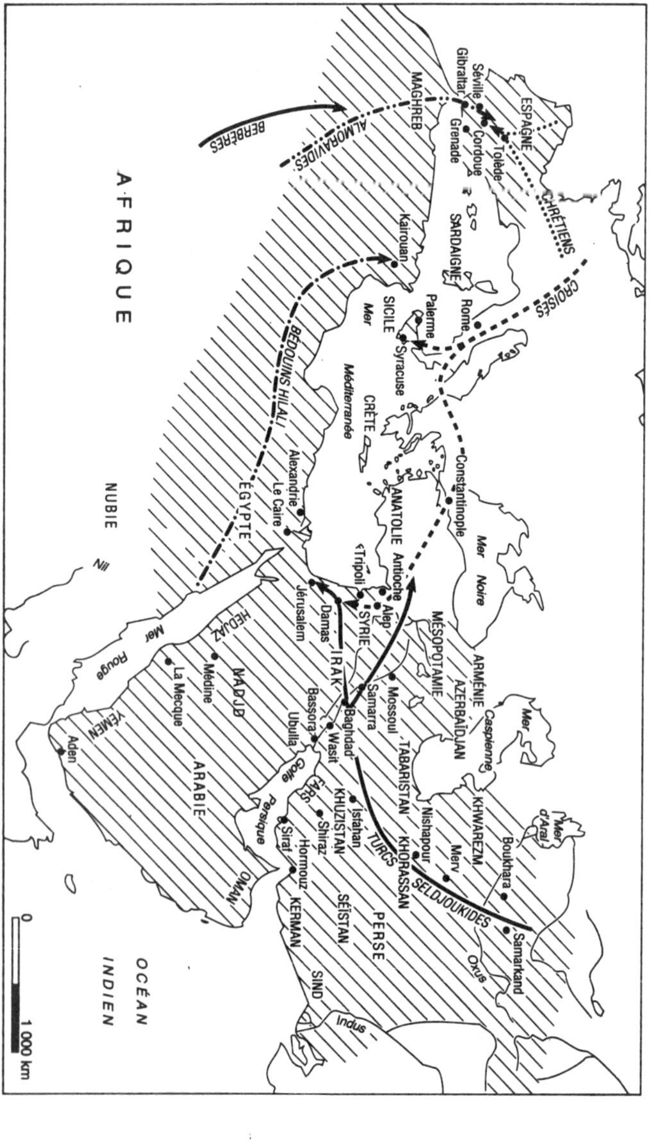

Les grandes invasions du XIe siècle

tamie et en Syrie. Ses progrès furent d'abord entravés par la rivalités des autres principautés musulmanes, notamment celle de Damas, dont le dynaste n'hésita pas à s'allier avec le royaume latin de Jérusalem contre leur ennemi commun. En 1147, les Croisés eurent l'imprudence de rompre cette alliance et Nur al-Din, fils et successeur de Zangi, réussit à prendre Damas en 1154, créant du même coup un seul Etat musulman unifié sur toute l'étendue de la Syrie et dressant face aux Croisés, pour la première fois, un adversaire réellement redoutable.

Les deux antagonistes s'intéressaient également au contrôle de l'Egypte, où le khalifat fatimide, en complète décadence, marchait à pas chancelants vers sa fin. L'issue ne se fit guère attendre : un officier kurde du nom de Salah al-Din – plus connu en Occident sous le nom de « Saladin » – gagna l'Egypte où il servit de vizir aux Fatimides, tout en représentant les intérêts de Nur al-Din. En 1171, il proclama la déchéance du khalifat fatimide et restaura le nom des khalifes abbassides de Baghdad dans les prières de la mosquée et sur le monnayage; il s'établit lui-même comme souverain effectif de l'Egypte, professant nominalement une allégeance douteuse à Nur al-Din. Après la mort de ce dernier en 1174, Saladin absorba les domaines syriens de son héritier mineur et créa un empire unifié syro-égyptien. En 1187, il se sentit enfin assez fort pour attaquer les Croisés. A sa mort, en 1193, il avait repris Jérusalem et réduit les Latins à une mince frange littorale qu'ils ne tenaient plus que depuis leurs places-fortes de Saint-Jean-d'Acre, Tyr, Tripoli et Antioche.

L'Etat unifié créé par Saladin dura peu. Sous ses successeurs, les Ayoubbides, la Syrie se morcela de nouveau en un grand nombre de petites principautés. Par contre, l'Egypte demeura une monarchie forte et unifiée, principale puissance musulmane du Proche-Orient et bouclier de l'Islam contre l'Occident. C'est elle qui résista aux tentatives réitérées des dernières croisades pour reprendre les lieux saints.

La dévastation et le dépeuplement de la côte palestinienne furent parmi les conséquences les plus importantes et les plus durables des combats contre les Croisés. Les

Etats chrétiens restèrent le plus souvent en état de conserver leur suprématie maritime. Aussi longtemps qu'ils purent garder sur cette côte une tête de pont ravitaillable depuis l'Europe, ils firent peser en permanence la menace d'une nouvelle croisade et d'une nouvelle expédition contre Jérusalem. Pour prévenir une telle tentative, les princes musulmans successifs appliquèrent aux côtes palestiniennes la politique de la terre brûlée, interdisant ainsi efficacement le retour des grands affrontements du Moyen Age. Les ravages de cette stratégie sont restés visibles jusqu'à la fin de l'époque ottomane.

Mais le principal effet durable des croisades, pour l'ensemble de la région, affecta les échanges. Des colonies de marchands occidentaux s'étaient établis dans les ports du Levant sous l'autorité des Latins ; ils survécurent à la reconquête musulmane et développèrent un commerce considérable d'exportations et d'importations. En 1174, Saladin écrivit au khalife de Baghdad pour justifier ses encouragements au développement de ces échanges [1]. Les Vénitiens, les Gênois et les Pisans, écrivait-il, importaient d'Occident des produits de choix, spécialement des armes et du matériel de guerre. Cela se faisait à l'avantage des musulmans, donc au détriment des chrétiens. Les foudres de l'Eglise occidentale contre ce commerce et les décrets d'excommunication contre ceux qui s'y livraient n'eurent aucune efficacité devant la perspective de profits substantiels.

Pendant ce temps, une menace nouvelle et plus dangereuse pour l'Islam se levait à l'est. Au fond de l'Asie orientale, après une féroce guerre intestine, Gengis Khan (*Djenghiz Khan*) avait unifié les tribus nomades de Mongolie et les avait lancées dans une conquête qui devait dépasser tout ce que l'histoire humaine avait connu jusque-là. En 1220, les Mongols avaient conquis toute la Transoxiane. En 1221, ils franchirent l'Oxus (l'actuel Amou-Darya) et pénétrèrent en Iran. En 1227, la mort du conquérant marqua une pause de ses armées, mais une

1. Abu Shama, *Al-Rawdatayn fi akhbar al-dawlatayn,* éd. M. Hilmi M. Ahmad et M. Mustafa Ziyada, Le Caire, 1962, I/II, p. 621-623.

nouvelle avancée vers l'ouest fut décidée et exécutée dès le milieu du XIIIe siècle. Le prince mongol Houlagou franchit de nouveau l'Oxus, porteur d'un mandat du Grand Khan de Mongolie : il devait conquérir toutes les terres de l'Islam, jusqu'en Egypte. Dressant aux portes des villes saccagées quelques pyramides de têtes coupées pour frapper les imaginations par la terreur, ses armées balayèrent en Iran toutes les résistances, même celles des ismaïliens qui avaient jusque-là tenu bon. En 1258, Houlagou s'empara de Baghdad, fit exécuter le khalife et abolit le khalifat abbasside. La destruction de cette grande institution – qui restait le cœur légal de l'Islam malgré son état de décadence – marqua la fin d'une ère pour l'histoire de celui-ci. Toutefois, le choc ne fut peut-être pas aussi terrible qu'on l'a suggéré. Les khalifes avaient depuis longtemps perdu tout pouvoir réel et les sultans séculiers, aussi bien dans la capitale que dans les provinces, avaient commencé de s'arroger non seulement les pouvoirs, mais aussi certaines prérogatives des khalifes. Les Mongols firent à peine plus qu'exorciser le fantôme d'une institution qui était déjà morte depuis longtemps.

A la différence des Seldjoukides, les envahisseurs mongols gardèrent tout d'abord leurs anciennes religions et ne manifestèrent aucun intérêt pour l'islam, ses traditions et ses institutions. Les destructions qu'ils provoquaient dans les pays conquis ont été beaucoup exagérées. La plupart étaient de nature ponctuelle et purement stratégique ; elles cessèrent après les campagnes de conquête dont elles faisaient partie et l'Iran connut, sous le règne des Mongols, une nouvelle période de développement économique et culturel. En Irak, par contre, les effets immédiats de la conquête mongole se manifestèrent par l'effondrement du gouvernement civil et par la ruine des ouvrages d'irrigation dont dépendait l'agriculture du pays, effets aggravés par les incursions des tribus bédouines que ne contrôlait plus un pouvoir sédentaire disparu.

Par une évolution plus fatale encore pour la prospérité de l'Irak, il devint la province périphérique d'un empire oriental centré sur l'Iran. Coupée des provinces méditerranéennes à l'ouest par une frontière de sable et d'acier, bordée à l'est par l'essor d'un centre iranien auquel elle était subordonnée, la vallée du Tigre et de l'Euphrate cessa d'être une voie de passage pour le commerce est-ouest. Celui-ci se déplaça au nord et à l'est vers la Turquie et vers l'Iran, à l'ouest vers l'Egypte et la mer Rouge, abandonnant l'Irak et l'ancienne ville des khalifes à des siècles de pauvreté et de déclin.

Malgré quelques raids en Syrie, les effets directs de la conquête mongole sur le monde arabe se limitèrent donc à l'Irak, désormais rattaché à l'Etat mongol dont l'Iran constituait le centre de gravité. La Syrie et l'Egypte furent sauvées des Mongols par le nouveau régime issu de la monarchie ayyoubide. Bien que les Ayyoubides eux-mêmes fussent d'origine kurde, leur régime était de type seldjoukide. L'élément dominant en était une autocratie militaire de prétoriens turcs, qui contrôlaient souvent le Sultan ayyoubide en personne.

Au milieu du XIIIe siècle, le pouvoir des Turcs mamelouks atteignit son apogée au Caire. On vit alors apparaître un sultanat mamelouk, nouvelle forme de régime qui devait gouverner l'Egypte et la Syrie jusqu'en 1517. En 1260, après la période de confusion qui suivit la mort du dernier Ayyoubide, un Turc Kiptchak du nom de Baybars devint sultan. Sa carrière constitue un intéressant parallèle à celle de Saladin. Il réunit la Syrie et l'Egypte musulmanes en un même Etat, de façon plus solide et permanente. Il battit les ennemis extérieurs de cet Etat, repoussant les envahisseurs mongols venus de l'est et chassant les derniers Croisés de Syrie, où il détruisit également les dernières forteresses des Assassins. Il eut enfin l'idée de génie d'inviter un membre de la famille des Abbassides à venir s'installer au Caire avec le titre de khalife. Ces khalifes abbassides du Caire furent en fait de hauts fonctionnaires à la cour des sultans. L'historien égyptien al-Maqrizi (mort en 1442) note à ce sujet [1] : « Les Turcs mamelouks instituèrent comme khalife un homme auquel ils donnèrent le nom et les titres de khalife. Il n'avait en

1. Al-Maqrizi, *Histoire d'Egypte*, éd. E. Blochet, *Revue de l'Orient latin*, VI-XI, Paris, 1908, p. 76, cité dans sir T. Arnold, *The Caliphate*, Oxford, 1924, p. 102.

fait aucune autorité et aucun droit de donner son opinion. Il passait son temps avec les commandants, les officiers supérieurs, les fonctionnaires et les juges, leur rendant visite pour les remercier des dîners et des réceptions auxquels ils l'avaient invité. » Les khalifes du Caire représentent ainsi les dernières étapes de la décadence de l'institution khalifale.

Le système mamelouk de Baybars et de ses successeurs était une adaptation de l'ordre quasi féodal des Seldjoukides, instauré en Syrie et en Egypte par les Ayyoubides. Un officier – ou émir – recevait un fief au lieu de paiement, à la condition de pourvoir à l'entretien d'un certain nombre de soldats mamelouks, allant de cinq à cent selon son rang. Il consacrait normalement deux tiers de ses revenus à cet entretien. Les cessions n'étaient pas héréditaires, malgré les nombreuses tentatives faites en ce sens. Le système était fondé sur l'éviction répétée des descendants arabisés des officiers mamelouks et leur remplacement par des mamelouks fraîchement importés, prévenant ainsi de manière délibérée la formation d'une aristocratie terrienne héréditaire. Un officier recevait une terre pour la vie ou pour un délai moins long. Il ne résidait pas normalement sur son domaine, mais au Caire ou dans la ville principale du district où se situait son fief : les revenus de celui-ci l'intéressaient plus que sa possession proprement dite. Le système ne développa donc ni châteaux ni manoirs ni puissances locales, à la manière de ce qui se passait en Occident. On ne vit naître aucun lien d'inféodation secondaire et même la division de la terre en fiefs, en Egypte, ne fut pas permanente : on procédait périodiquement à des redistributions territoriales complètes.

Les mamelouks proprement dits étaient achetés comme esclaves, formés et élevés en Egypte. Constituant une élite de dirigeants militaires, ils étaient très différents des esclaves domestiques et des eunuques qui servaient par ailleurs dans les palais et les grandes maisons. Ce furent d'abord des Turcs Kiptchaks, originaires des rives septentrionales de la mer Noire, auxquels vinrent se mêler ensuite des déserteurs mongols et des représentants d'autres races : des Circassiens surtout, mais aussi des Grecs, des Kurdes et même quelques Européens de l'Ouest. Le turc et le circassien restèrent cependant les langues des élites dirigeantes, dont beaucoup – y compris parmi les sultans – avaient du mal à parler l'arabe. L'Etat mamelouk élaboré par Baybars et ses successeurs était fondé, de son côté, sur une double administration – civile et militaire – minutieusement élaborée : des officiers mamelouks contrôlaient les deux hiérarchies, avec l'aide de hauts fonctionnaires civils. Jusqu'en 1383, les sultans mamelouks se succédèrent régulièrement de manière plus ou moins héréditaire. Puis le sultanat fut plutôt dévolu au commandant le plus puissant : à la mort du sultan en titre, son fils lui succédait formellement pour un bref interrègne, le temps que l'on choisît le nouveau maître qui allait assumer la réalité du pouvoir.

Dans un premier temps, les mamelouks furent menacés à la fois par les chrétiens et par les Mongols : leur plus belle réussite fut précisément la défense de la civilisation islamique du Proche-Orient contre ces ennemis. Au cours du XVe siècle, une nouvelle puissance s'installa, surgie comme un phénix des ruines du sultanat seldjoukide d'Anatolie : l'empire des Turcs Osmanli, ou Ottomans. Les relations entre les deux Etats furent d'abord amicales, mais les conflits éclatèrent bientôt, au moment où les Ottomans, solidement établis en Europe, tournèrent leur attention vers le Moyen-Orient.

Le commerce avec l'Europe – tout particulièrement le commerce de transit entre celle-ci et l'Orient – était vital pour l'Egypte, aussi bien pour les échanges proprement dits que pour les taxes douanières qu'ils rapportaient. Durant leurs périodes de puissance, les gouvernements mamelouks protégèrent et encouragèrent ces échanges, qui apportèrent à l'Egypte une grande prospérité et un nouvel épanouissement dans les arts et les lettres. Mais la menace mongole, détournée par Baybars, reçut un renfort inattendu. En 1400-1401, les forces turco-mongoles de Tamerlan (*Timour-Lang,* ou « Timour-le-boiteux ») ravagèrent la Syrie et saccagèrent Damas. La peste, les criquets et les déprédations des Bédouins venus à la curée achevèrent le travail de désolation après le départ des Mongols : le sultanat mamelouk encaissa un choc économique et militaire dont il ne devait jamais se relever complètement.

Les crises du xve siècle entraînèrent de nouvelles politiques fiscales visant à extraire le maximum de bénéfices du commerce de transit. Après avoir d'abord encouragé les marchands indiens et même chinois à importer leurs marchandises dans des ports sous contrôle égyptien, le sultan Barsbay (1422-1438) eut l'idée qu'il était peut-être plus avantageux encore d'accaparer le commerce que de le taxer. Il commença donc par imposer un monopole royal sur le sucre, bientôt suivi par le poivre et par d'autres biens de consommation. Ces mesures, maintenues par ses successeurs, entraînèrent la hausse des prix et les représailles économiques des étrangers, pour finir par un effondrement économique général auquel le gouvernement ne put survivre que par la dévaluation de la monnaie et par une politique d'impôts brutalement drastique.

Les historiens de cette période donnent un tableau frappant de la corruption et de l'inefficacité croissantes du régime touchant à sa fin. Parlant des vizirs, l'un d'eux note : « C'étaient de cruels coquins, inventeurs de mille injustices, arrogants et présomptueux. Ils n'étaient renommés ni pour leurs compétences ni pour leur esprit religieux. Ils furent les fléaux de leur époque, toujours une insulte gratuite prête à la bouche. Leur existence, passée exclusivement à opprimer leurs contemporains, fut une disgrâce pour l'humanité. » Lorsque le sultan Barsbay réunit les quatre principaux *qadis* du Caire pour leur demander l'autorisation de lever de nouvelles taxes plus fortes que celles prévues par la Sainte Loi, l'un d'eux lui aurait répliqué [1] : « Comment pourrions-nous autoriser de prendre de l'argent à des musulmans, lorsque l'épouse d'un sultan a porté le jour de la circoncision de son fils une toilette valant 30 000 dinars? Et ce n'était là qu'une seule parure et une seule de ses femmes. »

La catastrophe ultime intervint en 1498. Le 17 mai de

1. Abu'l-Mahasin ibn Taghribirdi, *Al-Nujum al-zahira*, éd. H. Popper, Berkeley et Los Angeles, 1909-1936, VI, p. 739.

cette année, le navigateur portugais Vasco de Gama parvint en Inde, après avoir réussi à contourner l'Afrique par le cap de Bonne-Espérance; en août 1499, il revenait à Lisbonne avec une cargaison d'épices. Il avait ouvert entre l'Europe et l'Orient une nouvelle route, moins chère et plus sûre que l'ancienne. D'autres expéditions suivirent rapidement. Les Portugais, suivis peu après par les Hollandais, les Français et les Anglais, ralliaient désormais directement par la mer les Indes et l'Asie du Sud-Est. La route du Moyen-Orient survécut quelque temps à cette concurrence et garda une certaine importance durant tout le XVIe siècle. Mais le coup mortel lui fut porté lorsque les puissances commerçantes de l'Europe devinrent aussi des puissances territoriales en Asie, contrôlant ainsi le commerce aux deux extrémités. Dès le départ, les Mamelouks comprirent les conséquences immédiates de ces événements : pressés d'agir par les Vénitiens, leurs compagnons d'infortune, ils essayèrent – par la diplomatie, puis par la guerre – de contrer la menace portugaise. Ce fut peine perdue. Les navires portugais, construits pour affronter les flots et les vents de l'Atlantique, étaient supérieurs à ceux des musulmans par leur structure, leur armement et leurs capacités manœuvrières. Ils furent rapidement en mesure de battre les escadres égyptiennes, de détruire systématiquement les navires marchands arabes qu'ils surprenaient dans l'océan Indien et même de pénétrer dans le golfe Persique et la mer Rouge. Cette disparité navale était en fait l'un des multiples éléments du fossé technologique qui se creusait alors entre le Moyen-Orient islamique et les puissances occidentales en plein essor. Au XVIe siècle, après la conquête ottomane des terres arabes et le développement des échanges européens en Méditerranée orientale, le commerce du Levant connut un certain renouveau, mais resta d'importance secondaire : le Proche-Orient arabe avait été contourné. Il ne devait pas retrouver son importance commerciale avant le XIXe siècle.

De la longue période d'éclipse des Arabes, trois changements essentiels ressortent. Le premier d'entre eux est le passage du Proche-Orient islamique d'une économie commerciale et monétaire à une économie quasi féodale reposant sur une agriculture de subsistance, en dépit d'un important commerce extérieur et de transit. Le second est la fin de l'indépendance politique des Arabes et des arabophones sédentaires, supplantés par les Turcs. Dans les vastes déserts faiblement peuplés, les tribus arabes conservèrent l'indépendance qu'elles avaient récupérée durant la décadence des Abbassides, repoussant toutes les tentatives faites pour leur imposer un contrôle et ravageant souvent les lisières des terres cultivées, au cours de leur long conflit avec l'autorité. Dans quelques postes montagneux éloignés, des hommes parlant l'arabe restèrent sous l'autorité d'un pouvoir arabe indépendant. Mais partout ailleurs, dans les cités comme dans les vallées et les plaines cultivées de la Syrie, de l'Irak et de l'Egypte, les peuples arabophones n'étaient plus maîtres de se gouverner par eux-mêmes. Le sentiment que seuls les Turcs étaient naturellement destinés à gouverner poussa de profondes racines : au XIVe siècle, nous voyons un secrétaire mamelouk de naissance syrienne s'adresser aux Arabes en turc par le truchement d'un interprète, au lieu de leur parler dans sa langue natale, de peur de perdre la face en parlant la langue méprisée des peuples assujettis [1]. Au début du XIXe siècle encore, lors de son invasion de l'Egypte, Bonaparte essaya vainement de nommer des Egyptiens arabophones à des positions d'autorité : il fut forcé de recourir finalement à des Turcs, qui seuls pouvaient se faire obéir.

Le troisième changement est le glissement du centre de gravité du monde arabophone, qui passa de l'Irak à l'Egypte. La désorganisation et la faiblesse du premier, son éloignement de la Méditerranée par laquelle allaient venir les marchands et les ennemis des périodes futures, lui ôtèrent toute possibilité de servir désormais de base. L'Egypte offrait l'alternative possible d'une autre route commerciale; vallée irriguée d'un seul fleuve, qui exigeait par nature un gouvernement unique et centralisé, ce fut désormais le seul Etat centralisé puissant dans l'Orient arabe.

1. Ibn Hadjar al-'Asqalani, *Al-Durar al-Kāmina*, Haydarabad, 1348-1350, A.H., III, p. 14-15.

Avec le prince, la gloire déserta les Arabes. Les souverains qui héritèrent de leur pouvoir politique parlaient le persan ou le turc (ou les deux) et favorisèrent naturellement des poètes capables de faire leur éloge dans leur propre langue, selon leurs goûts et leurs traditions particuliers. Les Iraniens d'abord, les Turcs ensuite développèrent leurs propres langues culturelles musulmanes et prirent du même coup la direction de la culture islamique. Sous le règne des Seldjoukides puis des Mongols, les arts islamiques connurent un nouvel épanouissement. Les littératures persane et turque, tout en restant fortement colorées par la tradition arabo-islamique, se ramifièrent en branches indépendantes et importantes. Après l'époque seldjoukide, l'usage littéraire de l'arabe se circonscrit aux pays strictement arabophones, à l'exception d'une production limitée dans les domaines de la théologie et de la science. Le glissement du centre de gravité du monde arabe vers l'ouest donna de l'importance à la Syrie, et plus encore à l'Egypte : elles devinrent les centres principaux de la culture arabe.

Cette évolution politique et sociale se reflétait dans la vie intellectuelle. La dépendance passive vis-à-vis des autorités, dans la vie publique, avait son parallèle en littérature, qui souffrait d'un manque de vitalité et d'indépendance. La caractéristique la plus frappante de l'époque est l'accent accru mis par les artistes sur la *forme* et par les savants sur la *mémoire.* On vit encore de grandes figures : al-Ghazali (1059-1111), l'un des plus grands penseurs de l'Islam, qui tenta de combiner la nouvelle scolastique avec la religion intuitive et mystique des Soufis; al-Hariri (1054-1122), toujours considéré par les arabophones comme le représentant par excellence de la forme et de l'élégance littéraires; Yaqut (1179-1229), biographe, géographe et savant; sans omettre une série d'historiens et de compilateurs d'après l'époque des Mongols, parmi lesquels le Tunisien Ibn Khaldun (1332-1406) fait figure de génie historique de l'Islam, le premier à théoriser une conception philosophique et sociologique de l'histoire.

De manière caractéristique, à la différence de ses voisins ottomans plus énergiques, la société militaire des mamelouks méprisait et rejetait les nouvelles armes à feu, qu'ils n'adoptèrent que très marginalement en constituant de petites unités d'esclaves noirs ainsi équipées. Leurs armées s'effondrèrent naturellement devant les canonniers et les mousquetaires des Ottomans. En 1517, ceux-ci remportèrent leur victoire finale sur les Mamelouks ; la Syrie et l'Egypte furent intégrées pour quatre cents ans à l'empire ottoman. Les Etats barbaresques, jusqu'aux frontières du Maroc, reconnurent bientôt la suzeraineté des maîtres d'Istanbul. Lorsque l'Irak eut été arraché à l'Iran en 1534, le monde arabophone presque tout entier se retrouva sous la férule des Ottomans.

A l'est du Maroc, seules quelques contrées occupées par des peuples arabophones gardèrent une indépendance réelle. En Arabie, la province sud-ouest du Yémen devint un *pachalik* ottoman en 1537, avant de retrouver une indépendance réelle presque un siècle plus tard, en 1635. Les chefs arabes de La Mecque et du Hedjaz – les *sharif* – reconnaissaient la suzeraineté des Ottomans, mais ils dépendaient plus du Caire que d'Istanbul. Pour le reste, les déserts inhospitaliers de la péninsule préservèrent l'indépendance traditionnelle des Bédouins. Vers le milieu du XVIIIe siècle, ils furent à l'origine d'un puissant mouvement spirituel ressemblant sous certains aspects aux débuts même de l'islam. Un juriste du Nadjd, du nom de Muhammad ibn 'Abd al-Wahhab (1703-1791), fonda une nouvelle secte dont les principes de base reposaient sur un puritanisme rigide et antimystique. Au nom de l'islam épuré des premiers âges, il dénonçait tous les ajouts postérieurs en matière de dogmes et de rituels comme des « innovations » superstitieuses, étrangères à la vraie foi. Il proscrivait le culte des hommes et des lieux saints, y compris la vénération exagérée de Mahomet. Il appliquait la même austérité à la vie religieuse et à la vie personnelle. La conversion au wahhabisme de l'émir du Nadjd, Muhammad ibn Sa'ud, donna à la secte un poids militaire et politique. La doctrine se diffusa par la conquête dans la majeure partie de l'Arabie centrale, enlevant les villes saintes de la Mecque et de Médine aux *sha-*

rif qui les administraient au nom des Ottomans, et menaçant même les provinces ottomanes de Syrie et d'Irak. La réaction arriva en 1818 : une armée turco-égyptienne envoyée par Méhémet Ali, pacha d'Egypte, brisa la puissance des Wahhabites, limitant le mouvement au Nadjd. La secte y survécut malgré ce revers; elle allait redevenir un facteur politique capital au milieu du XIXe et surtout au XXe siècle.

Au Liban, une solide tradition d'indépendance avait existé dans les montagnes depuis les temps anciens, au moment où des chrétiens venus d'Anatolie avaient transformé les hautes terres en îlot chrétien au milieu de la mer islamique environnante. De petites dynasties locales – certaines chrétiennes, d'autres musulmanes, d'autres encore druses – continuaient à se partager les montagnes, sous la suzeraineté nominale des Ottomans. Leur indépendance relative variait en fonction de l'efficacité plus ou moins grande des représentants de la Sublime Porte. Enfin, à l'ouest de la Méditerranée, l'empire araboberbère du Maroc gardait son indépendance et développait ses particularités sous la conduite de ses dynastes locaux.

Pour le reste, l'assujettissement des Arabes aux Turcs, commencé sous le khalife al-Mu'tasim et confirmé sous les Seldjoukides et les mamelouks, fut maintenu fermement par les Ottomans. Les mouvements de rébellion et d'indépendance que l'on voit alors se manifester sporadiquement furent plus souvent le fait de pachas turcs turbulents que de chefs locaux mécontents.

En Egypte, les Ottomans maintinrent l'ordre institué par les mamelouks, en le coiffant d'un pacha et d'une garnison. Le système perdit toutefois son caractère militaire et fut davantage fondé sur l'impôt que sur le service armé. La plupart des fiefs devinrent des *iltizam,* c'est-à-dire des concessions usufruitières de terres étatiques accordées temporairement à des fonctionnaires, avec des droits de succession et de disposition restreints. L'usufruitier – *multazim* – était chargé de collecter les impôts annuels payés par les paysans non propriétaires. Les autres paysans et l'usufruitier payaient des taxes; les héritiers du second pouvaient hériter de l'usufruit moyennant le paiement d'une somme fixée. Avec l'affaiblissement du contrôle central, les beys locaux accaparèrent le pouvoir et le pacha devint souvent l'observateur passif de leurs rivalités. Quelques-uns trouvèrent aussi le moyen de se rendre maîtres de la situation.

La conquête ottomane apporta des changements plus importants en Syrie. Au début du XVIIe siècle, la région était divisée en trois *pachaliks* ottomans (de Damas, d'Alep et de Tripoli), auxquels celui de Sidon fut ajouté en 1660. Chacun d'eux était sous l'autorité d'un officier qui avait acheté sa charge et qui jouissait localement d'une assez large liberté d'action, en fonction des circonstances et de sa propre personnalité. Les *pachaliks* étaient organisés selon les principes ottomans. La majeure partie des terres était divisée en fiefs, possédés majoritairement – mais non exclusivement – par des Turcs. Ces fiefs étaient semi-héréditaires et ils comportaient l'obligation de verser une somme annuelle et de servir militairement avec des valets d'armes, entretien compris. Les bénéfices des détenteurs de fief étaient la collecte des impôts et l'exercice de certains droits sur la paysannerie. Nombre d'*iltizam* pris sur les terres d'empire étaient la possession des dignitaires de la cour d'Istanbul. Les pachas jouissaient de pouvoirs proportionnels à la distance qui les séparait du Bosphore et à la faiblesse du gouvernement central.

Au départ, la conquête ottomane fut un avantage, apportant sécurité et prospérité relatives après le cauchemar des derniers temps des Mamelouks. Les archives ottomanes montrent alors un accroissement marqué de la population et de la prospérité. Mais le déclin de l'Empire ottoman, au XVIIIe siècle, entraîna une généralisation de l'arbitraire et de la corruption, de l'anarchie et de la stagnation. Durant cette longue période de gouvernement étranger, marqué par l'association réciproquement désavantageuse de deux cultures mutuellement impliquées dans le déclin de l'autre, l'esprit de révolte reste manifeste. Le mouvement ismaïlien avait diminué d'importance après les invasions mongoles, mais d'autres mouvements le remplacèrent. Même sous les mamelouks, il y avait eu des révoltes sporadiques de la population arabophone d'Egypte. Sous les Ottomans, les mouvements occasionnels pour l'indépendance furent dus habituellement à des ambitions individuelles – souvent celles des gouverneurs turcs eux-mêmes. En accord avec la tradition islamique, l'opposition réellement populaire s'exprima religieusement, avec le mouvement soufi. Ce fut d'abord une expérience mystique purement individuelle, avant d'être un mouvement social largement suivi dans les classes inférieures, organisé en confréries de derviches et souvent associé aux corporations artisanales. Les soufis n'étaient pas formellement antisunnites, comme les ismaïliens avaient pu l'être; ils étaient politiquement sans danger. Certains soutenaient même l'action du gouvernement et entretenaient des liens étroits avec sa hiérarchie civile ou militaire. En religion, ils opposaient une foi personnelle et mystique au transcendantalisme orthodoxe qu'ils réussirent parfois à infléchir. Mais la révolte douce du soufisme, procédant par infiltration, échoua de la même façon que l'assaut frontal de l'ismaïlisme avait échoué : les résistances à l'évolution étaient trop puissantes. Le changement réel allait venir d'un élément nouveau introduit de l'extérieur, plus puissant et infiniment plus agressif que les impulsions hellénistiques qui avaient accéléré la fermentation intellectuelle de l'Islam médiéval.

CHAPITRE X

L'IMPACT DE L'OCCIDENT

« Ecce, beatis nunc Arabum invides
Gazis, et acrem militiam paras
Non ante devictis Sabææ
Regibus, horribilique Medo
Nectis catenas? »

Horace, *Odes*, I, 29

Les Arabes avaient été en contact avec l'Europe occidentale depuis le temps de leurs premières conquêtes. En Espagne, au Portugal et en Sicile, ils avaient dominé, puis gouverné des populations européennes, tout en maintenant des relations diplomatiques, commerciales et militaires avec les autres Etats de l'Europe. Ils avaient accueilli des étudiants européens dans leurs universités et autres centres de savoir. Les Croisés, de leur côté, avaient transplanté un morceau d'Europe occidentale au cœur même de l'Orient arabe. Ces contacts, fructueux pour l'Occident qui avait beaucoup appris des Arabes, eurent pourtant peu d'effets sur ceux-ci. Pour eux, les relations furent et restèrent extérieures et superficielles; elles n'eurent que peu d'influence sur leur vie et sur leur culture. La littérature géographique et historique des Arabes du Moyen Age reflète leur manque d'intérêt total pour l'Europe occidentale qu'ils regardaient comme les ténèbres de la barbarie et dont le monde lumineux de l'Islam avait bien peu à redouter et encore moins à apprendre. Al-Mas'udi, géographe du xe siècle, écrit à ce propos [1] : « Les peuples du Nord sont ceux pour qui le soleil est éloigné du zénith [...] Le froid et l'humidité prévalent dans ces régions, où la neige et la glace se suivent en une succession interminable. L'humeur chaude manque chez eux; leurs corps sont épais, leurs natures grossières, leurs manières rudes, leurs intelligences affaiblies et leurs langues lourdes [...] Leurs croyances religieuses manquent de solidité [...] Ceux qui sont le plus au nord sont les plus sujets à la stupidité, à la grossièreté et à l'abrutissement. » Au xie siècle, dans un ouvrage consacré aux nations qui avaient cultivé la connaissance, un *qadi* de Tolède énumérait les Indiens, les Persans, les Chaldéens, les Grecs, les Romains (qui englobent les Byzantins et les chrétiens d'Orient), les Egyptiens, les Arabes et les Juifs. Dans le reste du monde, il distinguait les Chinois et les Turcs, « peuples nobles » qui s'étaient signalés dans d'autres domaines; mais tous les autres étaient des barbares du Nord ou du Sud. Il ajoute à propos des premiers : « Ils ont de gros ventres, le visage pâle, des cheveux longs et plats. Ils manquent de finesse dans la compréhension et de clarté dans l'intelligence, accablés qu'ils sont sous le poids de l'ignorance, de la bêtise, de l'aveuglement et de la stupidité [2]. » Au xive siècle encore, un homme comme Ibn Khaldun peut écrire dubitativement [3] : « Nous avons appris récemment que sur les terres des Francs, c'est-à-dire dans le pays de Rome et dans ses dépendances, sur les rivages septentrionaux de la Méditerranée, les sciences philosophiques s'épanouissent [...] et que les étudiants sont nombreux. Mais Dieu sait mieux que nous ce qui se passe dans ces contrées. » Cette attitude, justifiée au départ, allait devenir dangereusement obsolète avec les progrès de l'Europe occidentale.

A partir des débuts du xvie siècle, une nouvelle relation se fit jour entre l'Islam et l'Occident. L'Occident avait alors fait de grands progrès technologiques dans les arts militaire et civil; la Renaissance et la Réforme lui avaient

1. Al-Mas'udi, *Kitab al-Tanbih wa'l-ishraf*, Beyrouth, 1965, p. 22.
2. Sa'id al-Andalusi, *Kitab Tabaqat al-umam*, Le Caire, s.d., p. 11.
3. Ibn Khaldun, *op. cit.*, III, p. 93.

permis de se renouveler. L'éclatement de l'ordre féodal avait libéré le commerce et laissé le champ libre à l'esprit d'entreprise, pour lequel la consolidation des Etats-nations centralisés fournissait des instruments solides et politiquement fiables. Aux deux extrémités de l'Europe, dans la péninsule Ibérique et en Russie, des peuples chrétiens réussirent à terminer leur longue lutte de « reconquête », mettant ainsi un terme à des siècles de domination musulmane. Mais cette lutte ne s'acheva pas avec la défaite des Maures espagnols et des Tatars de Moscovie : les Européens triomphants poursuivirent leurs anciens maîtres jusque dans leurs patries (les Espagnols et les Portugais en Afrique et dans les mers qui la bordent, les Russes en Asie), inaugurant du même coup le grand processus d'expansion de l'Europe par lequel, au XXe siècle, celle-ci allait forcer le monde entier à entrer dans son orbite économique, politique et culturelle.

Au début du XVIe siècle, l'expansion fut d'un nouveau genre. Elle débuta par des négociations entre la France et la Sublime Porte, en vue d'une alliance contre un ennemi commun. Une diplomatie habile transforma ensuite cette alliance en un pacte commercial qui accordait certains droits et privilèges aux marchands français dans les territoires ottomans. Ces droits furent entérinés dans les « Capitulations » de 1535, qui garantissaient aux marchands français la sécurité de leur personne et de leurs biens, la liberté de culte, etc. C'était pratiquement une sorte de statut d'exterritorialité, non pas arraché à un pouvoir extra-occidental affaibli, mais accordé avec une certaine condescendance par l'extension des droits des *dhimmis* en société musulmane. Ainsi se manifestait la logique interne du code islamique vis-à-vis des chrétiens de l'étranger ; leur présence étant temporaire, elle n'était pas soumise aux mêmes discriminations que celle des *dhimmis.*

La pénétration française se développa rapidement, les marchands prenant avantage des facilités acquises pour établir des comptoirs commerciaux et des missions consulaires en Anatolie, en Syrie et en Egypte. De nouvelles Capitulations suivirent avec les Anglais (1580), les Hollandais (1612) et d'autres puissances européennes. Durant les XVIIe et XVIIIe siècles, le commerce européen s'accrut et de nombreuses colonies de marchands s'établirent dans les ports d'Anatolie, de Syrie et d'Egypte, sous la protection de leurs consuls.

Jusqu'au XIXe siècle, la progression militaire des Européens – distincte de leurs progrès commerciaux – se limita aux frontières septentrionales, où l'Autriche et la Russie continuaient d'avancer, aux dépens des Ottomans, dans les Balkans et le long des rives nord et est de la mer Noire. Les terres arabes ne furent affectées que par le développement du commerce des marchands français, anglais et italiens.

Un grand changement intervint avec l'occupation de l'Egypte par Bonaparte, en 1798. Cette expédition – la première incursion armée de l'Europe dans le Proche-Orient arabe depuis les croisades – marqua le début d'une ère nouvelle. L'ordre des Mamelouks s'effondra d'un coup et les Français réussirent à occuper le pays sans difficultés sérieuses. Ils ne furent chassés d'Egypte ni par les Egyptiens, ni même par les Ottomans, mais par leurs rivaux européens, les Anglais. La domination française en Egypte dura peu, mais elle eut une grande importance. Elle inaugura en effet la période d'intervention directe de l'Occident dans le monde arabe, avec d'immenses conséquences économiques et sociales. Grâce à la facilité de leurs victoires, les Français brisèrent l'illusion de la supériorité invincible de l'Islam sur l'Occident infidèle, posant du même coup le problème fondamental du réexamen des relations entre les deux « blocs ».

La période d'anarchie qui suivit le retrait des Français se conclut avec l'apparition de Méhémet Ali, soldat ottoman d'origine balkanique, qui réussit à devenir gouverneur quasi indépendant de l'Egypte, puis de l'Arabie et de la Syrie, jusqu'à ce que les puissances occidentales finissent par ramener et borner sa puissance à la seule Egypte.

Les aspirations de Méhémet Ali à l'indépendance et à l'expansion de son pouvoir furent en effet brisées par les puissances européennes. Il ne réussit qu'à établir un gouvernorat héréditaire sur la province ottomane d'Egypte, mais eut le temps de lancer un grand programme de réformes. Elles furent d'abord militaires et mues par le désir d'avoir une armée de type européen. Pour réaliser cet objectif, il lança également une série de mesures économiques et éducatives; les unes et les autres connurent un certain succès. Son projet d'industrialisation échoua, mais il commença de briser l'ordre quasi féodal existant en Egypte et en Syrie, en rationalisant et en étendant l'agriculture. En matière d'éducation, il ouvrit de nouvelles écoles avec des enseignants européens et patrona des traductions d'ouvrages occidentaux qui étaient imprimées par une presse spécialement installée au Caire; il envoya également de nombreuses missions d'étudiants en Europe – les premiers d'une longue série. L'extension de la culture du coton en Egypte, sous Méhémet Ali et ses successeurs, entraîna un resserrement des liens avec l'Europe occidentale, notamment avec l'Angleterre, principal débouché du coton égyptien. La diffusion des langues et des idées européennes, par l'éducation sur place et par les missions à l'étranger, mirent les anciennes conceptions à l'épreuve des idées nouvelles.

Méhémet Ali lui-même était un Ottoman turcophone et non un Arabe. Il ne songeait nullement à un empire arabe fondé sur un peuple qu'il méprisait, comme beaucoup de Turcs de son temps. Mais il travaillait dans des pays arabes, auxquels il donna une large mesure d'indépendance politique, tout en mettant sur pied des armées égyptienne et syrienne. Son fils, Ibrahim Pacha, parlait l'arabe et rêvait, lui, d'un empire arabe.

Après le retrait des forces de Méhémet Ali en 1840, la Syrie revint dans le giron de l'Empire ottoman. L'éclatement de l'ordre féodal et son remplacement par une administration centralisée continuèrent cependant sous l'égide ottomane retrouvée. Les réformes de la Sublime Porte apportèrent un degré supplémentaire de centralisation. Les provinces cessèrent d'être des fiefs concédés à des pachas militaires, pour devenir des districts administratifs gouvernés par des fonctionnaires nommés et contrôlés par le gouvernement central. Même privés de leurs privilèges féodaux et de leurs pouvoirs légaux, les grands propriétaires terriens gardaient toutefois leur prééminence sociale et économique; ils restaient la classe dominante dans la vie économique et administrative.

Pendant ce temps, l'activité économique européenne au Moyen-Orient était entrée dans une phase nouvelle. Les Européens avaient cessé de s'intéresser surtout au commerce, pour se tourner vers le développement et le contrôle des ressources et des services, particulièrement dans le domaine des communications, soit directement par des concessions, soit indirectement par des prêts aux gouvernements locaux. Depuis l'établissement des empires coloniaux en Asie, les Européens avaient gagné l'Inde par la mer, en contournant le cap de Bonne-Espérance, plutôt que par le Moyen-Orient. Mais certains songeaient périodiquement à réactiver l'ancienne route terrestre et ils avaient même fait des tentatives (avortées) en ce sens. L'expédition de Bonaparte en Egypte avait ramené l'attention sur ce sujet. L'arrivée de la navigation à vapeur, désormais indépendante des vents périodiques des mers orientales, entraîna la réactualisation du projet.

Des navires européens, essentiellement venus de l'Inde, avaient à l'occasion pénétré la mer Rouge et le golfe Persique depuis des siècles, apportant les marchandises sur les quais de Bassora, de Djedda et parfois même de Suez. Depuis le début du XIXe siècle, des compagnies anglaises de l'Inde entretenaient des services réguliers pour Bassora et pour Suez. Pour assurer leur sécurité, des unités de la marine de guerre patrouillaient sur les mers entourant l'Arabie, combattant vigoureusement la piraterie et conquérant dans le même temps des ports de ravitaillement et des points d'appui et de surveillance. Une série d'expéditions menées depuis Bombay contre les pirates des côtes est et sud-est de l'Arabie déboucha, en 1820, sur un traité de paix avec les *sheikhs* du Golfe, fondant du même coup la suprématie politique de l'Angleterre dans la région, qui allait se renforcer par étapes tout au long du siècle. La piraterie continuelle du sultanat d'Aden entraîna la prise et l'occupation du port en 1839, ce qui garantissait les approches de la mer Rouge. Du côté

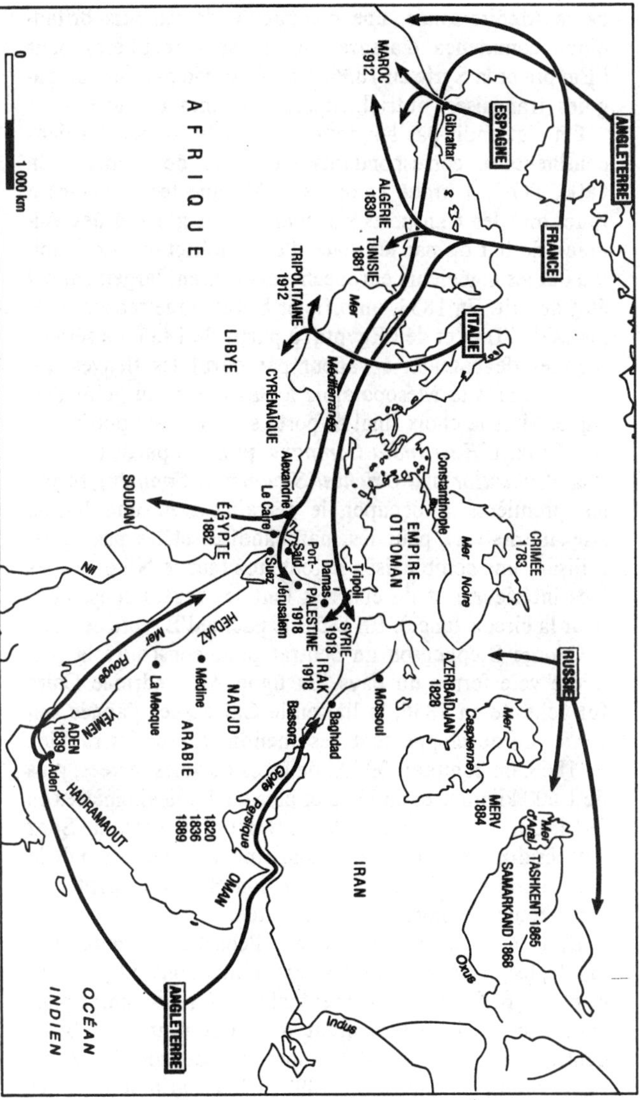
ANGLETERRE
ESPAGNE
Gibraltar
MAROC
1912
FRANCE
ALGÉRIE
1830
TUNISIE
1881
ITALIE
TRIPOLITAINE
1912
Mer
Méditerranée
CYRÉNAÏQUE
LIBYE
A F R I Q U E
0
1 000 km
Constantinople
CRIMÉE
1783
Mer Noire
EMPIRE
OTTOMAN
Alexandrie
Le Caire
Port-
Saïd
Suez
ÉGYPTE
1882
SOUDAN
Nil
Tripoli
Damas
Jérusalem
PALESTINE
1918
SYRIE
1918
IRAK
1918
RUSSIE
AZERBAÏDJAN
1828
Mer
Caspienne
Mossoul
Baghdad
Bassora
HEDJAZ
Médine
La Mecque
NADJD
ARABIE
1820
1836
1889
Mer
Rouge
YÉMEN
ADEN
1839
Aden
HADRAMAOUT
Golfe
Persique
OMAN
IRAN
MERV
1884
Mer
d'Aral
TASHKENT 1865
SAMARKAND 1868
Oxus
Indus
OCÉAN
INDIEN
ANGLETERRE

de la Méditerranée, une compagnie de vapeurs britannique commença d'assurer des liaisons régulières pour l'Egypte et la Syrie en 1836, bientôt suivie par des compagnies françaises, autrichiennes, italiennes et autres.

On n'attendit pas longtemps pour développer des liens continentaux correspondants entre les deux mers. En 1800, l'Orient arabe connaissait à peine les véhicules à roue, tous les transports s'accomplissant grâce à des animaux de bât ou par les voies d'eau intérieures. Les capitaux et les ingénieurs européens modifièrent largement cet état de fait. En 1834, un officier britannique reconnut les pistes de l'Irak et de l'Egypte ; à partir de 1836, un service régulier de bateaux à vapeur parcourut les fleuves irakiens, reliant la Mésopotamie à Bassora et au golfe Persique. Mais le choix final se porta sur l'Egypte plutôt que sur l'Irak. L'*East India Company,* puis – à partir de 1840 – la *Peninsular and Oriental Steamship Company* furent les premières à occuper le terrain, avec une liaison Alexandrie-Suez pour les marchandises et les passagers, utilisant une combinaison de bateaux (sur le Nil et sur les lacs intérieurs) et de charrois (sur les routes construites pour la circonstance). En 1851, le pacha d'Egypte accorda à George Stephenson un contrat pour construire la première voie ferrée du pays. La ligne Alexandrie-le Caire fut achevée en 1856, la liaison le Caire-Suez l'année suivante. Le développement des chemins de fer fut rapide : en 1863, on comptait 395 kilomètres de voies ferrées, plus de 1 600 kilomètres en 1882 et plus de 4 800 kilomètres en 1914. Le 17 novembre 1869, l'ouverture du canal de Suez – après dix ans de travaux – confirma la restauration de la route de la mer Rouge et la position clef de l'Egypte sur cette route commerciale réhabilitée.

Dans le Proche-Orient arabe, à l'écart de la route principale, le développement des communications fut plus lent et plus tardif. On le dut essentiellement à des compagnies françaises, qui construisirent quelques routes en Syrie centrale, puis environ 800 kilomètres de voie ferrée en Syrie et en Palestine, entre 1892 et 1911, afin de relier les villes principales. Les Turcs eux-mêmes contribuèrent à la construction du chemin de fer du Hedjaz, sur la route du pèlerinage entre Damas et Médine, tandis que le fameux *Baghdad-Bahn* des Allemands, presque terminé en 1914, assurait la liaison vers le nord, *via* Alep et Mossoul. Les ports, les ponts, les canaux, le télégraphe et les autres services se développèrent parallèlement, cependant que les firmes européennes commençaient à installer l'eau, le gaz, les transports municipaux et d'autres services dans les grandes villes et dans les principaux ports.

Pourtant, tout ce développement n'avait pour objectif essentiel que le commerce de transit, sans beaucoup d'effets sur l'économie locale des pays traversés. Le transfert de la liaison à travers l'Egypte du chemin de fer au canal de Suez, en 1869, diminua plus encore les retombées directes sur l'économie égyptienne. Les progrès dans le développement des ressources essentielles aux pays arabes furent ainsi moins nombreux. Le plus important fut l'extension de la culture du coton et de la canne à sucre en Egypte, due aux rapides améliorations de l'irrigation équipée de matériel moderne; les voies ferrées, les routes et les ports nouvellement construits ou rénovés permettaient en outre un accès plus rapide à des marchés plus vastes. La guerre de Sécession américaine et l'interruption consécutive de la fourniture de coton américain aux filatures anglaises donna même un essor extraordinaire à la production et aux ventes égyptiennes : la campagne connut alors une étonnante flambée d'enrichissement temporaire.

Les changements du XXe siècle devaient être beaucoup plus radicaux. La mise au point du moteur à explosion ajouta la voiture, le camion et l'avion aux moyens de locomotion existants. Les deux premiers couvrirent l'ensemble du Moyen-Orient d'un réseau de communications internes, rendant possible les échanges rapides des hommes, des idées et des marchandises à une échelle jusque-là impensable; le dernier bouleversa les routes de transit aussi bien sous leurs aspects économiques que sous leurs aspects stratégiques. Le remplacement du cheval, de l'âne et du chameau par la voiture, le car et le camion bouleversa, plus que tout autre facteur, le monde arabe dans son ensemble. L'exploitation du pétrole, devenue la plus importante ressource naturelle du Moyen-Orient pour le monde extérieur, connut un développement parallèle. Après avoir travaillé quelques années en Iran et en Anatolie, les compagnies pétrolières venaient juste d'étendre leurs activités à l'Irak lorsque la guerre éclata en 1914. Le développement complet des ressources pétrolières de ce pays dut attendre le retour de la paix. De nombreuses compagnies, où les intérêts britanniques prédominaient largement, commencèrent alors à travailler dans différentes parties du pays. L'exploitation des ressources de l'Arabie saoudite, où les Américains ont pris la première place, est encore plus récente. Toutes ces compagnies pétrolières, avec leurs installations gigantesques et leur vaste main-d'œuvre arabe, leurs oléoducs et leurs raffineries, modifient en permanence l'aspect économique et stratégique de la région. En Egypte, le progrès de l'industrialisation, toujours embryonnaire, a néanmoins déclenché de vastes processus de changements sociaux.

La pénétration culturelle européenne fut d'abord essentiellement religieuse; elle eut pour agents les minorités chrétiennes de la région. Le Vatican entretenait des contacts avec les catholiques maronites du Liban depuis le XVIe siècle; des capucins et des jésuites italiens et français travaillaient en Syrie; des prêtres maronites venaient régulièrement à Rome et à Paris. Comme les sultans ottomans interdirent longtemps l'impression de livres en arabe ou en turc, les premières presses d'imprimerie du Proche-Orient, aux mains des juifs et des chrétiens locaux, imprimaient des textes en hébreu, en grec et en syriaque. Puis des livres en arabe furent imprimés en Italie et commencèrent à circuler au Proche-Orient. Les premières presses turques imprimant des livres en écriture arabe furent installées à Istanbul, en 1729; elles produisaient des livres écrits en arabe et en persan, aussi bien qu'en turc. Bonaparte apporta au Caire une imprimerie en arabe, afin d'imprimer des journaux et des proclamations en arabe et en turc. Les premières presses proprement musulmanes du monde arabe furent celles de Méhémet Ali, en Egypte. De 1822 – date de leur installation – à 1842, elles sortirent 243 livres, en majorité des manuels pour les écoles et les collèges nouveaux instaurés par le gouverneur devenu souverain. Il est important de constater que les livres en turc étaient plus nombreux que les livres en arabe; les ouvrages traitant de marine et de sujets militaires, tout comme les livres de mathématiques et de mécanique, étaient presque tous en turc.

La rivalité religieuse entre les grandes puissances pour la protection des lieux saints et des minorités chrétiennes s'intensifia au long du XIXe siècle. Les missionnaires les plus actifs dans les pays arabes étaient les jésuites français et les pasteurs de la Mission protestante américaine, qui avaient des écoles et des collèges en Syrie et aussi en Egypte. Ils installèrent des presses en arabe et imprimèrent de nombreux livres, redonnant aux Arabes leurs classiques à demi oubliés et traduisant à leur usage certains ouvrages de référence occidentaux. Ils formèrent ainsi une nouvelle génération d'Arabes, à la fois plus conscients de leur héritage culturel et plus sensibles aux influences occidentales.

Les conséquences sociales de tous ces changements furent cependant plus limitées qu'on ne pouvait l'attendre. Les nouvelles classes moyennes locales de marchands et d'intellectuels venaient largement des minorités; en raison de leur statut incertain et de leur coupure d'avec l'ensemble de la population, elles étaient hors d'état de jouer vraiment leur rôle. Mais ces nouvelles classes parlaient et écrivaient en arabe. Les chrétiens syriens élevés dans les missions lancèrent des journaux et des périodiques en Egypte et en Syrie, atteignant un public de plus en plus vaste au fur et à mesure que les populations étaient affectées par les changements sociaux et économiques. C'est au cours de cette période que naquit le nationalisme arabe : ses origines étaient mêlées. A l'hostilité arabe grandissante contre la domination turque et à la défiance envers les entreprises menaçantes d'un Occident étranger vinrent s'ajouter l'idée européenne de nationalité et la renaissance de la langue et de la culture arabes. Le nationalisme était très fort chez les chrétiens, moins affectés par l'idéal musulman d'unité et beaucoup plus sensibles aux changements économiques et à l'influence culturelle de l'Occident. Un chrétien ne pouvait pas souscrire à l'idéal panislamique qui était l'expression moderne de la vieille communauté de l'Islam. Il cherchait au contraire à donner une expression nouvelle, en termes nationaux plutôt que religieux, à la solidarité et au ressentiment de l'Orient contre l'invasion de l'Occident. Pour les musulmans, les deux formes d'expression n'avaient jamais été vraiment distinctes. Le sentiment fondamental d'identité était religieux *et* social : l'ensemble de la société islamique s'exprimait tantôt en termes nationaux, tantôt en termes religieux, jeux de termes synonymes et interchangeables traduisant la même réalité fondamentale.

La montée du mouvement nationaliste fut accélérée par l'irruption du contrôle direct des Européens, d'abord à la périphérie du monde arabe (les Français en Algérie en 1830, les Anglais à Aden en 1839), puis en son centre. En 1882, les Anglais occupèrent l'Egypte, au cœur même du monde arabe. Cette occupation entraîna un développement intense du nationalisme égyptien, beaucoup plus « local » cette fois-ci, parce que ses revendications et ses objectifs étaient infiniment plus concrets.

A ce moment de l'histoire, le mouvement nationaliste s'exprima politiquement par le biais d'associations puis de partis politiques, ce qui traduisait un autre changement important. Les anciennes formes religieuses d'expression sociale n'étaient pas mortes pour autant. En Arabie, le mouvement wahhabite reprit vigueur au début du XXe siècle, lorsque 'Abd el-'Aziz ibn Sa'ud se lança dans un processus d'expansion au cours duquel ses guerriers ajoutèrent la majeure partie de la péninsule aux terres patrimoniales du Nadjd : il annexa ainsi Hasa en 1913, le Djébel Shammar en 1921 et le Hedjaz en 1924-1925, avant de proclamer en 1932 son nouveau royaume d'Arabie saoudite, doté du wahhabisme comme religion officielle. Il reste que, dans la plupart des autres pays arabes, la principale expression organisée fut politique à la manière occidentale, jusqu'après la Deuxième Guerre mondiale. Par la suite, soudain de confréries religieuses militantes sembla marquer un retour à d'anciens schémas de loyauté et d'association.

Cette « occidentalisation » de la vie publique fut, dans une large mesure, extérieure et superficielle. Les droits exercés auparavant sur les paysans par les grands propriétaires et les fonctionnaires du gouvernement furent légalement abolis ou réduits, mais la réalité des relations changea peu et les notables continuèrent de jouir d'un monopole virtuel de la direction effective. Malgré la présence de nombreux musulmans parmi les marchands des cités et des ports, l'expansion du commerce européen donna un avantage évident aux éléments non musulmans, déjà fort nombreux. Mais le simple fait qu'ils ne fussent pas des musulmans les excluait du rôle normal d'une bourgeoisie montante dans l'adaptation des structures politiques à leurs besoins. Finalement, les détenteurs du pouvoir politique restèrent les anciens éléments dirigeants : militaires, bureaucrates, hiérarchie religieuse et grands propriétaires. Cette élite gardait ses intérêts et ses idées et ne réagit que très lentement à la modernisation. L'ensemble des pratiques politiques européennes – parlements et élections, partis et programmes, journaux et appels à « l'opinion publique » comme source d'autorité légitime – fut emprunté en bloc et superposé à des fondements de réalité sociale auxquels il ne correspondait pas. De là vient le fort caractère religieux de ces mouvements, dès qu'ils ont dépassé le stade de petites cliques. Même la jeune révolution turque de 1908 n'eut que des effets limités parmi les Arabes restés sous domination ottomane. La tentative de remplacer l'antique solidarité et l'allégeance dynastique proprement islamiques – qui avaient fait de la grande majorité des Arabes de loyaux sujets des sultans ottomans – par une sorte de « patriotisme ottoman » modernisé n'eut qu'un effet très limité dans les provinces arabes. La révolution constitutionnelle de 1908 rencontra peu de soutien et provoqua même une vive opposition dans ces provinces, où l'on gardait un grand respect pour le sultan 'Abd ul-Hamid II. Quant à la tentative de remplacer à la fois les allégeances islamique et ottomane par un nationalisme turc, elle entraîna inévitablement une contre-réaction nationaliste parmi les Arabes et les autres sujets ottomans non turcs.

La guerre de 1914 permit de constater la persistance d'un sentiment musulman prédominant. La plupart des Arabes ottomans restèrent loyaux envers leurs maîtres, qui trouvèrent aussi du soutien dans l'Egypte occupée par les Britanniques. Les pressions des années de guerre et les activités des Alliés entraînèrent un rapide développement du nationalisme arabe. En 1916, les Anglais réussirent à fomenter une révolte arabe dans le Hedjaz; moyennant une aide matérielle immédiate et une promesse assez vague d'indépendance arabe après la guerre (peut-être ambiguë à dessein), les troupes bédouines auxiliaires aidèrent les forces britanniques à conquérir la Syrie.

Les clauses des traités de paix restèrent assez loin des grandes espérances des Arabes, mais on leur accorda quand même beaucoup. De nouvelles entités politiques furent créées dans tout le Croissant fertile, là où les armées alliées avaient jeté à bas la domination ottomane. Toutefois, l'indépendance tant convoitée fut remise à plus tard : Anglais et Français établirent leurs « mandats ». La branche orientale du Croissant fertile, baptisée Irak, fut placée sous mandat britannique; la branche occidentale fut divisée entre un mandat britannique au sud et un mandat français au centre et au nord. Après quelques tâtonnements, le territoire sous mandat français – la Syrie – fut divisée à son tour en deux unités, dont l'une (côtière) fut appelée le Liban, tandis que la seconde (avec le désert) gardait le nom de Syrie. Au sud, les territoires sous mandat britannique reçurent le nom générique de Palestine. Celle-ci fut à son tour partagée, sa partie orientale devenant la Transjordanie, tandis que la partie occidentale gardait le nom de Palestine.

La déception des Arabes, rendue plus vive par le rapide développement économique et culturel de l'entre-deux-guerres, trouva son expression dans une série de mouvements nationalistes très actifs qui restèrent marqués par la religion et conditionnés, dans leur direction et leurs stratégies, par l'ancien ordre social. En dépit ou peut-être à cause de cela, ce furent en leur temps des mouvements authentiquement populaires, touchant toutes les couches de la société arabe musulmane, depuis les minorités éduquées et politiquement conscientes qui leur fournirent les cadres et l'idéologie, jusqu'aux paysans misérables et illettrés à qui ils servaient de porte-parole, exprimant le mélange confus de colère et de peur face à la présence de ces forces étrangères et incompréhensibles qui bouleversaient le mode de vie.

La lutte fut âpre et soutenue. Les nationalistes connurent finalement le succès dans la poursuite de leurs objectifs politiques. Lorsque la Première Guerre mondiale éclata, en 1914, il n'existait pas un seul Etat arabe souverain et indépendant. L'ensemble du monde arabe était divisé – et parfois disputé – entre les Ottomans et les empires coloniaux occidentaux, qui exerçaient divers degrés de souveraineté ou de suzeraineté sur leurs provinces ou leurs colonies arabes. Dans un petit nombre de lieux, trop éloignés et trop pauvres pour intéresser la colonisation, des chefs tribaux ou des princes locaux réussissaient à maintenir une autonomie précaire, comme dans la majeure partie de la péninsule arabe. Dans quelques pays, notamment l'Egypte, la Tunisie et le Maroc, les dynastes locaux étaient maintenus au pouvoir par les puissances impérialistes, comme forme commode de gouvernement indirect. Dans d'autres pays – en Algérie, en Libye et dans le Croissant fertile – ils étaient sous le contrôle direct de hauts fonctionnaires nommés par la capitale impériale.

En revanche, lorsque la Seconde Guerre mondiale commença, en 1939, la situation avait profondément changé. L'Irak, le Yémen, l'Arabie saoudite et l'Egypte avaient été reconnus comme Etats souverains et indépendants, et admis à ce titre comme membres de la Société des Nations. La Syrie, le Liban et la Jordanie étaient toujours sous mandat étranger, mais ils avaient déjà des gouvernements et des appareils gouvernementaux; ils étaient en route vers l'indépendance et la souveraineté dont la réalisation était reconnue par les puissances de tutelle comme le but ultime de leur mandat. Les *sheikhs* et les émirs de l'Arabie orientale et méridionale s'étaient délivrés du joug des Ottomans et commençaient à secouer celui de l'Angleterre.

Du point de vue des nationalistes, c'était trop peu, trop

tard et – de toute façon – trop en deçà des promesses de l'Occident et des attentes des Arabes. L'Afrique du Nord (française et italienne), de même que le sud-ouest de l'Arabie (britannique), restaient sous le contrôle étroit de l'autorité coloniale, tandis que les Etats nominalement indépendants de l'Irak et de l'Egypte étaient enchaînés à leurs anciens maîtres par des traités inégaux qui les forçaient à endurer sur leur sol la présence de bases et de troupes étrangères. En Palestine, à l'ouest du Jourdain, la situation se compliqua avec l'apparition d'un nationalisme rival, celui des Juifs. Le mouvement sioniste datait de la fin du XIXe siècle. En 1917, avec la « déclaration Balfour », le gouvernement britannique avait formellement promis son soutien à une politique de « patrie nationale pour le peuple juif » en Palestine et cette promesse avait été incluse dans le mandat de la Société des Nations pour la Palestine. La montée d'un antisémitisme actif en Europe et l'afflux de réfugiés désespérés – qui ne pouvaient trouver de refuge en ces temps de pogroms et de dépression économique – donnèrent une nouvelle urgence aux idées sionistes, mais la perspective d'un Etat juif dans l'antique patrie du peuple hébreu entraîna la montée des mécontentement, parmi les peuples arabes. La rébellion contre la puissance mandataire commença en 1936 et ne se termina qu'avec l'éclatement de la guerre, en 1939.

D'une manière ou d'une autre, la Seconde Guerre mondiale et ses suites apportèrent l'indépendance souveraine à presque tous les pays arabes encore assujettis. Dans le Levant, le retrait de la France ajouta la Syrie et le Liban au nombre des Etats arabes indépendants. En mars 1945, après une longue préparation, la « Ligue des Etats arabes » fut officiellement instituée : elle comprenait l'Egypte, l'Irak, la Syrie, le Liban, l'Arabie saoudite, le Yémen et la Transjordanie, qui allait devenir l'Etat souverain de Jordanie en mars 1946. Depuis lors, les Etats membres de la Ligue arabe sont devenus plus nombreux, passant de sept à vingt-deux en 1992. Pour certains pays, notamment l'Algérie et – à un moindre degré – Aden, rebaptisé Yémen du Sud, l'indépendance n'a été acquise qu'au prix de durs combats. Pour d'autres, elle a été négociée plus ou moins à l'amiable avec l'ancienne puissance coloniale.

Deux des membres de la Ligue des Etats arabes – la Somalie et Djibouti – ne sont arabes ni de langue ni d'identité nationale, mais ils ont été admis à cause de leurs affinités culturelles et politiques avec le monde arabe. Un troisième membre, l'Organisation de Libération de la Palestine, est authentiquement arabe, mais ne constitue pas un Etat puisqu'il ne possède aucun territoire sur lequel exercer sa souveraineté. Le 2 avril 1947, le gouvernement britannique informa l'Organisation des Nations-Unies (successeur de la défunte Société des Nations) qu'il abandonnerait son mandat sur la Palestine le samedi 15 mai 1948, laissant à l'O.N.U. le soin de décider de l'avenir de ce territoire. L'Empire des Indes avait cessé d'exister depuis 1947 et l'importance du pétrole moyen-oriental n'était pas encore bien comprise : une Angleterre appauvrie et affaiblie par la guerre n'avait aucune raison de continuer à se mesurer avec ce problème devenu insoluble. Le 29 novembre 1947, après de longues et difficiles discussions et négociations, les Nations-Unies adoptèrent une résolution formelle qui divisait l'ancien territoire sous mandat britannique en trois parties : un Etat juif, un Etat arabe et un *corpus separatum* pour la ville de Jérusalem, placée sous juridiction internationale. Les Nations-Unies ne prévoyaient aucune mesure spéciale pour l'exécution et le respect de ces décisions. Très peu de temps après, le 17 décembre, le Conseil de la Ligue arabe fit savoir qu'elle empêcherait par la force la partition proposée de la Palestine. En revanche, les dirigeants juifs acceptèrent le plan et, anticipant de quelques heures la fin du mandat pour cause de *sabbath*, ils mirent rapidement sur pied un Etat qu'ils appelèrent Israël. Les dirigeants palestiniens et les Etats arabes refusèrent cette création et recoururent à la guerre pour empêcher son implantation.

Il paraissait d'abord invraisemblable que le nouveau-né pût survivre, mais la situation militaire évolua très vite et, au moment où l'armistice fut négocié sous l'égide des Nations-Unies, des changements très importants étaient intervenus. Les Israéliens avaient résisté et ils avaient même augmenté leur territoire. Le reste de la Palestine du mandat était aux mains des Etats arabes voisins : la bande de Gaza, à l'Egypte; la rive ouest du Jourdain et Jérusalem-Est, à la Jordanie; une petite portion du territoire septentrional, à la Syrie. La partition de Jérusalem entre la Jordanie et Israël était réalisée *de facto* et le projet d'un *corpus separatum* était devenu du même coup lettre morte. Au cours des combats, un grand nombre d'Arabes palestiniens – estimés à 726 000 par la Mission d'enquête économique des Nations-Unies et l'Agence pour l'assistance et le travail de l'O.N.U. – avaient fui ou avaient été expulsés de chez eux. Les estimations et les témoignages sont parfois contradictoires, mais il semble que les deux descriptions soient proches de la réalité en différents endroits.

Au milieu de tant de confusion et d'incertitudes, le sort des réfugiés palestiniens n'était guère différent de celui des millions de personnes qui avaient fui ou avaient été chassées de leurs demeures en Europe orientale, dans le sous-continent indien et ailleurs, lors du remodelage brutal et des bouleversements que la fin de la Deuxième Guerre mondiale avait imposés à la carte du monde. Mais les réfugiés palestiniens se sont ensuite distingués de tous les autres, parce qu'ils n'ont été ni rapatriés ni réinstallés ailleurs, et qu'ils sont demeurés dans des camps. La seule exception fut la Jordanie : les Jordaniens annexèrent formellement les territoires qu'ils occupaient à l'ouest du Jourdain et offrirent la citoyenneté jordanienne à tous les Palestiniens arabes qui la réclameraient. Les Israéliens firent de même pour les nombreux Juifs qui avaient fui les terres arabes ou qui en avaient été expulsés.

Par un triste paradoxe, les efforts humanitaires des Nations-Unies et de leurs « Agences » aggravèrent généralement la situation plutôt qu'elles ne l'améliorèrent. Les médiations de paix purent obtenir un armistice, mais non pas établir une paix définitive, interdisant ainsi toute issue ultérieure au problème. Les Nations-Unies financèrent et ravitaillèrent les camps de réfugiés dans les pays arabes, au prix d'immenses efforts financiers : dans les vingt premières années, il fallut débourser sept cents millions de dollars, dont les Etats-Unis fournirent les deux tiers. Ces camps évitèrent aux réfugiés et aux gouvernements concernés d'affronter l'alternative du rapatriement ou de la réinstallation. De nombreux réfugiés trouvèrent de nouvelles carrières, mais, quelques générations après, dans les pays arabes à l'exception de la Jordanie, la plupart d'entre eux et de leurs descendants restent des réfugiés apatrides. L'ensemble constitue un contraste frappant avec la partition presque contemporaine de l'Inde britannique, qui se solda par une reconnaissance mutuelle de l'Inde et du Pakistan, et la réinsertion, comme citoyens, d'un nombre de réfugiés infiniment plus grand.

L'absence de solution dans le problème de la Palestine a entraîné une succession de guerre israélo-arabes, en 1956, 1967, 1973 et 1982. La plus importante a certainement été la guerre, en juin 1967, qui s'acheva par une victoire décisive d'Israël sur l'Egypte, la Jordanie et la Syrie. L'Etat hébreu occupait désormais non seulement tous les territoires palestiniens précédemment tenus par ces trois pays, mais encore des portions conquises de ces mêmes Etats : les hauteurs du Golan, prises à la Syrie, et la péninsule du Sinaï, arrachée à l'Egypte. Le conflit de Kippour, en 1973, entraîna le retour d'une partie de ces territoires à la Syrie et à l'Egypte. En mars 1979, le reste des territoires de cet Etat lui fut restitué après la signature d'un véritable traité de paix, le premier jamais signé entre Israël et un pays arabe. Mais tous les territoires palestiniens (rive ouest du Jourdain et bande de Gaza) restèrent aux mains des Israéliens.

Les Etats arabes évitant désormais de s'impliquer directement dans le conflit israélo-palestinien, par suite d'autres sujets de préoccupation intérieurs et extérieurs, ce retrait donna une importance nouvelle aux dirigeants du mouvement palestinien qui commençaient à émerger, d'abord au sein de la *diaspora,* puis dans les territoires occupés par Israël. Les premiers étaient principalement représentés par l'Organisation de Libération de la Palestine : fondée en 1964, elle devint plus active après 1967, après qu'elle eut reçu un soutien substantiel de la part des gouvernements arabes et la reconnaissance officielle de nombreux pays sur le plan international.

Le conflit israélo-arabe a été de loin le plus « médiatisé » des conflits moyen-orientaux ; il n'est pourtant pas le seul conflit, encore moins le seul problème du monde arabe. Des guerres civiles ont ravagé des pays comme le Liban entre 1975 et 1991. On a vu des guerres impitoyables avec des pays voisins non arabes, comme les guerres tchado-libyennes et la guerre Irak-Iran (1980-1988). On a même connu des guerres entre Etats arabes, comme celles de l'Arabie saoudite contre le Hedjaz (1924-1925) et contre le Yémen (1934). Enfin, une étape supplémentaire a été franchie avec la « guerre du Golfe » de 1990-1991, qui a vu les Etats-Unis et d'autres puissances extérieures à la région intervenir militairement dans ce qui était – au départ comme à la fin – un conflit entre Arabes.

Des changements majeurs, des problèmes et des conflits sont également intervenus dans la vie sociale, économique et politique. Quoique les nations arabes n'aient pris aucune part effective à la Seconde Guerre mondiale, elles en ont été profondément affectées. Les propagandistes de l'Axe ou des Alliés cherchèrent à les attirer par tous les moyens ; les armées des deux camps stationnèrent et combattirent sur leur sol, employant des milliers d'Arabes pour le ravitaillement, la maintenance et les autres services, enrichissant certains et brisant la vie de beaucoup d'autres. Les tensions économiques et sociales engendrées par la guerre forcèrent une proportion croissante de la population à considérer les problèmes de sa vie publique selon des critères qui lui étaient jusque-là inconnus. Les bouleversements économiques dus à l'industrialisation et à la guerre, de même que les effets intellectuels de la diffusion de l'éducation, ont entraîné l'apparition de nouveaux intérêts, de nouvelles idées et de nouveaux dirigeants, insatisfaits d'une libération uniquement politique. Beaucoup d'entre eux sentaient bien qu'elle n'était qu'un leurre, pour faire oublier la domination persistante des anciens maîtres et des anciennes élites.

Il est clair que la puissance de l'Angleterre et de la France, jadis prépondérantes dans la région, s'est achevée avec l'effondrement de leurs empires coloniaux ; que

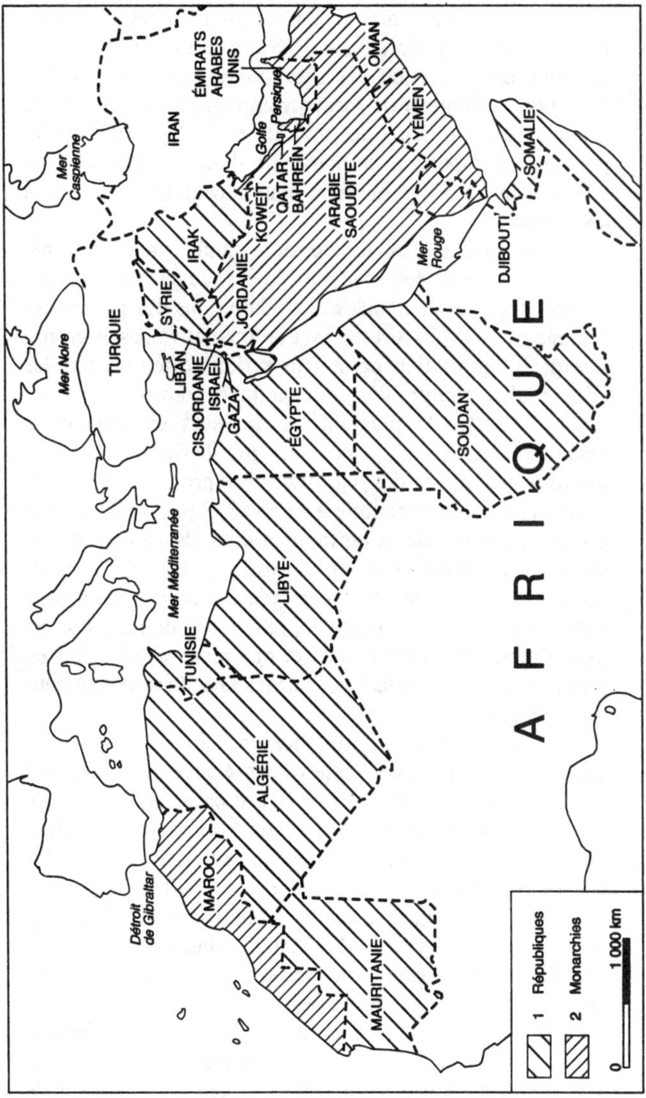

Le monde arabe en 1993

l'influence de l'Allemagne nazie, un moment si dangereuse, s'est terminée avec sa défaite militaire. Mais une nouvelle configuration des superpuissances extérieures à la région a bientôt pris forme, remplissant de nouveau le monde arabe du heurt des intérêts et des idéologies antagonistes, et apportant de nouveaux dangers, avec de nouvelles et séduisantes facilités pour l'avantage politique à court terme.

Les contraintes et les tensions d'une modernisation accélérée, alimentée par le pétrole et mue par ses revenus; les menaces, les complots et les séductions des puissances régionales et extérieures, chacune poursuivant son propre intérêt; l'humiliation et la frustration ressenties par les Etats arabes, malgré leur indépendance, devant leur incapacité à battre le plus infime de leurs ennemis ou à résoudre le plus simple de leurs problèmes; la rancœur grandissante contre des régimes qui se proclamaient novateurs mais dont l'économie a apporté la pauvreté, dont la politique a engendré la tyrannie et dont les armées ont été vaincues à l'extérieur et répressives à l'intérieur : tous ces facteurs se sont combinés pour créer, avec les années, une société profondément troublée, parcourue de mécontentements multiples et croissants, et une recherche de plus en plus pressante de coupables pour les uns, de sauveurs pour les autres.

Depuis le XIXe siècle, au moment où les intellectuels arabes ont commencé à prendre conscience de la faiblesse et de la pauvreté relatives de leurs pays, comparées au reste du monde, ils ont trouvé des explications. Pendant longtemps, celles-ci ont été presque exclusivement d'ordre politique et militaire : la faute en revenait aux envahisseurs et aux dirigeants venus de l'étranger. Selon cette analyse, la civilisation de l'Islam classique avait été détruite par l'invasion mongole; si elle n'avait pas été ruinée de manière aussi intempestive, elle était partie pour atteindre des sommets encore plus élevés. Les Mongols avaient détruit la grande civilisation du khalifat, ruiné et dévasté les pays arabes, de sorte que ceux-ci étaient devenus des proies faciles pour les Turcs Ottomans, dont le gouvernement oppressif avait duré de 1517 jusqu'à la Première Guerre mondiale. Lorsque les Arabes, sur la foi des promesses de liberté faites par les puissances occidentales, avaient cherché ensuite à établir leur indépendance, ils avaient été de nouveau soumis à un joug étranger – celui de l'Angleterre et de la France. Même après le départ des armées coloniales de ces deux puissances, les pays arabes continuaient de rester à la merci des puissances extérieures et de leurs marionnettes et protégés locaux.

Ce genre d'explication semble convaincante à première vue et elle en a convaincu plus d'un, sans l'ombre d'un doute. Il est exact que les envahisseurs mongols ont dévasté des parties du Moyen-Orient et détruit le khalifat. Il est exact aussi que les Ottomans ont gouverné la majeure partie du monde arabe pendant quatre siècles environ, puis qu'ils ont été remplacés, à leur départ, non par des dirigeants arabes indépendants, mais par les puissances impérialistes de l'Occident. Il reste, cependant, que de plus amples recherches et réflexions sur l'histoire ont montré que d'autres facteurs étaient à l'œuvre à côté des éléments militaires et politiques, et que ces derniers eux-mêmes n'étaient pas aussi simples et univoques qu'on le croyait naguère. La civilisation islamique classique s'étiolait depuis longtemps lorsque les Mongols firent irruption sur la scène internationale au XIIIe siècle; elle était même dans un état de ce que la plupart des historiens appelleraient un déclin avancé. Pour les terres proprement arabes, les ravages des Mongols – immenses et réels – se limitèrent à l'Irak. La Syrie ne fut que très peu affectée, l'Egypte et l'Afrique du Nord pas du tout. Dans les pays où les Mongols gouvernaient effectivement, c'est-à-dire dans la moitié est du Moyen-Orient, ils apportèrent une nouvelle ère de prospérité et même d'épanouissement culturel, dont l'essentiel était – certes – exprimé en persan, non en arabe. Loin d'être un asservissement, la conquête des terres arabes par les Ottomans fut, à plus d'un titre, une libération du joug des derniers sultans mamelouks. En Syrie tout spécialement, les Ottomans inaugurèrent une nouvelle ère de paix et d'abondance. Les pays arabes qui, comme le Maroc, échappèrent au pouvoir des Ottomans, n'allèrent guère plus loin que ceux qui y étaient soumis.

On n'a guère de témoignages non plus pour affirmer que les sultans ottomans étaient considérés par leurs sujets arabes comme des oppresseurs étrangers. Les notions occidentales de nationalisme et d'autodétermination ne touchèrent pas le Moyen-Orient avant des siècles; durant la majeure partie de leur règne, les souverains ottomans ont été reconnus par tous leurs sujets musulmans – sans distinction de langue ni d'origine ethnique – comme les maîtres légitimes de l'Empire universel de l'Islam.

Dans la perspective séculaire de l'Histoire, la période de domination européenne a été remarquablement courte, puisqu'elle s'étend – pour les pays du centre – de la fin de la Première Guerre mondiale à la fin de la Seconde. En outre, les processus mêmes de l'influence et de l'impact européens ont été plus complexes et plus variés qu'on ne l'a tout d'abord envisagé.

La domination des Arabes par les Turcs, puis la domination du monde islamique dans son ensemble – Turcs et Arabes confondus – par l'Europe, sont à intégrer dans un processus général plus vaste, qui s'étend sur plusieurs siècles. Il remonte en fait, d'abord, au VIIe siècle, lorsque la puissance irrésistible de la nouvelle foi islamique a lancé la *djihad* contre la chrétienté, depuis les anciennes terres chrétiennes du Levant et de l'Afrique du Nord jusqu'au cœur de l'Europe. Par deux fois, l'Islam a manqué de conquérir celle-ci, par les invasions arabes en Espagne puis, quelques siècles plus tard, par l'avance ottomane dans les Balkans et jusqu'en Europe centrale. Enfin, plus à l'est, on ne saurait oublier les tentatives des Tatars, des Mongols islamisés et des diverses peuplades turques qui ont conquis une grande partie de la Russie et établi la domination provisoire de l'Islam sur la Moscovie.

Avec le temps, aux deux extrémités de l'Europe, les peuples de la péninsule ibérique et ceux de la Russie réussirent à battre et à chasser leurs anciens maîtres musulmans. Cette libération se transforma ensuite en reconquête, puis, avec le temps, en domination mondiale.

Pour l'historien, la question importante n'est pas de savoir pourquoi les Européens ont essayé de dominer les musulmans – ce type de comportement a été la règle mutuelle et réciproque pendant des siècles – mais pourquoi ils y ont réussi. Les réponses à cette question doivent être cherchées à la fois dans la force de l'Europe et dans la faiblesse du monde musulman.

La recherche moderne a trouvé une bonne partie de l'explication dans les changements économiques, et particulièrement dans le déclin de l'agriculture. Celui-ci fut très largement la conséquence des bouleversements politiques. Dans l'économie des grandes plaines alluviales de l'Irak et de l'Egypte, l'agriculture dépendait très fortement de l'irrigation artificielle, laquelle dépendait à son tour de l'efficacité de l'administration à maintenir l'ordre public. Lorsque les Mongols eurent échoué dans leur tentative de conquête de l'Egypte et de la Syrie et qu'ils eurent établi leurs bases en Iran, l'Irak devint une province frontalière, pauvrement policée et administrée. Cet état de fait ouvrit la voie aux dépradations des Bédouins, mais, à la différence des Mongols, ces derniers ne s'en allèrent pas et ne changèrent jamais leurs habitudes. L'agriculture souffrit également de la salinisation croissante des sols, due aux quantités de sel apportées par le Tigre et l'Euphrate et non drainées. Les sols cultivables de l'Irak se dégradèrent ainsi de manière progressive.

Dans tout le Moyen-Orient, on remarque par ailleurs une absence de progrès technologiques dans l'agriculture. Même à l'époque de la grandeur ottomane, au XVIe siècle, le nombre des moulins à vent et des moulins à eau répertoriés sur les registres des impôts est proportionnellement beaucoup plus faible que celui du *Domesday Book,* dans l'Angleterre du XIe siècle, par exemple. Les conditions sociales et politiques prévalant dans les campagnes des pays musulmans empêchèrent, en fait, l'émergence d'une classe de propriétaires terriens cultivés, comme ceux qui contribuèrent de manière si remarquable à la révolution technique de l'agriculture occidentale, spécialement aux XVIIe et XVIIIe siècles.

Il faut mentionner également le problème de la concurrence des Etats européens. Grâce à l'acquisition des colonies tropicales et subtropicales, ceux-ci ont été rapidement en mesure de faire pousser, puis d'exporter des produits qui figuraient auparavant au premier rang des exportations du Moyen-Orient vers l'Occident et ailleurs. Les exemples les plus remarquables sont ceux du sucre et du coton, que les Européens transplantèrent d'abord dans les îles de l'Atlantique, puis au Nouveau Monde, avant de les réexporter vers le Moyen-Orient lui-même – d'où ils étaient initialement venus. La politique mercantiliste des Etats commerçants de l'Europe, leur mode de production plus efficace et leur mercatique plus agressive leur permirent de pénétrer d'abord, puis de dominer les marchés moyen-orientaux. Cela s'appliqua non seulement aux produits agricoles, mais encore à l'industrie et notamment aux textiles, qui avaient été jadis au nombre des exportations primordiales du Moyen-Orient : les marchands européens, à leur tour, apportèrent sur les marchés des produits provenant à la fois de leur industrie nationale et de leurs nouvelles possessions asiatiques et américaines.

L'avantage que ces méthodes donnaient aux commerçants occidentaux se trouvait renforcé par leur accès aux capitaux et au crédit, selon des modalités et à une échelle totalement étrangères aux ressources et aux possibilités du Moyen-Orient. Déjà au Moyen Age, le commerce de cette région avait souffert de la raréfaction des métaux précieux. Sur ce point, la situation n'était guère meilleure en Europe, qui manquait presque autant de métaux, mais elle changea soudain pour cette dernière avec la découverte de l'Amérique et l'irrigation du commerce européen par l'or et l'argent du Nouveau Monde.

La supériorité commerciale de l'Occident bénéficiait aussi de plusieurs facteurs politiques et militaires. Les Etats musulmans perdirent tout d'abord la suprématie maritime en Méditerranée et dans l'océan Indien : les mers furent désormais dominées par les navires occidentaux plus grands et plus solides, construits pour affronter les bourrasques de l'Atlantique, donc plus manœuvrables et capables d'embarquer un armement supérieur. Les vaisseaux légers des flottes orientales ne pouvaient rivaliser avec les bâtiments de guerre des Portugais, des Hollandais, des Français ou des Anglais. Ce n'est pas la présence des Portugais ou d'autres Occidentaux en Inde et dans l'Asie du Sud-Est qui changèrent les conditions du commerce au détriment du Moyen-Orient : il est attesté que le commerce continua sur une échelle importante durant tout le XVIᵉ siècle. Le changement décisif intervint en fait lorsque les puissances commerciales de l'Europe occidentale établirent des comptoirs commerciaux et même des bases militaires en Asie méridionale et du Sud-Est, se mettant ainsi en état d'utiliser la force armée aussi bien que la puissance économique pour contrôler le commerce avec l'Europe. Les peuples du Moyen-Orient – Turcs, Iraniens et Arabes confondus – se retrouvèrent pris dans un étau qui se refermait progressivement : les puissances maritimes occidentales avançaient depuis l'Europe et depuis l'Asie méridionale, dans le même temps que les Russes progressaient inexorablement depuis le nord.

Les institutions et les comportements sociaux hérités des premiers temps et maintenus avec une raideur croissante rendirent difficile l'adaptation aux circonstances changeantes ou la création de nouvelles institutions politiques et économiques qui auraient pu faciliter une adaptation. L'attitude adoptée envers les « infidèles », qui variait de la condescendance dans les bons moments à l'hostilité déclarée en temps de crise, empêchait aussi les musulmans de prendre des leçons auprès d'eux, voire simplement de les comprendre, au moment où c'était l'Occident – et non plus le monde islamique, comme auparavant – qui avait quelque chose à enseigner. L'organisation familiale traditionnelle, fondée sur la polygamie, le concubinage et l'esclavage domestique, convenait assez mal aux processus de modernisation sociale et culturelle, donc également économique et politique. Tous ces facteurs se combinèrent pour accélérer et accentuer la disparité croissante entre le monde islamique et le monde occidental, non seulement en fait de richesse et de puissance, mais aussi – et même plus spécifiquement – dans la capacité de créer la richesse, le pouvoir et les moyens de s'en servir.

Pendant longtemps, le monde arabe a été protégé de l'avancée de l'Europe et de l'impact des réalités nouvelles par la puissance de l'Empire ottoman qui restait, malgré son déclin, un formidable rempart. Depuis l'effondrement de la puissance ottomane, le Moyen-Orient et l'Afrique du Nord ont connu plusieurs phases dans leur évolution. Dans un premier temps, on a vu l'impérialisme britannique et français contrôler ou dominer la quasi-totalité du monde arabe. Durant cette période, de nouvelles institutions ont été créées, de nouvelles idées exprimées, qui ont préparé le chemin pour une seconde phase, caractérisée par une indépendance formelle et légale. La France comme l'Angleterre ont tenté de profiter de leur situation pour protéger leurs intérêts en signant des traités avec les Etats devenus indépendants, mais ces traités n'ont pas réussi à leur gagner l'alliance des pays arabes. Au mieux, ils ont pu assurer l'assentiment morose des gouvernements arabes durant la Seconde Guerre mondiale, lorsqu'ils étaient appuyés par les forces militaires omniprésentes. Lorsque ces forces se sont retirées, les alliances se sont effondrées.

Les Etats arabes étaient désormais totalement souverains et indépendants, toutes les troupes étrangères ayant évacué leur sol. En outre, certains d'entre eux étaient soutenus par l'énorme richesse qu'ils tiraient de la possession du pétrole. Mais ils apprirent bien vite que la région continuait d'être dominée par les puissances extérieures : ce n'étaient plus les puissances coloniales classiques de l'Europe occidentale, mais les deux nouvelles superpuissances – l'Union soviétique et les Etats-Unis – qui s'affrontaient au Moyen-Orient par pays interposés, comme dans toutes les régions du monde où leurs sphères d'influence se heurtaient. Les tentatives occidentales pour organiser les Etats arabes du Moyen-Orient en une alliance défensive avec l'Occident se soldèrent par des échecs et débouchèrent même sur le renversement des régimes pro-occidentaux. Les Soviétiques furent prompts à tirer parti de cette situation : à compter de 1955, ils cultivèrent des relations de plus en plus étroites, à divers moments, avec plusieurs Etats arabes : l'Egypte, la Syrie, l'Irak, le Yémen du Sud et l'Algérie. Mais ils commirent les mêmes erreurs que leurs prédécesseurs impérialistes occidentaux : en incitant les gouvernements arabes à signer des traités et à accepter de recevoir sur leur sol des bases et du personnel militaires, ils soulevèrent rapidement la suspicion, puis l'hostilité.

La période de domination soviétique « contractuelle » se termina là où elle avait commencé. En mai 1971, l'Egypte avait signé un traité « d'amitié et de coopération » avec l'Union soviétique; le 18 juillet 1972, le président Sadat ordonna aux experts militaires soviétiques de quitter le pays – et ils partirent. Cet événement inaugura une période d'implication directe de l'Amérique dans le monde arabe, qui a culminé avec le traité de paix signé sous les auspices américains entre l'Egypte et Israël, en 1979, puis avec la victoire des Arabes alliés aux Occidentaux, sous la direction des Etats-Unis, contre l'Irak de Saddam Hussein, en 1991.

La guerre du Golfe et les événements qui ont suivi – éclatement de l'Union soviétique et prompte retraite des forces de la coalition anti-Saddam – ont révélé des changements profonds. La Russie, au moins pour le moment présent, paraît hors jeu. Les Etats-Unis, par la nature même de leurs société et de leurs institutions, n'ont plus guère le désir – ni même la capacité – de jouer aux impérialistes. Les anciennes puissances de la vieille Europe ont depuis longtemps abandonné ce genre d'ambitions et il faudra sans doute attendre longtemps avant de voir apparaître de nouvelles puissances de ce type, si tant est que cela arrive. Cela signifie que, pour la première fois depuis des siècles, les pays du Moyen-Orient sont maîtres chez eux et qu'ils peuvent réellement déterminer leur propre destinée.

Une fois encore, comme en ces jours anciens où l'avance des guerriers arabes avait mis leur religion en contact avec les anciennes civilisations du Moyen-Orient et de la Méditerranée, engendrant un rejeton nouveau et plein de sève, l'islam se trouve aujourd'hui confronté à une civilisation étrangère qui contredit plusieurs de ses valeurs fondamentales, mais attire beaucoup de ses fidèles. Cette fois, les forces de résistance sont beaucoup plus solides. L'islam n'est plus une religion nouvelle, encore chaude et modelable au sortir du creuset arabe, mais une ancienne religion institutionnalisée, installée par des siècles d'usage et de tradition dans des schémas rigides de comportement et de croyance. Mais, si le métal est plus dur, il en va de même du marteau : le défi actuel est incomparablement plus radical, plus agressif, plus insidieux, et il ne vient pas d'un monde conquis, mais d'un monde conquérant. L'impact de l'Occident – avec ses imprimeries et ses ordinateurs, ses avions et ses cinémas, ses usines et ses universités, ses pétroliers et ses archéologues, ses mitrailleuses et ses idées – a fait voler définitivement en éclats les structures traditionnelles de la vie économique, affectant chaque Arabe dans sa vie comme dans ses loisirs, dans sa vie publique comme dans ses affaires privées et exigeant du même coup une adaptation des formes sociales politiques et culturelles héritées du passé.

Pour ces problèmes de réadaptation, les peuples arabes ont le choix entre plusieurs chemins. Ils peuvent adopter l'une ou l'autre des versions concurrentes de la civilisation moderne qui leur sont proposées, intégrant alors leur culture et leur identité dans un ensemble plus vaste et dominateur. Ils peuvent aussi tourner le dos à l'Occident, à ses pompes et à ses œuvres, poursuivant ainsi le mirage du retour à un idéal théocratique perdu, mais débouchant en fait sur un despotisme renouvelé qui emprunte à l'Occident ses mécanismes d'exploitation et de répression, et son verbiage d'intolérance. Ils peuvent enfin réussir à rénover leur société de l'intérieur, en travaillant avec l'Occident sur le pied d'une coopération entre égaux et en intégrant des éléments de sa science et de son humanisme, non pas superficiellement, mais substantiellement, dans le cadre d'un équilibre harmonieux avec les traditions dont ils ont hérité.

A l'heure actuelle, le changement fondamental est que ce choix dépend d'eux seuls.

Table chronologique

Avant Jésus-Christ

853	Première mention des Arabes dans une inscription de Salmanazar III.
65	Pompée visite Pétra : premier contact romain avec le royaume nabatéen.
25-24	Expédition d'Ælius Gallus vers l'Arabie méridionale.

Ère actuelle

105-106	Chute du royaume nabatéen, dont une partie devient province romaine.
v. 250	Essor du « royaume » de Palmyre.
273	Aurélien s'empare de Palmyre et abolit le « royaume ».
288-328	Règne d'Imr-ul Qays.

525	Chute des Himyarites : les Éthiopiens occupent l'Arabie méridionale.
542	Rupture du barrage de Ma'rib.
575	Les Perses Sassanides occupent l'Arabie méridionale qui devient une satrapie pour quelques années.
602	Fin de la principauté arabe de Hira, sur la frontière arabo-irakienne.
622	Transfert de Mahomet de La Mecque à Médine (Hégire) : début de l'ère islamique officielle.
624	Bataille de Badr.
625	Bataille d'"Uhud.
628	Traité de Hudaybiyya.
630	Mahomet s'empare de La Mecque.
632	Mort de Mahomet. Abu Bakr devient le premier khalife.
633-637	Les Arabes conquièrent la Syrie et l'Irak.
634	'Umar devient khalife.
635-636	Prise de Damas sur les Byzantins.
637	Bataille de Qadisiyya. Chute de Ctésiphon.
639-642	Conquête de l'Égypte.
642-646	Prise d'Alexandrie.
644	'Uthman devient khalife.
654-655	Bataille « des Mâts » : première victoire navale sur les Byzantins.
656	Meurtre d'"Uthman. Début de la première guerre civile en Islam.
657-659	Bataille de Siffin.
661	Meurtre d'"Ali. début de la dynastie des Omeyyades.
668-673	Premier siège de Constantinople.
670	Fondation de Kairouan.
680	Massacre de Husayn et des Alides à Kerbala.

683-690	Seconde guerre civile en Islam.
685-687	Révolte de Mukhtar en Irak. Débuts du mouvement extrémiste shi'ite.
691	Construction du Dôme du Rocher à Jérusalem.
696	'Abd al-Malik introduit un monnayage arabe, élément de sa réorganisation administrative de l'Empire.
705-715	Construction de la mosquée des Omeyyades à Damas.
709-717	Construction de la mosquée d'al-Aqsa à Jérusalem.
710	Les musulmans débarquent en Espagne.
717-718	Nouveau siège de Constantinople.
728	Mort de Hasan al-Basri.
732	Défaite musulmane à Poitiers et à Tours.
750	Chute des Omeyyades, avènement des Abbassides.
751	Victoire de Talas et retraite des Chinois. Les Arabes capturent des fabricants de papier chinois en Asie centrale : l'usage du papier commence à se répandre vers l'ouest, dans tout l'Empire islamique.
756	Le prince omeyyade 'Abd al-Rahman devient émir indépendant de Cordoue.
759	Les Arabes se retirent de Narbonne.
762-763	Fondation de Baghdad par al-Mansur.
765	Mort de l'imam Dja'far al-Sadiq.
788-	Dynastie indépendante des Idrissides au Maroc.
799-800	Dynastie indépendante des Aghlabides en Tunisie.
803	Harun al-Rashid destitue les Barmakides.
809-813	Guerre civile entre al-'Amin et al-Ma'mun.
813-833	Règne d'al-Ma'mun – développement des sciences et des lettres arabes.
825	Les Aghlabides de Tunisie commencent à conquérir la Sicile.

833-842 Règne d'al-Mu'tasim. Début de la domination des milices turques.

836 Fondation de Samarra. Construction de la mosquée de Kairouan.

868 Ahmad ibn Tulun, général turc, fonde une dynastie qui règne sur l'Egypte, puis également sur la Syrie.

869 Mort d'al-Djahiz.

869-883 Révolte des esclaves noirs en Irak.

871 Essor des Saffarides en Perse.

877 Mort de Hunayn b. Ishaq, traducteur des œuvres scientifiques grecques en arabe.

890 Première apparition des Karmathes en Irak.

901-906 Les bandes karmathes sont actives en Syrie, en Palestine et en Mésopotamie.

910 Instauration du khalifat fatimide en Afrique du Nord.

923 Mort d'al-Tabari.

925 Mort du physicien al-Razi (Rhasès).

929 'Abd al-Rahman III adopte le titre de khalife, à Cordoue.

932 La dynastie persane des Bouwayhides s'installe en Iran occidental.

935 Création du poste d'*Amir al-Umara*, commandant en chef des gardes turcs dans la capitale – et souverain véritable.

945 Les Bouwayhides occupent Baghdad.

969 Les Fatimides conquièrent l'Egypte et fondent Le Caire.

v. 970 Les Turcs Seldjoukides pénètrent par l'est sur les territoires du khalifat.

1030 Le khalifat omeyyade d'Espagne se morcèle en « royaumes de ta'ifa ».

1037 Mort d'Ibn Sina (Avicenne).

1048	Mort d'al-Biruni.
1055	Les Seldjoukides prennent Baghdad.
1056-1057	Les Arabes Hilali saccagent Kairouan.
1061	Les Normands prennent Messine et commencent à conquérir la Sicile.
1070-1080	Les Seldjoukides occupent la Syrie et la Palestine.
1085	Les chrétiens s'emparent de Tolède.
1086	Victoire des Almoravides à Sagrajas.
1090	Hasan-i Sabbah s'empare d'Alamout.
1094	Mort du khalife fatimide al-Mustansir. Schisme au sein du mouvement ismaïlien : Hasan-i Sabbah entraîne en dissidence l'aile extrémiste des « Assassins ».
1096	Les premiers Croisés arrivent au Proche-Orient.
1099	Les Croisés s'emparent de Jérusalem.
1111	Mort d'al-Ghazali.
1127	Zangi, un officier seldjoukide, s'empare de Mossoul. Débuts de la réaction musulmane contre les Croisés.
1171	Saladin met fin au khalifat fatimide. Fondation de la dynastie des Ayyoubides en Syrie et en Egypte.
1187	Bataille de Hattin. Saladin bat les Croisés et reprend Jérusalem.
1220	Les Mongols conquièrent les territoires orientaux du khalifat.
1236	Les chrétiens s'emparent de Cordoue.
1250	Une femme, Shadjar al-Durr, gouverne l'Egypte.
1250-1260	Apparition du sultanat mamelouk en Egypte et en Syrie, sur les décombres des principautés ayyoubides.
1254	Alphonse X « le Sage », roi de Castille et de Léon, fonde une école d'études latines et arabes à Séville.
1258	Les Mongols, commandés par Houlagou Khan, s'emparent de Baghdad et abolissent le khalifat.

1260	Les Mamelouks battent les Mongols à 'Ayn Djalut, en Palestine.
1291	Chute de Saint-Jean-d'Acre.
1348	Construction de la porte de la Justice, à l'Alhambra de Grenade.
1400-1401	Tamerlan ravage la Syrie.
1406	Mort d'Ibn Khaldun.
1492	Les chrétiens s'emparent de Grenade.
1498	Vasco de Gama contourne l'Afrique et arrive en Inde.
1517	Les Turcs ottomans conquièrent la Syrie et l'Egypte, mettant fin au sultanat mamelouk. Le *sharif* de La Mecque accepte la suzeraineté ottomane.
1519	L'autorité des Ottomans s'étend jusqu'en Afrique du Nord, à l'exclusion du Maroc.
1520	Révolte de Djanbirdi Ghazali en Syrie.
1524	Révolte d'Ahmad Pacha en Egypte.
1535	Premières « Capitulations » accordées par le sultan ottoman à la France.
1631	Insurrection en Egypte, au Yémen et au Liban.
1635	Exécution de Fakhr al-Din Ma'n.
1639	Les Ottomans finissent par arracher l'Irak à l'Iran.
1658-1659	Révolte d'Abaza Kara Hasan Pacha, en Alep.
1708	Husayn b. 'Ali devient *bey* et *dey* de Tunis; il fonde sa propre dynastie.
1710	Ahmad Karamanli, *dey* de Tripoli, fonde sa propre dynastie.
1775-1804	Djezzar Pasha, gouverneur de Saïda (Sidon).
1792	Mort de Muhammad ibn 'Abd al-Wahhab, fondateur de la secte des Wahhabites en Arabie.
1798-1801	Occupation française en Egypte.
1805	Méhémet Ali devient le véritable souverain de l'Egypte.

1809	Début des services de bateaux réguliers entre l'Inde et Suez.
1820	Traité britannique avec les sheikhs arabes de la côte du golfe Persique – début de la suprématie anglaise dans cette région.
1820-1831	Béchir Shéhab au Liban.
1822	Méhémet Ali installe les premières presses en Egypte.
1830	Les Français envahissent l'Algérie.
1831-1840	Occupation égyptienne de la Syrie.
1836	Début d'un service régulier de bateaux à vapeur anglais pour l'Egypte et la Syrie.
1839	Les Anglais occupent Aden.
1851-1857	La voie ferrée Alexandrie-Le Caire-Suez est achevée.
1855	Introduction du télégraphe.
1860	Troubles au Liban.
1861	Création d'un Liban autonome.
1869	Ouverture du canal de Suez.
1881	Les Français occupent la Tunisie.
1882	Les Anglais occupent l'Egypte.
1901-	Ibn Sa'ud commence à restaurer l'émirat saoudien du Nadjd.
1908	Révolution des « Jeunes Turcs ». Ouverture du chemin de fer du Hedjaz.
1911-1912	Les Italiens s'emparent de la Tripolitaine et de la Cyrénaïque.
1914	Les Anglais s'emparent de Bassora.
1916	Révolte arabe dans le Hedjaz. Campagnes militaires de « Lawrence d'Arabie ». Sharif Husayn prend le titre de roi.
1917	Les Anglais occupent Baghdad et Jérusalem.

1918 Fin du gouvernement ottoman sur les pays arabes.

1919 Indépendance du Yémen.

1920 Etablissement du mandat français sur la Syrie et du mandat britannique sur la Palestine et l'Irak.

1924-1925 Ibn Sa'ud conquiert le Hedjaz.

1932 Fin du mandat anglais sur l'Irak. Ibn Sa'ud proclame le royaume d'Arabie saoudite.

1934 Ibn Sa'ud bat le Yémen après une courte guerre. Traité de paix de Ta'if. L'indépendance du Yémen est formellement reconnue. Les Italiens établissent en Libye une colonie regroupant la Tripolitaine et la Cyrénaïque.

1936 Traité anglo-égyptien reconnaissant l'indépendance de l'Egypte.

1941 Renversement de Rashid 'Ali en Irak. Fin du mandat français sur la Syrie et le Liban, qui deviennent des républiques indépendantes.

1945 Formation de la Ligue des États arabes.

1946 L'Angleterre reconnaît l'indépendance de la Transjordanie, qui devient une monarchie.

1948 Fin du mandat britannique sur la Palestine; fondation de l'Etat d'Israël. Première guerre israélo-arabe.

1951 La Libye devient un royaume indépendant.

1952 Coup d'Etat militaire au Caire; abdication du roi Farouk. Le roi Talal de Jordanie abdique; Hussein est proclamé roi à sa place.

1953 L'Egypte devient une république. Mort d'Ibn Sa'ud.

1954 Le colonel Gamal 'Abd al-Nasser devient le maître de l'Egypte.

1955 Les Anglais évacuent la zone du canal de Suez; signature du pacte de Baghdad. Contrat d'armement entre l'Egypte et la Tchécoslovaquie.

1956 Le Soudan, la Tunisie et le Maroc deviennent indépendants. L'Egypte nationalise le canal de Suez;

guerre égypto-israélienne; expédition franco-anglaise à Suez.

1957 La Tunisie devient une république. Les Israéliens se retirent du Sinaï et de Gaza.

1958 Formation de la République arabe unie. Guerre civile au Liban. Révolution en Irak, qui devient une république.

1960 La Mauritanie devient indépendante.

1961 Le Koweït devient indépendant. La Syrie se retire de la République arabe unie. Adoption du « socialisme arabe » en Egypte.

1962 L'Algérie devient indépendante. Révolution républicaine au Yémen.

1963 Révolutions en Syrie et en Irak.

1964 Fondation de l'Organisation de Libération de la Palestine.

1965 Révolution en Algérie.

1967 Guerre israélo-arabe. Le Yémen du Sud devient indépendant.

1968 Révolution en Irak.

1969 Révolutions au Soudan et en Libye; cette dernière devient une république.

1970 Mort de Nasser. Anouar al-Sadate lui succède.

1971 Les Etats du Golfe deviennent indépendants; formations des Emirats arabes unis.

1973 Guerre israélo-arabe.

1975 Mort du roi Fayçal d'Arabie. Reprise de la guerre civile au Liban.

1975-1991 Guerre civile au Liban.

1976 L'Espagne se retire du Sahara occidental. Les forces syriennes interviennent au Liban.

1977 Visite du président Sadate en Israël.

1979 L'Egypte et Israël signent un traité de paix; l'Egypte est exclue de la Ligue arabe. Révolution islamique en Iran.

1980-1988 Guerre Irak-Iran.

1981 Assassinat du président égyptien Sadate.

1982 Invasion israélienne au Liban.

1989 Le Sommet arabe de Casablanca réintègre l'Egypte. Algérie : nouvelle constitution approuvée par référendum. Liban : la Ligue arabe obtient le cessez-le-feu à Beyrouth. Accord interlibanais à Ta'if. Soudan : coup d'Etat militaire soutenu par les islamistes.

1990-1991 L'Irak envahit le Koweit; guerre « du Golfe ».

GLOSSAIRE *

abd : esclave domestique.

ahl al-bayt : la famille du Prophète.

'amil : surintendant des Finances.

Amir al-Mu'minin : commandeur des Croyants.

Amir al-Umara' : commandant des commandants.

amsar : villes.

ansar : les auxiliaires; les habitants de Médine qui se rangèrent à la cause du Prophète.

dhimmis : les sujets non musulmans en terre d'islam.

dihqans : petite noblesse iranienne locale.

diwan : liste des pensions versées aux musulmans. De là, registre administratif, puis bureau, enfin ministère.

djihad : la guerre sainte.

djizya : impôt de la capitation frappant les non-musulmans.

* Etabli par Ryad Atlagh.

émir : gouverneur.

hanif : terme coranique désignant le monothéiste qui pratique la religion originelle et vraie avant l'avènement de l'islam.

hégire : expatriation du Prophète et des premiers musulmans de La Mecque à Médine, qui marque le début de l'ère hégirienne : le 16 juillet 622.

imam : (pour les shi'ites) chef politique et religieux infaillible descendant de 'Ali.

khalifa : khalife, successeur du Prophète et chef de la communauté musulmane.

kharadj : impôt foncier.

kharédjites : anciens partisans de 'Ali qui l'ont abandonné après la bataille de Siffin et qui ont adopté une doctrine égalitariste.

madrasa : collège religieux.

madjlis : conseil des anciens dans la tribu.

mahdi : le bien-guidé; personnage à caractère messianique, attendu à la fin des temps pour instaurer la justice et restaurer la religion vraie.

mala' : le conseil de la cité.

mamelouk : esclave-soldat.

mawali : clients; tout musulman non arabe doit devenir client d'une tribu arabe.

mawat : terre morte.

muhtasib : fonctionnaire chargé de faire respecter la morale et la loi dans les marchés.

mulk : royaume.

munafiqun : les hypocrites sont désignés ainsi dans le Coran; ceux qui refusent le message du Prophète.

muwallad : en Espagne musulmane, les chrétiens convertis à l'islam.

qata'i' : sg. qati'a; litt. morceau. Terre découpée dans le domaine de l'Etat et concédée à des particuliers.

ridda : apostasie; mouvement de sécession de certaines tribus arabes après la mort du Prophète.

sarraf : changeur de monnaie.

sayyid : chef élu d'une tribu.

shari'a : loi musulmane.

shi'isme : système politico-religieux dont les partisans sont les adeptes de 'Ali et de ses descendants et nient toute légitimité aux khalifes, pour revendiquer le pouvoir en faveur des imams alides.

shura : comité.

shu'ubiyya : mouvement de réaction des milieux non arabes contre la domination politique et culturelle de l'ethnie arabe.

sira : la vie du Prophète.

Sunna du Prophète : la Tradition du Prophète constituée par ses dits et ses gestes, sur lesquels se fondent les jurisconsultes pour interpréter la loi musulmane (shari'a).

sunna : coutume, pratique des ancêtres.

sunnisme : système politico-religieux dont les partisans se considèrent comme les véritables dépositaires de la Tradition du Prophète et nient aux descendants de 'Ali tout droit au pouvoir.

ta'ifa : principauté.

tiraz : tissu confectionné pour les vêtements d'apparat.

ulèmas : docteurs de la Loi.

umma : la communauté musulmane.

'ushr : dîme.

vizir (wazîr) : le second du khalife abbasside jouant le rôle d'un chef de gouvernement et issu, le plus souvent, du corps des secrétaires.

wufud : délégations.

zakat : impôt religieux ou aumône légale qui correspond au dixième des biens de chaque musulman.

zandj : esclave noir.

BIBLIOGRAPHIE

ARKOUN Mohammed, *La Pensée arabe*, PUF, 1975.
ARNALDEZ Roger, *L'Islam*, Desclées/Novalis, 1988.
ARNALDEZ Roger, *Le Coran, guide de lecture*, Desclées, 1983.
BENCHEIKH J.-E., *Poétique arabe*, Tel, Gallimard, 1989.
BERQUE Jacques, *Langages arabes du présent*, Gallimard, 1974.
BERQUE Jacques, *Les Arabes d'hier à demain*, Seuil, 1969.
BLACHÈRE Régis, *Histoire de la littérature arabe*, Adrien Maisonneuve, 1952-1966.
BLACHÈRE Régis, *Le Coran*, Maisonneuve et Larose, 1980.
CAHEN Claude, *Introduction à l'histoire du monde musulman médiéval, VIIe-XVe siècle : méthodologie et éléments de bibliographie*, Adrien Maisonneuve, 1982.
CAHEN Claude, *L'Islam, des origines au début de l'Empire ottoman*, Bordas, 1970.
CAHEN Claude, *Orient et Occident au temps des croisades*, coll. historique, Aubier, 1983.
DÉCOBERT Christian, *Le Mendiant et le combattant : l'institution de l'Islam*, Seuil, 1991.
DJAIT Hichem, *La Grande Discorde, religion et politique dans l'islam des origines*, NRF, Gallimard, 1989.
ELISÉEFF Nikita, *L'Orient musulman au Moyen-Age, 622-1260*, Armand Colin, 1977.

FLORY Maurice *et al, Les Régimes politiques arabes*, PUF, 1990.

GARDET Louis, *L'Islam : religion et communauté*, L'Ordinaire, Desclée de Brouwer, 1982.

GARDET Louis, *La Cité musulmane : vie sociale et politique*, J. Vrin, 1976.

GARDET Louis, *Les Hommes de l'islam : approche des mentalités*, Hachette, 1977.

GIMARET Daniel, *Les Noms divins en Islam*, Cerf, 1988.

GIMARET Daniel, *Théories de l'acte humain en théologie musulmane*, J. Vrin, 1980.

HOLT P. M. *et al, Encyclopédie générale de l'Islam*, 6 vol., S.I.E.D., 1986.

HOURANI Albert, *La Pensée arabe et l'Occident*, Ed. Naufal, 1991.

HOURANI Albert, *Histoire des Arabes*, Seuil, 1993.

JAMBET Christian, *La Grande Résurrection d'Alamut, les formes de la liberté dans le chiisme ismaelien*, Verdier, 1990.

LAOUST Henri, *Les Schismes dans l'islam*, Payot, 1983.

LAURENS Henri, *L'Expédition d'Egypte*, Armand Colin, Paris, 1989.

LAURENS Henri, *Le Royaume impossible, la France et la genèse du monde arabe*, Armand Colin, 1990.

LAURENS Henri, *Les Origines intellectuelles de l'Expédition d'Egypte, l'orientalisme islamisant en France (1698-1798)*, Ed. Isis, Istanbul-Paris, 1987.

LEVI-PROVENÇAL Evariste, *Histoire de l'Espagne musulmane*, 3 vol., G.P. Adrien Maisonneuve, .

LOMBARD Maurice, *L'Islam dans sa première grandeur – VIIIe-XIe siècles*, Champs Flammarion, 1980.

MAALOUF Amin, *Les Croisades vues par les Arabes*, J.-C. Lattès, 1983.

MANTRAN Robert (sous la direction de...), *Histoire de l'Empire ottoman*, Fayard, 1989.

MANTRAN Robert, *L'Expansion musulmane. VIIe-XIe siècles*, Coll. Nouvelle Clio, PUF, 1986.

MARCAIS Georges, *L'Art musulman*, coll. Quadriges, PUF, 1981.

MIQUEL André, *Du désert de l'Arabie aux jardins d'Espagne, chefs-d'œuvre de la poésie arabe classique*, traduction et commentaires, Ed. Sindbad, 1992.

MIQUEL André, *L'Islam et sa civilisation, VIIe-XXe siècles*, coll. Destins du Monde, Armand Colin, 1986.

MIQUEL André, *La Géographie humaine du monde musulman*

jusqu'au milieu du XIe siècle, Ed. Mouton, Paris-La Haye, 1988.
MIQUEL André, *Oussama, un prince syrien face aux croisés*, Fayard, 1986.
MONNOT Guy, *Islam et religions*, Maisonneuve et Larose, 1986.
PELLAT Charles, *Langue et littérature arabes*, Armand Colin, 1970.
PLANHOL Xavier (de), *Les Fondements géographiques de l'histoire de l'islam*, Flammarion, 1968.
PLANHOL Xavier (de), *Les Nations du Prophète*, Fayard, 1993.
POPOVIC Alexandre, *La Révolte des esclaves en Iraq au IIIe/IXe siècles*, Geuthner, 1976.
RICHARD Yann, *L'Islam chiite, croyances et idéologie*, Fayard, 1991.
RODINSON Maxime, *Les Arabes*, PUF, 1985.
RODINSON Maxime, *Mahomet*, Seuil, 1975.
SABARI Simha, *Mouvements populaires à Baghdad à l'époque abbasside*, IXe-XIe siècles, Adrien Maisonneuve, 1981.
SCHACHT Joseph, *Introduction au droit musulman*, Maisonneuve et Larose, 1983.
SOURDEL Dominique et Jeanine, *La Civilisation de l'islam classique*, coll. Les Grandes Civilisations, Artaud, 1983.
SOURDEL Dominique, *L'Islam médiéval*, coll. L'Historien, PUF, 1979.
SOURDEL Dominique, *Le Vizirat abbasside de 749 à 936*, Institut français de Damas, 1960.
VERNET Juan, *Ce que la culture doit aux Arabes d'Espagne*, Sindbad, 1985.
WATT Montgomery, *Mahomet*, Payot, 1989.

INDEX

TABLE DES CARTES

Table des matières

CET OUVRAGE
A ÉTÉ REPRODUIT
ET ACHEVÉ D'IMPRIMER
PAR L'IMPRIMERIE MAURY EUROLIVRES
À MANCHECOURT EN AOÛT 1996

N° d'éd. FH136201. N° d'impr. 96/07/54433
D.L. : septembre 1996.
(Imprimé en France)